한국사의 계보

KANKOKU CHOSENSI NO KEIHU

Copyright ⓒ Takesh Yagi 2012
All right reserved.
First original japanese edition published by Hanawashobo CO. LTD. Japan.
Korean Translation rights arranged with Hanawashobo CO. LTD. Japan
through CREEK&RIVER CO. LTD. and Eric Yang Agency, Inc.

이 도서의 국립중앙도서관 출판예정도서목록(CIP)은 서지정보유통지원시스템 홈페이지(http://seoji.nl.go.kr)와 국가자료공동목록시스템(http://www.nl.go.kr/kolisnet)에서 이용하실 수 있습니다.(CIP제어번호: CIP2014033938)

한국사의 계보

한국인의 민족의식과 영토인식은
어떻게 변해왔는가

야기 다케시 지음 · 박걸순 옮김

소와당

[일러두기]

◎ 이 책은 矢木 毅, 《韓国·朝鮮史の系譜―民族意識·領域意識の変遷をたどる》, 塙書房, 2012의 한국어 완역이다.
◎ 원서에 인용된 한문 사료는 일본어로 번역되어 있지만, 인용문의 번역은 일본어 번역을 거치지 않고 한문에서 한글로 직접 번역하였다. 그리고 가능한 한문 원문을 역주로 수록하였다. 따라서 표점에서 있을 수 있는 모든 오류는 저자와 무관하다.
◎ 일본어 표현 중 중국인을 뜻하는 한인(漢人)은 중국인으로 번역하되, 특별히 역사적으로 한대(漢代, 前漢, 後漢)와 관련이 있을 때에는 한인(漢人)으로 번역하였다. 이와 유사하게 한어는 중국어로 번역하였다.
◎ 참고문헌은 일본어판에서 일본어로 번역되어 수록되었으나, 한국어판에서는 한문본, 일본어본, 한국어본 등에 따라 원 출처의 서지사항 그대로 수록하였다. 단 참고문헌에 대한 해제는 저자의 해제를 그대로 따라 한국어로 번역하였다.
◎ 본문에 등장하는 인명과 지명은 가능한 한글만으로 표기하고, 찾아보기에 한자를 병기하였다.
◎ 중국의 인지명은 시대를 막론하고 한국한자음으로 표기하고, 일본의 인지명은 현지음을 따랐다.

한국어판 서문

 이 책의 기초가 된 글은 필자의 논문 두 편이었다. 필자는 이 두 편의 논문을 각각 여름 방학 2주간에 걸쳐 작성했었다. 원래 글이 늦은 필자로서는 놀라운 스피드였다. 당시 필자는 학위논문을 쓰는 중이었다.(이 학위논문은 나중에 《高麗官僚制度硏究》라는 단행본으로 무사히 출간되기도 했다.) 앞에서 말한 두 편의 논문은 학위논문을 작성하는 사이에 단숨에 썼기 때문에 면밀한 실증 논문이라기보다는 단지 아이디어를 나열한 에세이와 같은 글이 될 수밖에 없었다. 솔직한 마음으로는 논문 집필 자체를 사절하고 싶었지만, 필자가 학위논문 심사를 맡아달라고 부탁을 드렸던 분이 필자에게 의뢰한 글이라서 거절할 수도 없었다.
 이 두 편의 논문에서 필자는 한국사 전공자로서 극히 상식적인 이야기를 썼을 뿐이다. 그런데 다른 분야의 사람들, 특히 중국사를 전공하신 분들에게는 필자의 논문이 뜻밖에도 신선하고 재미있게 받아들여진 모양이었다. 그 후 출판사의 집필 의뢰를 기회로 내용을 대폭 확충해서 하나의 통사를 정리한 책이 바로 일본어판 《한국·조선사의 계보》였다.
 원래 고려시대를 전공하는 필자로서는 고조선부터 대한제국에 이르는 통사를 집필하는 일이, 비록 부분적인 토픽을 나열하는 정도라 할지라도, 무모한 시도였다. 당연히 각각의 서술에서 소소한 실수가 눈에 띄었고, 출간하자마자 수정의 필요를 느끼게 되었는데, 이번에 박걸순 교수님의 도움으로 한국어판을 출간할 기회를 얻어 일본어판의 오류를 수정하는 동시에 새롭게 주석을 더해서 부족한 부분을 보충할 수 있었다.

일본 학계와 한국 학계에서는 역사 용어 하나만 하더라도 차이가 있다. 이것을 번역하는 일만 하더라도 번거로운데 일본어판의 수정 작업까지 맡기게 되어서 박 교수님게 엄청난 폐를 끼쳤다. 필자의 희망을 넓은 마음으로 받아들여 주신 박 교수님께 감사의 말씀을 드리고 싶다.

한국어판 출판의 인연을 만들어주신 분은 필자가 봉직하고 있는 교토대학과도 교분을 가지신 임병덕 교수님이다. 전공 분야를 넘어 일본어판에 관심을 가져 주시고 박 교수님을 소개해 주신 임 교수님께도 감사의 말씀을 드리고 싶다.

교토대학 인문과학연구소
야기 다케시

저자 서문

오랜 옛날, 환인의 서자 환웅이라는 이가 무리 3,000명을 거느리고 태백산(묘향산) 꼭대기에 내려와 환웅천왕이라 칭하고 사람들을 교화시켰다. 환웅은 웅녀와 통하여 아들 하나를 얻었는데, 그를 단군왕검이라 한다. 단군은 평양에 도읍하고 국호를 '조선'이라 하였으며, 나중에 백악산 아사달로 천도하여 약 1,500년을 살면서 사람들을 교화시켰다. 그 후 주(周)나라 무왕 시기쯤 기자가 조선에 책봉되자, 단군은 기자에게 나라를 넘겨주고 장당경으로 천도했으며, 마지막에는 아사달에 숨어 산신령이 되었다고 한다.[1]

한편 기자는 단군의 옛 도읍인 평양에 도읍을 두고 '조선' 사람들을 교화시켰는데, 그의 후예인 기준 대에 이르러 한나라에서 망명하여 온 위만에게 나라를 빼앗기게 되었다. 그 때 기준은 궁궐의 수하들을 거느리고 바다 건너 남쪽에 있던 한(韓) 지역에 망명하여 한족(韓族)의 왕이 되었다.[2] 이리하여 단군·기자의 교화가 한족에게 미쳤고, 이것이 '삼한(三韓)' 사람들의 문명에 기초를 이루었다고 한다.

1 《三國遺事》에 인용된 《古記》.
2 《三國志》《魏書》 '韓傳'.

그렇다고는 하지만, 이를 역사적 사실(혹은 어떤 사실의 반영)로 보는 사람들이 있는가 하면, 단순한 전설에 지나지 않는다고 보는 사람들도 있다. 필자는 후자의 입장을 취하지만, 그래도 이 전설이 어느 시점엔가 성립이 되었고, 그 후 사람들의 역사의식이나 민족의식에 결정적인 영향을 미쳤다는 사실 자체를 부정할 생각은 없다. 오히려 전설의 성립 과정을 역사적으로 해명하는 것이 오늘날까지 이어지는 한국인의 민족의식·영역의식을 이해하기 위해 가장 중요한 열쇠 가운데 하나라고 생각한다.

이 책에서는 일반적인 개설서와 달리, 이른바 '한국·조선사'(이하 줄여서 '한국사'라 한다)의 범위를 현재의 국경선 안에 가두지 않으려 한다. 현재 지도 위에 그어져 있는 이러저러한 국경선이란, 예를 들면 남한과 북한 사이에 존재했던 군사분계선(이른바 38도선)이 그랬던 것처럼, 다르게 그어질 수도 있었던 여러 가지 선택지 중에서 하나가 결과적으로 골라 잡혔던 것에 불과하다.

특히 중국 동북부(옛 만주)와 한반도의 경계는 역사적·지리적으로 보았을 때도 지극히 변동이 많았고, 양자가 압록강과 두만강(중국식 명칭은 도문강圖們江) 라인으로 명확하게 둘로 나뉜 것은 기껏해야 1712년(조선 숙종 38년, 청 강희 51년)에 청나라의 사신 목극등에 의해 세워진 〈백두산정계비〉, 또는 대한제국을 장악한 일본이 1909년에 청나라와 체결한 〈간도협약〉에 의한 것이라고 보아도 무리가 없기 때문에 사실은 그렇게 오래된 일이 아니다.

그래서 이 책에서는 근대국가에 의해 만들어진 국경선의 존재를 일단 보류하기로 한다. 오히려 국경선이 확정되기 이전에 존재했던 여러 나라와 민족의 흥망을 통해 지금의 한국·조선으로 이어지는 '민족'과 '영역' 인식의 형성과정을 그려 보자는 것이 이 책의 기본적인 취지이다.

여기서 본문에 등장할 논제 몇 가지를 소개하고자 한다. '삼한(三韓)'이란 마한·진한·변한이 아니라, 고구려·백제·신라를 가리키기도 했다. 고구려가 고려라고 불리기도 했지만, 거꾸로 고려가 신라라고도 불렸다. 지금의 서울이 평양이라고 불리거나, 또한 중국 요녕성의 심양 지역도 평양으로 간주되기도 했다. 그리고 〈백두산정계비〉에서 청나라와 조선의 국경선으로 삼았던 '토문강'은 사실은 '두만강'이 아니고 '해란강'을 가리킨다고도 한다.

이와 같은 모순되는 담론들이 이 책에서는 군데군데 등장한다. 세계사 문제지 답안에다 그렇게 쓴다면 틀림없이 감점을 받게 될 것이다. 그러나 사실은 이와 같은 역사와 전설이 복잡하게 얽혀 오늘날까지 이어지고 있는 한국인들의 민족의식·영역의식이 형성되었던 것이다.

이 책에서 인용되는 사료는 거의 모두가 한문 사료지만, 현대 일본어로 번역하여 수록했다. 인용문 가운데 꺽쇠 괄호[ ] 안의 내용은 인용자가 의미를 보충하여 덧붙인 것이며, 일반 괄호( ) 안의 내용은 인용자가 어구(語句)에 주석을 단 것이다.(일본어본과 다른 한국어 번역본의 편집방침에 대해서는 일러두기 참조._역자)

2012년 3월
야기 다케시

차례

한국어판 서문   5
저자 서문   7

1 — 한국사의 개막   13
  1. 한국사의 무대   15
  2. 고조선과 낙랑군   20
  3. 낙랑군의 멸망   34

2 — 삼한에서 삼국으로   43
  1. 고구려·백제의 건국설화   45
  2. 부여의 환영(幻影)   56
  3. 삼한 개념의 변화   66

3 — 북진정책의 전개 : 고려시대(Ⅰ)   81
  1. 패강과 평양의 변천   83
  2. 북진정책의 전개   94
  3. 또 하나의 계보   104

4 — 단군신화의 탄생 : 고려시대(Ⅱ)   119
    1. 금나라와 고려   121
    2. 묘청의 난   127
    3. 단군신화의 탄생   135

5 — 고조선 계승 : 조선시대(Ⅰ)   151
    1. 단군과 진단   153
    2. 기자와 평양   169
    3. 요동과 삼한   180

6 — 간도로 가는 길 : 조선시대(Ⅱ)   191
    1. 동북 방면의 개척   193
    2. 정계비와 분계강   207
    3. 국경 담판   221

7 — 대한제국의 꿈   231
    1. 국호 개정   233
    2. 다시 국경 담판   241

8 — 역사관의 상극   255

후기   267
옮긴이의 말   271
참고문헌 해제   275
찾아보기   285

그림

그림 1	무구검(관구검) 기공비(탁본)	38
그림 2	광개토대왕비(탁본, 부분)	47
그림 3	부여융 묘지명(탁본, 부분)	69
그림 4	천남생 묘지명(탁본, 부분)	73
그림 5	홍로정비(탁본)	84
그림 6	고려인 인물도(《삼재도회》)	102
그림 7	여진인 인물도(《삼재도회》)	102
그림 8	경복궁과 북악산	159
그림 9	심양로 성황묘비 음기(탁본, 부분)	182
그림 10	황궁우	237

지도

지도 1	요서회랑	17
지도 2	현도회랑	31
지도 3	백제의 남쪽 이동	54
지도 4	모용씨와 부여	59
지도 5	통일신라의 북방 경계	86
지도 6	생여진과 숙여진	110
지도 7	고려의 북방 경계	117
지도 8	단군과 8성	138
지도 9	동녕부와 쌍성총관부	146
지도 10	기자동천설	175
지도 11	육진 개척	196
지도 12	환상 속의 소하강	205
지도 13	두만강 상류	226
지도 14	북간도도	244
지도 15	해란강과 포이합통하	251

(지명은 편의상 현대식 표기 사용)

1

한국사의 개막

이 책은 한국인들에게 역사적으로 형성되어 온 '민족'의 이미지와, 민족의 활동공간인 '영역'의 범위를 설명하는 것을 목적으로 한다. 그러나 설명 대상이 되는 '한국·조선'이란 개념이 역사의 무대에서 처음부터 존재했던 것은 아니다.

1. 한국사의 무대

지리 개관

파미르 고원에서 카라코룸 산맥에 이르는 지역 일대는 예로부터 총령(蔥嶺)이라고 불렸던 높고 험준한 산악지대다. 그곳으로부터 동쪽으로 천산산맥·곤륜산맥·히말라야 산맥 등의 산맥들이 뻗어 있고, 천산산맥과 곤륜산맥 사이에는 타림 분지가, 곤륜산맥과 히말라야 산맥 사이에는 드넓은 티베트 고원이 있다. 히말라야 산맥 남쪽의 광대한 인도 세계(남아시아 세계)는 잠시 접어두고 눈을 북방으로 돌리면, 천산산맥 동쪽으로 알타이 산맥과 대흥안령산맥이 있다. 천산산맥과 알타이 산맥 사이에는 준가리아 분지가, 알타이 산맥과 대흥안령산맥 사이에는 넓고 아득한 몽골 고원이 펼쳐져 있다. 대흥안령산맥 동쪽은 현재 중국 동북부(옛 만주)인데, 그곳으로부터 장백산맥을 넘어 남쪽으로 튀어나온 지역이 바로 이 책의 무대가 되는 한반도이다.

한편 티베트 고원에서 시작되는 황하와 장강은 각각 화북평원과 화중평원을 가로질러 황해(동중국해)로 흘러간다. 황하 하구 부근의 산동반도에서 배를 타고 요동반도 남쪽 해안을 따라 가면 한반도의 북서부(평안도, 황해도)에 이르고, 장강 하구 부근의 영파나 주산군도에서 배를 띄

우면 계절풍을 이용해 단번에 황해를 건너 한반도의 서남부(전라도)에 도달한다.

무엇보다 해로를 이용하는 교통편은 여러 가지 위험을 동반하기 때문에 항해기술이 아직 충분히 발달하지 않았던 시대에는 중국 대륙과 한반도 사이의 통교에 주로 육로가 이용되었다. 예로부터 화북평원의 북경으로부터 동북평원의 요양에 이르는 길은 두 가지가 알려져 있었다. 북경에서 동쪽으로 산해관을 넘어 북진·요양에 이르는 발해만 연안 해안 루트가 있었고, 희봉구(옛 盧龍塞)에서부터 대릉하 유역을 따라서 조양에 도착한 뒤, 그곳에서 북진을 경유하여 요양에 이르는 내륙 루트가 있었다. 명청 시대 조선왕조의 조공 사절이 왕래했던 주요 간선(幹線)은 해안 루트였지만(청나라 때는 심양을 경유), 그 이전에는 하천 범람 등의 위험이 많은 해안 루트보다는 비교적 안전한 내륙 루트가 주로 간선으로 이용되었다. 이리하여 북경 방면에서 요양 방면으로 나오면, 그곳에서부터 남쪽으로 내려와서 연산관에서 천산산맥을 넘고, 봉성(봉황성)을 경유해야 비로소 압록강 유역의 의주에 도착한다. 그곳에서 먼저 청천강 유역의 안주를 경유해 대동강 유역의 평양까지, 그리고 자비령을[1] 넘어 한강 유역의 서울까지 길이 이어졌다.[지도 1]

위에서 설명한 루트는 고대로부터 중국 대륙과 한반도를 이어주는 가장 중요했던 간선이었으며, 이 루트를 통해 다양한 사람과 물자·정보의 왕래가 끊이지 않았다. 하지만 그렇다고 해서 그 루트가 정치·군사적으로 항상 안전했던 것은 아니었다.

---

[1] 좀 더 정확하게 말하자면, 명청 시대 이전의 교통로는 자비령을 통했고, 명청 시대에는 자비령 서쪽의 동선령을 지났다.(洞仙嶺. 北十里又五里有小洞仙嶺. 世祖朝, 廢慈悲嶺, 開此路. _金正浩, 《大東地志》〈黃海道〉鳳山 '嶺路').

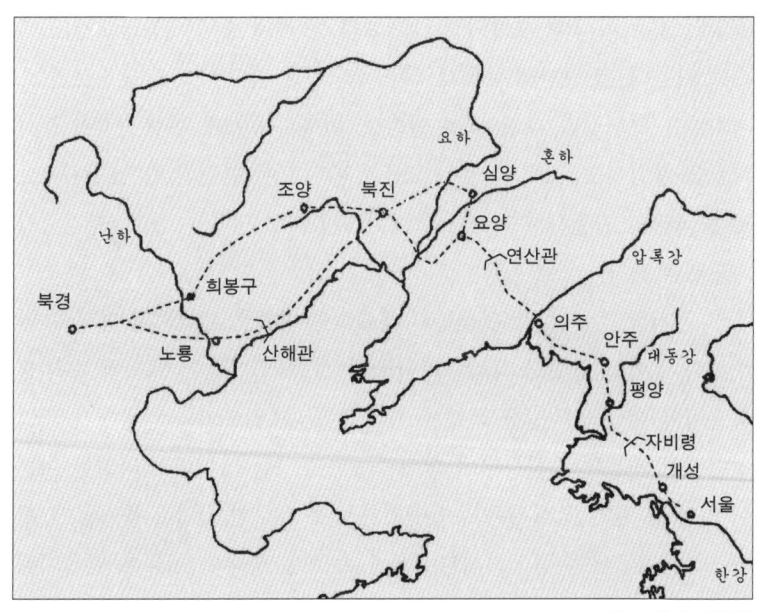

[지도 1] 요서회랑

요서를 주목하라

이나바 이와키치(호는 君山)는 이른바 '만선사가'인데, 그의 저서《만주발달사》를 보면, '만선사(滿鮮史)'에서 요서(遼西) 지역의 중요성을 지적하고, '요서를 주시하라'고 했다. 이는 매우 적절한 견해였다. 요서란 요하(遼河)의 서쪽이란 뜻인데, 앞에서 설명한 루트에서 예를 들면 희봉구에서 대릉하 유역을 거쳐 조양까지, 다시 조양에서 북진·요양까지 가는 내륙 루트가 바로 요서에 해당한다. 이 책에서는 이 루트를 요서회랑(遼西回廊)이라 부르고자 한다.[2]

이 루트는 화북평원과 동북평원을 연결하는 회랑(回廊, corridor)으로서 예로부터 매우 중요시되어 왔지만, 그 길이 항상 중국인의 통제 아래 있었던 것은 아니다. 요하의 상류(서요하)는 현재 중국 내몽골 자치구에 속해 있는데, 그 근방의 유목세력이 여러 차례 밀고 내려와 교통로인 요서회랑을 위협했다. 혹은 달리 말하면, 선사시대부터 유목 세력이 요서회랑을 장악하고, 요하의 동쪽 요동지역과 그에 연결된 한반도 지역으로 중국인이 진출하지 못하도록 막고 있었다고 말하는 편이 더 정확할지도 모르겠다.

그 근거를 들자면, 요하 동쪽의 대표적인 민족으로 알려진 여진족, 만주족의 언어와 한반도 사람들의 언어는 모두 알타이어 계통에 속하며, 몽골어와 대단히 밀접한 특성을 가지고 있다. 일본어와 한국어가 과연 알타이어 계통에 속하는지에 대해서는 전문가들 사이에서 다양한 이론이 있는 것 같지만, 어쨌든 문법구조가 매우 유사한 것만은 틀림없다. 이와 달리 중국어는 중국티베트어계에 속하며, 중국어 어휘가 한국어에 대량으로 들어와 있다고는 하지만, 기본적인 문법구조 자체는 한국어와 완전히 다르다. 언어·습속·역사의 공유를 기초로 형성되는 각종 민족 집단에 있어서 특히 언어를 공유하는 것이 민족 형성의 가장 중요한 핵심 요소라고 한다면, 한국인들은 적어도 선사시대에 있어서는 중국 본토의 중국인보다는 오히려 몽골 고원의 유목 세력과 가까운 존재였다.

실제로 북아시아에서 폭넓게 나타나는 샤머니즘은 한반도에 거주했

---

2 저자가 제안하는 '요서회랑'이라는 용어는 중국사에서 전통적으로 유명한 '하서회랑'을 염두에 두고 있다. 회랑이란 건물과 건물 사이 혹은 건물 주변을 두르는 지붕이 있는 복도를 뜻하는데, 하서회랑이란 하서, 즉 황하의 서쪽에서 중국과 실크로드가 통하는 길을 가리키는 용어이다. 감숙성 난주에서 돈황까지 이르는 그 길은 남쪽으로 기련산맥과 북쪽으로 고비사막 사이로 난 가늘고 긴 험로인데, 그 길이 기련산맥을 머리에 이고 있는 모습을 회랑에 비유하였다. 한 제국이 하서회랑을 지나 서북 변경에 하서사군을 설치했던 것처럼 동북 변경에도 한사군을 설치하였는데, 저자는 이러한 역사적 배경을 염두에 두고 한사군에 이르는 통로의 명칭을 '요서회랑'이라 제안하고 있다. 뒤에 나오는 '현도회랑' 또한 같은 맥락에서 이해할 수 있겠다. _역자

던 고대인들의 기층문화를 이루었다. 그 후 요서회랑이 개통되면서 중국 세력이 요동과 한반도에 진출했고, 그에 따라 고도로 발달한 한자 문화와 정치제도(율령제), 그리고 한역 불경을 매개로 하는 불교문화 등이 한반도에 유입되었으며, 그것이 한반도에서 성립되었던 역사상 여러 나라에서 상층문화를 형성했다.

한국문화는 얼핏 보기에는 중국문화와 매우 유사하지만, 그 근저에 내재된 민족문화는 중국의 그것과는 다르다. 이러한 한국문화의 이중성은 무엇보다도 요서회랑의 개통 혹은 폐쇄라고 하는 역사지리적 관점에서 설명될 수 있을 것이다.

2.
고조선과 낙랑군

기자조선

이른바 요서회랑의 개척은 주로 전국시대 연(燕)나라 세력이 주도하였다. 사마천의 《사기》〈흉노열전〉에 의하면, 전국시대 연나라의 부장 진개가 요서회랑에서 동호 세력을 몰아냈다. 그 후 연나라는 그곳에 장성을 쌓아 상곡군, 어양군, 우북평군, 요서군, 요동군을 설치하고 유목세력의 남진을 막았다고 한다.[3] 동호란 흉노의 별종이며, 후에 오환·선비 등으로 활약한 북방 유목 세력을 말한다.

요서회랑을 열어서 요동에 진출하고, 나아가 한반도 서북부까지 진출했던 중국인 세력은, 그곳에서 다소나마 중국[漢]문화를 수용하여 일정 정도 중국화가 진행되었던 현지 세력의 존재를 알고 있었다. 이른바 고조선이 바로 그것이다.

고조선이라 함은 단군조선·기자조선·위만조선이라는 세 개의 조선을 말하는데, 이 중 단군조선과 기자조선은 거의 전설상의 존재이며, 위만조선은 후술하는 대로 한(漢)나라의 망명자가 수립했던 일종의 식민

---

3 其後燕有賢將秦開, 爲質於胡, 胡甚信之. 歸而襲破走東胡, 東胡卻千餘里. (……) 燕亦筑長城, 自造陽至襄平. 置上谷·漁陽·右北平·遼西·遼東郡以拒胡. 《史記》〈匈奴列傳〉.

지 정권이었다. 이 중에서 연(燕)나라 사람들이 최초로 접촉했던 세력은 '기자'의 후예로 불리던 기자조선이었다.

앞에서 말한 것처럼, 진개에 의해서 개척되기 이전의 요서회랑은 유목세력에 의해 억눌리고 있었다. 그렇다고 해서 이 지역에 중국문화의 전파를 완전히 차단하는 울타리가 있었던 것은 아니다. 또한 산동반도에서 요동반도를 경유하여 한반도 서북부에 이르는 해상 루트를 통해서도 일정정도 중국문화의 전파가 진행된 측면도 생각할 수 있다. 따라서 한반도 서북부에 북방 유목 세력의 문화와 중국문화를 모두 수용하고, 일정정도 '중국화'가 진행되었던 독자문화를 가진 세력이 존재했다고 해도 그렇게 불가사의한 일은 아닐 것이다.

이러한 현지 세력의 수장은 스스로를 기자의 후예라고 했다. 기자는 은(殷)나라 말기의 현자로, 주왕(紂王)의 폭정을 비판해서 감옥에 갇힌 몸이 되었다가, 은나라를 타도한 주(周)나라의 무왕에 의해서 풀려났다. 기자는 두 임금을 섬기지 않기 위해 '조선' 지역으로 망명을 했다. 그 일을 계기로 해서 무왕은 기자를 조선에 책봉하고, 특히 '불신(不臣)'의 대우(즉 신속臣屬 의례의 면제)를 허락했다고 한다.

《사기》〈조선열전〉 등의 기록에 의하면, 전국시대 말기에는 기자의 후예를 칭하는 세력(이른바 기자조선)이 한반도 서북부에 분명히 존재했던 것 같다. 그 실체는 명확하지 않지만, '조선'이라고 불리는 '두 글자' 국호에서 그것이 중국 본토의 '한 글자' 국호를 가진 이른바 제하(諸夏)의 나라들과는 명확하게 구별되었던 것은 틀림없다.

무릇 중국 본토에 있어 국호는 '한 글자'였다. 예를 들어 전국 칠웅(齊·秦·楚·燕·韓·魏·趙)의 국호는 모두 '한 글자'였다. 이와 달리 중국화하여 중화의 질서에 편입했던 이민족 국가 중에는, 예를 들어 '중산국(中

山國)'처럼 '두 글자' 국호가 존재한다. 백이·숙제의 고사로 유명한 '고죽국(孤竹國)'은 요서회랑 서쪽에 연결된 지금의 하북성 노룡현에 있었다고 하지만, 이것도 중산국과 같은 '두 글자'의 국호를 가진 것으로 보아 아마도 중국화해서 중화 질서에 편입되었던 이민족 국가 중 하나였을 것이다.(후술하는 예·맥 등도 '한 글자'지만, 이들은 민족 명칭이기 때문에 문제가 다르다.)

이것은 요서회랑이 당시로서는 중화문화권의 변두리에 위치하고 있었다는 사실을 단적으로 보여주는 것이다. 즉 한반도 북서부에 존재했던 기자조선이 '조선'이라고 하는 '두 글자'의 국호를 가졌다는 것은, 당시 조선이 일정정도 중국화가 진행되었고, 중화 질서에 편입이 허용되었던 주변 이민족 국가 중 하나였다는 사실을 암시하고 있다.

그 후 중국을 통일했던 진(秦)나라가 연(燕)나라의 영역을 차지하여 요서와 요동을 지배하자, 그 동쪽에 위치한 기자조선은 중국인 세력과 직접적인 접촉을 통해 더욱더 중국화의 정도가 높아졌다. 다만 그 조선인들의 정체에 대해서는 여전히 의문이 남아 있으며, 그들이 지금의 한반도 사람들로 직접 이어지는 조상이라고 단정할 수는 없다. 그런 의미에서 어디까지나 괄호를 붙인 [조선]이다.

위만조선

기자조선의 실태에 대해서는 많은 의문이 남아 있지만, 그 멸망 경위는 비교적 명확하다. 《사기》와 《한서》의 〈조선열전〉에 의하면 기자조선을 멸망시킨 위만은 본래는 한(漢)나라 초기 연나라의 왕이었던 노관의 부장이었다.

군현제를 시행했던 진(秦)나라와 달리 한나라 때에는 봉건제와 군현제를 병용한 이른바 군국제를 시행하였다. 이에 따라 지금의 북경 지역에서는 노관이라고 하는 장군이 '연나라의 왕'에 봉해졌다. 그런데 노관이 반란을 일으키고 흉노에 망명해버리자, 의지할 곳을 잃은 부장 위만은 '추결·만이복(魋結·蠻夷服)', 즉 이민족 풍의 상투를 틀고 이민족 풍의 옷을 입고 '만리장성'을 넘어 '패수(浿水)'라고 불리는 국경의 큰 강(여기서는 압록강 또는 청천강을 가리킨다)을 건너 진(秦)나라의 옛 위아래 장성 사이 빈 땅[空地]에 새롭게 거점을 만들었다.[4]

당시 한나라의 요동군 지배 영역은 진나라 때보다 축소됐고, 진나라 때의 '요동외요(遼東外徼)', 즉 요동군의 외곽으로서 지배가 미친 지역은 일단 한나라 초기에는 버려져 있던 곳인데, 그 빈 땅에 위만이 들어가면서 그곳에 '위씨조선' 또는 '위만조선'이라고 불린 할거 정권을 수립하게 되었던 것이다.

할거 정권을 수립하게 된 위만은 한나라의 선진문화와 군사력을 배경으로 그 주변 '진번·조선 등의 만이(蠻夷)'를 복속하였다. 《삼국지》〈위서〉'한전'의 주석에 인용된 《위략》의 기사에 의하면, 위만은 처음에 '기자조선'의 왕인 '기준'에게 복속하여 그 부장이 되었고, 도성의 서쪽 변경에 백 리에 달하는 영지(현縣에 상당한다)를 할당 받았는데, 그 후 한나라의 망명자들을 모아 세력을 비축하여 왕에 반기를 들고 '조선'을 탈취하였다고 한다.[5]

---

4 옛 위아래 장성 사이_ 사료에서는 故空地上下鄣이라고 나온다. 《사기색은》에 의하면, 낙랑군에 설치된 장성이 있었다고 한다. 즉 북으로는 만리장성과 남으로는 낙랑군의 장성 사이를 일컬어 위아래 장성이라 했다.(朝鮮王滿者, 故燕人也. 自始全燕時嘗略屬眞番·朝鮮, 爲置吏, 筑鄣塞. 秦滅, 燕屬遼東外徼. 漢興, 爲其遠難守, 復修遼東故塞, 至浿水爲界, 屬燕. 燕王盧綰反, 入匈奴, 滿亡命, 聚黨千餘人, 魋結蠻夷服而東走出塞, 渡浿水, 居秦故空地上下鄣, 稍役屬眞番·朝鮮蠻夷及故燕·齊亡命者王之, 都王險. 《史記》〈朝鮮列傳〉) _역주.

또한 나라를 빼앗겼던 조선왕 기준은 바다를 건너 남쪽 '한(韓)' 지역에 망명했고, 그곳에서 '한왕(韓王)'을 자칭했다고 하는데, 물론 그 진위 여부는 분명하지 않다.

한나라의 조선 원정

위만조선에서는 중국에서 온 망명자, 특히 연나라(하북)와 제나라(산동) 지역 출신자를 적극적으로 수용했다고 한다. 하지만 이는 중국인이 가진 우수한 군사력이나 기술력을 기반으로 해서 식민지 지배자로서의 중국인이 현지의 '조선인'을 지배했음을 시사하고 있다. 그들은 지배자로서 자신의 지위를 강화하기 위해 이 같은 부류의 중국인 기술자들을 적극적으로 유치했던 것이다.

무엇보다도 중국인이 가져온 우수한 군사력과 기술력은 현지의 '조선인'들에게 매우 매력적이었을 것이다. '조선'의 유력자가 중국인 정권인 위만조선의 내부에 어느 정도까지 참여했는지는 분명하게 알 수 없지만, 어쨌든 위만조선 정권은 식민지배자인 중국인과 압도적 다수를 점하는 현지 '조선인' 수장의 합작에 의한 정권이었을 것으로 추정된다.

연나라·제나라의 망명자를 매개로 해서 중국의 우수한 군사력이나 기술력을 획득하는 것은 위만조선을 구성했던 중국인과 '조선인' 모두에게 국가 발전을 위해 피할 수 없는 일이었다. 그 주변 지역의 이민족들(예를 들어 남방의 '진번'과 '한韓')에게 중국[漢]의 문물을 수출하고, 그 대신에 '진번'과 '한(韓)'의 생산물을 수입하여 중국에 재수출하기 위해

---

5 《魏略》曰(……)燕人衛滿亡命, 爲胡服, 東度浿水, 詣準降, 說準求居西界, 收中國亡命爲朝鮮藩屛. 準信寵之, 拜爲博士, 賜以圭, 封之百里, 令守西邊. 滿誘亡黨, 衆稍多, 乃詐遣人告準, 言漢兵十道至, 求入宿衛, 遂還攻準. 準與滿戰, 不敵也. 《三國志》《魏書》'韓傳'.

서는, 위만조선으로서는 반드시 중국의 우수한 문화를 획득할 필요가 있었다. 말하자면 위만조선은 동이(東夷)의 세계와 중국을 연결하는 중계 무역의 중심 기능을 하였던 것이다.

그 근거를 들자면, 위만조선 남쪽의 '진번'과 '진국'(辰國, 한족韓族의 왕국)이 중국의 한(漢)나라와 직접 통교 관계를 맺었다고 해도, 그 중간에 위치한 위만조선이 길을 막아 사절의 왕래를 허락하지 않았다고 한다. '진번'과 '진국'이 한나라와 직접 통교를 하면 위만조선의 입장에서는 그 만큼 중계무역의 이익을 잃게 되기 때문이다. 무엇보다도 위만조선에서는 한나라에 대해서 '입현(入見)'의 의무[6], 즉 조공의 의무를 태만히 하였다고 하지만, 조공을 실시하지 않고도 변경 밀무역을 통해서 중국 문물을 획득하고, 또 '동이' 세계의 토산물을 중국에 파는 것이 가능하였다. 이러한 변경 밀무역에는 어쩌면 흉노 세력도 참여하고 있었을지도 모른다.

'조선' 세력과 흉노 세력이 암암리에 제휴했다고 한다면, 이는 한나라로서는 중대한 사안이다. 이 때문에 흉노의 왼팔을 끊는(《한서》《위현성전》) 것을 하나의 목적으로 하여 한의 무제(재위 141~87BCE)는 위만조선으로 원정군을 파견했고, 그 땅을 평정해 이른바 한사군(漢四郡)을 설치하게 되었다.

앞에서 언급한 것처럼 위만조선에서는 연나라(하북)와 제나라(산동)에서 온 망명 중국인을 적극적으로 받아들였지만, 그 중 다수는 중국 본

---

6 《漢書》《朝鮮傳》에는 "아직 入見도 하지 않았다."고 하고, 顔師古의 註에는 "천자에게 조알하지 않았다는 뜻"이라고 했다. 직접적으로는 조선 왕 右渠가 한 번도 漢의 황제(천자)에게 인사차 가지 않았다는 뜻인데, 그렇다면 중국측 입장에서 이것은 '외신'으로서의 의무를 게을리한 셈이 된다.(傳子至孫右渠, 所誘漢亡人滋多, 又未嘗入見._《漢書》《朝鮮傳》).

토에서 정쟁에 패한 패배자나 범죄자(말하자면 반정부분자)였으므로, 그것을 방치해 두는 것은 통일제국으로서의 면목과 관계가 있다. 게다가 위만조선은 한나라의 외신(外臣)으로서 '조선왕'이라는 책봉을 받고 있었음에도 불구하고 황제에게 조공의 의무를 게을리하였을 뿐만 아니라 한나라에 조공을 바라는 주변 여러 민족에 대해서 통교를 방해했다. 이 모든 사안은 한나라의 문책을 받기에 충분한 불법행위였지만, 한나라 초기에는 군사력에 한계가 있었고, 북방에 대해서도 흉노와의 화친에 급급한 상태였기 때문에, 이와 같은 상황에서 한나라가 요서회랑의 안전을 충분하게 확보할 수 없었음은 말할 필요도 없다.

그런데 문제(文帝)·경제(景帝)의 치세를 지나면서 한나라의 국력이 점차 충실해졌고, 무제(武帝)의 치세에 들어서는 그 국력을 전면적으로 대외 원정으로 전환하게 되었으며, 흉노를 원정하여 북방세력을 몰아냈다. 그 후에야 한나라는 요서회랑의 안전을 제대로 확보할 수 있었다.

무제가 조선 원정으로 '흉노의 왼팔을 끊는' 데 성공했던 것은 틀림없이 요서회랑의 지배를 전제로 했음을 놓쳐서는 안 된다.

낙랑군

위만조선의 멸망에 따라 한반도 북부에는 낙랑군·현도군·진번군·임둔군이라는 이른바 한사군(漢四郡)이 설치되었다.

이 진번군(임진강·한강의 하류 지역)이나 임둔군(강릉 방면)은 매우 먼 곳에 있었기 때문에 얼마 되지 않아 폐지되었다. 또 현도군의 군치(郡治, 옥저성)는 지금의 함경남도 함흥에 있었지만, 후에 서술하는 바와 같이 머지않아 요동방면으로 후퇴하였다. 따라서 한반도에서 중국인 지배 거점으로 오랫동안 존속했던 것은 결국 낙랑군뿐이었다. 낙랑군의 군치는

20세기 초 고고학적 발굴에 의해 현재 북한의 수도인 평양(정확하게는 대동강 북쪽 기슭에 위치한 평양의 건너편 남쪽 기슭 일대)에 있었던 것이 확인되었다.

한나라 당시 군현의 장관인 수령(태수·현령)은 중앙으로부터 임명되었지만, 소속 관리들은 현지 호족의 자제로 임용하는 것이 일반적이었다. 따라서 위만조선 시대에 그 지배층을 구성했던 중국인(또는 조선인) 세력은 이번에는 낙랑군 치하에서 그 소속 관리가 되어 계속해서 현지 지배층을 구성했던 것 같다.

한나라 당시 낙랑군 호족으로 왕씨(王氏)·한씨(韓氏) 등의 성씨가 유명한데, 이 중 왕씨는 중국의 명문귀족인 낭야왕씨의 일파라 하고,[7] 한씨는 기자조선의 마지막 왕인 기준의 자손이라고도 하지만,[8] 모두 전해지는 말 정도에 지나지 않는다.

왕씨와 한씨가 낙랑군 치하의 대표적인 중국인 호족이라고 여겨졌던 것은 확실하지만, 그 조상은 어쩌면 조선인, 요컨대 위만조선 치하에서 중국인과 교류해서 고도로 중국화된 고조선계 사람들이었을지도 모른다. 왕씨와 한씨는 차치해 두더라도 그 나머지 중소 중국인 호족 중에는 사실은 고조선계 출신이 적지 않았을 것이다. 따라서 고조선계 사람들 중에서도 비교적 적은 수의 엘리트에 속하는 계층은 일찍부터 중국인 사회에 동화되어 현지 지배기관의 일부를 차지했을 것이라고 생각해 볼 수 있다.

이와 달리 고조선계 일반 민중은 당초에는 반드시 중국화되지는 않았을 것이고, 또 중국어를 사용했던 것도 아니며, 재래의 문화를 그

7 　王景字仲通, 樂浪講邯人也. 八世祖仲, 本琅邪不其人. 《後漢書》〈循吏傳〉'王景'.
8 　《魏略》曰 : 其子及親留在國者, 因冒姓韓氏. 準王海中, 不與朝鮮相往來. 《三國志》〈魏書〉'韓傳'.

대로 유지했을 것이다. 그렇지만 약 400년에 이르는 낙랑군 지배(108BCE~313)로 인해 결국 고조선계 사람들의 기층에까지 중국화 작용이 미쳤을 것이며, 이른바 고조선인 사회는 점차 낙랑군의 중국인 사회에 흡수·동화되었을 것이다.

창해군

그런데 한사군 설치에 앞서서 한나라가 일시적으로 창해군을 설치했던 적이 있었다. 《한서》〈식화지〉에서 "팽오가 예맥·조선의 땅을 뚫어서 창해군을 설치하였다."고 하는 내용이 있다.[9] 이 팽오라는 자의 활약으로 '동이 예군의 남려'라는 수장이 '28만 명'의 인구를 거느리고 요동에 귀순해 왔다. 그곳에서 기원전 128년(무제 元朔 원년), 즉 한사군 설치 20년 전에 예(薉 혹은 濊·穢)의 영역에 창해군을 설치했지만, 2년 후인 기원전 126년(元朔 3년)에는 이미 이를 폐지해 버렸다.[10] 남려의 귀순은 《후한서》〈예전〉에도 기록되어 있으나, 거기에는 "예군의 남려 등이 우거를 배반하고 28만 인구를 거느리고서 요동에 이르러 내속하였다."고 하며,[11] 예(薉)자를 예(濊)자로 바꾸고 있다. 어쨌든 같은 것이기 때문에, 이하에는 '예족(濊族)'이라고 부르기로 한다.

예족의 지배영역은 지금의 강원도 영동지방, 즉 동해 연안지역으로 그 중심지는 정확하게 알 수 없다. 다만 예라든가 맥으로 불리는 민족(소위 예맥족)은 원래는 중국 동북부(옛 만주)로부터 한반도 북부에 걸쳐

---

9 彭吳穿穢貊·朝鮮, 置滄海郡, 則燕齊之間靡然發動. 《漢書》〈食貨志〉.
10 東夷薉君南閭等口二十八萬人降, 爲蒼海郡. (……)三年春, 罷蒼海郡. 《漢書》〈武帝紀〉.
11 元朔元年, 濊君南閭等畔右渠, 率二十八萬口詣遼東內屬, 武帝以其地爲蒼海郡, 數年乃罷. 《後漢書》〈東夷列傳〉.

넓게 산재되어 있었고, 후에 강성해진 부여와 고구려도 본래는 이 예맥족의 하나에 지나지 않았다.

기원전 128년(元朔 원년)에 한나라에 귀순했던 예군의 남려는 그러한 예맥족 중의 한 수장이었으나, 문제는 그가 어떤 루트를 경유해 요동(요양)에 도착했을까 하는 점이다. 그의 근거지였던 창해군은 팽오가 뚫었다고 하는 '예맥·조선'의 땅을 통과해야만 요동지방에 연결될 수 있다. 창해군은 그 이름처럼 동해 연안부(아마도 강원도 영동지방)에 있었지만, 그로부터 요양으로 가는 루트로는, 예를 들어 안변에서 북상하여 덕원에 이르고, 그곳으로부터 서진하여 아호비령을 넘어 양덕·성천·은산·순천을 경유해 안주에 이르고, 그로부터 북상하여 의주·봉성·연산관을 경유해서 요양에 이르는 루트가 있다. 그러나 이 루트는 당시에는 위만조선 관내에 있었고, 위만조선은 '진번·진국' 등이 중국과 통교를 희망해도 고의로 방해하여 통할 수 없게 했으므로, 당연히 예군의 남려가 이곳을 왕래하는 것은 불가능했다.

역으로 말하면, 예군의 남려는 그 중심 루트를 피해서 위만조선의 간섭을 받지 않는 별도의 루트로 요동(요양)에 도착해야 했는데, 그것이 바로 후에 현도군이 설치된 '현도회랑' 루트이다.

현도회랑

요동군의 군치(郡治) 평양(지금의 요양)에서 무순을 경유하여 혼하와 소자하 유역을 거슬러 올라가고, 다시 분수령을 넘어 부이강 유역을 따라 남쪽으로 가면 혼강(동가강) 유역에 이른다. 그 다음 혼강을 건너 신개하 유역을 거슬러 올라가면 압록강 북쪽 기슭의 집안에 이르고, 다시 압록강을 건너면 맞은편의 만포와 강계에 이른다. 여기서 독로강 유역을 거슬러 올라가 설한령에서 낭림산맥을 넘어, 다시 성천강 유역을 따라 내려가면 지금의 함경남도 함흥에 이른다. 이곳이 바로 현도군의 군치(옥저성)로, 그곳에서 더 남하하면 창해군이나 임둔군의 군치로 비정되는 강원도 영동방면에 도달한다. 일찍이 정약용(1762~1836)이《강역고》에서,

> 한 개의 루트는 만포와 강계에서 설한령을 지나 함주(함흥)에 도달하고, 그대로 강릉에 이르는 루트이다. 이것은 한위(漢魏) 시대의 옛 도로이다.[12]

라고 지적한 것이 그것이며, 바로 요동방면에서 한반도의 동북부로 통하는 교통로의 중심도로이다.

예로부터 이 간선을 통해서 많은 영웅들이 요양·함흥 사이를 왕래하였다. 예를 들면 삼국시대에 위나라의 관구검이 고구려의 환도성을 공략하고, 그 부장 왕기가 동옥저를 공략했던 것이 이 루트였고, 또 1370년(고려 공민왕 19년)에 고려의 부장 이성계(조선 태조 李旦)가 우라산성(오녀산성) 공략을 행했던 것도 이 루트였다. 이 책에서는 이것을 '현도회랑'이라고 부르겠다.[지도 2]

전한 무제 시대에 예군의 남려가 요동에 귀순할 때에도, 아마 이 현도회랑 루트를 이용해서 위만조선의 간섭을 피하면서 한 제국과 통교를 했을 것이다. 그리하여 기원전 128년(元朔 원년)에 설치되었던 창해군은, 그러나 그 2년 후인 기원전 126년(元朔 3년)에는 일찍이 폐지되고

---

12 世雄在遼瀋, 則其命令所出, 由我厚州,【古之恤品路】以達于南關【或由滿浦江界, 踰薛罕嶺, 以達于咸州, 遂至於江陵. 此漢魏之古道也.】_丁若鏞,〈疆域考〉(張志淵 補編,《大韓疆域考》, 京城: 皇城新聞社, 1905).

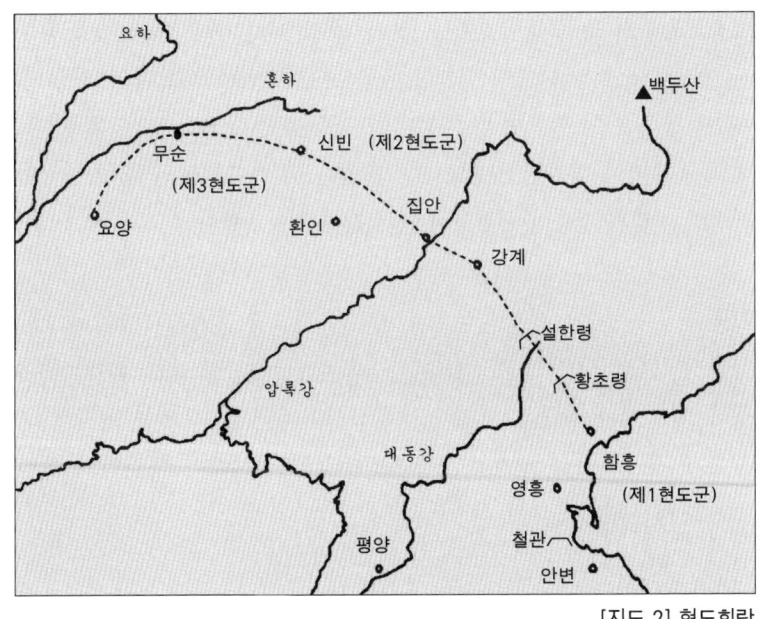

[지도 2] 현도회랑

말았다. 그 원인 중의 하나가 위만조선의 간섭 때문일지도 모르겠지만, 무엇보다도 요동방면과의 연락로인 현도회랑이 아직 충분히 정비되지 않았던 것이 주된 원인이었을 것이다.

그 후 위만조선이 평정되고 기원전 108년(元封 3년)에 낙랑군·진번군·임둔군이 설치되자 현도군은 다른 3군보다 늦은 그 다음해에 설치되었다.(《한서》〈지리지〉) 이처럼 1년이 지연되었다는 사실은 이른바 현도회랑의 개척에 약간의 시간이 필요했던 정황을 암시하는 것이 아닐까?

참고로 말하면 과거 창해군과 임둔군 지역으로 비정되는 지금의 강원도 영동지방(태백산맥 동쪽지방)은 후술하는 현도군 치소의 이전 및 임둔군 폐지에 따라 낙랑군 관할로 바뀌었다. 그 중 '영동 7현'은 낙랑군

동부도위부의 관할로 되었는데, 그 후 후한시대(기원후 30년)에 도위부가 폐지되자, 해당 지역에서는 현지 수장 계층을 '현후(縣候)'나 '읍군(邑君)'에 봉하는 이른바 번작(蕃爵)의 수여를 통한 간접 지배가 행해졌다. 예맥계 주민이 많았던 강원도 영동지방은 워낙 오지여서 끝내 중국인 세력의 식민지 진출이나 경영이 거의 진전되지 못했다.

한족

한편 한사군 남쪽에는 한족(韓族) 부족국가군(이른바 삼한三韓)이 존재했다. 한사군과 삼한의 경계가 명확하지는 않지만, 대체는 한강의 물줄기가 경계였다고 생각하면 될 것이다. 조선시대의 문인인 한백겸(1552~1615)은,

> 비록 그 경계가 명확히 어디에 존재했는지 알 수 없지만, 아마 한강 일대를 벗어나지는 않았을 것이다.[13]

라고 논하고 있는데, 대체로 상식적이고 타당한 판단이라고 생각된다.

이 한강 이남의 한족(韓族)에 대해서는 한나라의 지배가 직접적으로 미치지 못했겠지만, 인접한 진번군(임진강과 한강 하류 지역)과 임둔군(강릉 방면)을 통해 다소나마 접촉은 있었을 것이다. 그러나 진번군과 임둔군은 기원전 82년(始元 5년)에는 이미 폐지되었고, 그 영역은 낙랑군 관할로 편입되었다. 그 지역이 너무나도 멀고 중국인의 식민지 진출

---

13 雖其界限不知的在何處, 而恐不出於漢江一帶也. 《東國地理誌》.

이 거의 진행되지 않았기 때문에 사실상 그 경영을 포기하고 그만둔 것이다.

  따라서 한강 이남의 한족(韓族) 지역에 있어서는 한사군 설치에 따른 군사적 위협 혹은 경제적 자극을 직접적으로 받을 일은 드물었다. 이 때문에 한족(韓族) 사회에서 고대국가 형성은 예맥족에 비해 다소 늦어졌을 것이다.

3.
낙랑군의 멸망

현도군과 고구려

현도군의 군치 '옥저성'은 현도회랑 동쪽 끝에 위치했는데, 지금의 함경남도 함흥으로 비정된다. 현도군에는 중앙 정부로부터 정기적으로 관리(수령)가 파견되었고, 역으로 현도군으로부터는 중앙 정부에 상계리가[14] 파견되었다. 상계리는 주변 이민족과 식민지 진출 중국인으로부터 공납품이나 조세를 취합했다. 이처럼 빈번한 사람·물건·정보의 왕래는 당연히 이 간선 루트에 따라 거주했던 현지 이민족 사회에도 경제적인 자극을 주었고, 한(漢)나라의 문화를 접했던 이민족 사회에서는 선진문물을 동경하고 그것을 획득하는 수단으로서 무역의 욕구를 불러일으켰다. 기원 전후에 고구려의 고대국가 성립(왕권의 확립)은 바로 이 경제적인 자극에 의한 것이라고 생각된다.

고구려는 본래 부여족의 한 갈래라고 한다. 같은 종족인 부여가 동북평원의 비옥한 농경지역(구체적으로는 지금의 길림성 농안 주변)을 차지했

---

14 상계리_ 전국시대 이후 중국에서 매년 세금출납 및 호구와 토지에 대해서 중앙정부에 보고를 올리는 일을 상계(上計)라 했고, 보고를 위해 중앙정부로 파견되는 관리를 상계리(上計吏)라 했다. _중국역대직관사전 참조. 역주.

던 반면, 고구려의 초기 거점은 지금의 길림성 환인의 오녀산성에 있었다. 고구려가 이처럼 산간지에 꽉 막혀 있었던 것은 그만큼 고구려 세력이 같은 종족인 부여 세력보다도 약소했기 때문이다.

그런데 한(漢)나라가 현도군을 설치하자 그 변경의 산간지대가 갑자기 주요 간선 루트(현도회랑)로 부상하게 되었다. 그 이전에 고구려 여러 부족은 환인에 흐르는 혼강(동가강) 유역에 산재하는 협소한 평야에서 농경을 하며 주변 산림에서 수렵을 했는데, 현도회랑을 통해 한(漢)나라와 교역을 하면서 차츰 경제력을 축적했고, 교역 이익을 독점하기 위해 여러 부족 간 세력 통합을 급속히 진행하게 되었다.

현도군의 삼천

그 사실을 단적으로 보여주는 것이 유명한 '현도군의 삼천(三遷)'이다. 앞에서 말한 대로 현도군의 군치는 기원전 107년(낙랑군 설치 다음해)에 지금의 함경남도 함흥에 설치되었는데, 그 후 '이맥(夷貊)이 침략하여' 기원전 82년에 군치를 고구려의 서북(소자하 상류의 신보新賓 근처)으로 이전했다.[15]

여기서 '이맥'이라고 하는 것은 구체적으로는 고구려이다. 즉 고구려의 세력 확대 때문에 현도군 관리가 함경남도 함흥까지 부임하기가 곤란하게 되었고, 이 때문에 군치를 현도회랑의 간선을 따라 안쪽의 신보 주변으로까지 후퇴하지 않을 수 없었다.

본래 한(漢)나라(구체적으로는 현도군)와의 교역에 의해서 세력을 축적했던 고구려는 이윽고 여러 부족의 군사력을 결집하여 함흥평야의 옥저

---

15 後爲夷貊所侵, 徙郡句麗西北, 今所謂玄菟故府是也. 《三國志》《魏書》'東沃沮傳'.

(동옥저)를 복속시키고, 이 지방의 풍요로운 산물을 직접 장악하여 보다 유리한 조건으로 한나라와 교역을 진행하고자 했다. 일찍이 위만조선은 진번과 진국 등 주변의 여러 민족이 한나라와 교역을 희망했을 때 그 통교를 막아서 중계무역의 이익을 독점하고자 하였다. 그와 마찬가지로 고구려 또한 함흥평야의 옥저(이들도 광의로는 예맥족의 일종)를 직접 지배하고, 한나라와 옥저 사이의 위치를 이용해서 중계무역 이익을 독점하고자 했던 것이다.

이 때문에 고구려는 종종 한나라의 변경을 침략하고 군사력을 과시하는 것으로 보다 유리한 조건에서 강화를 실현하고, 결국은 교역의 확대를 꾀하고자 하였다. 이에 대해 군사력으로 고구려를 제압하기가 어려웠던 한나라는 현도군의 두번째 군치도 유지하기가 곤란해졌고, 후한시대에는 혼하 유역의 무순 주변까지 군치를 옮겼다. 이후 이 세번째 군치는 한나라와 고구려의 통교 창구로서, 또 고구려와 부여 사이에서 쐐기를 박기 위한 군사거점으로서 중요한 역할을 수행했다.

이러한 현도군의 이동을 정약용은 각각 동현도, 북현도, 서현도라고 했지만,[16] 오늘날 학계에서는 일반적으로 제1현도군(기원전 107~기원전 82), 제2현도군(기원전 82~후한), 제3현도군(후한~5호16국)이라고 한다. 이 3회에 걸친 군치의 이동[三遷]은, 모두 기본적으로는 현도회랑의 간선에 따라서 순차적으로 안쪽으로 후퇴하는 모양새로 행해졌던 점에도 주목해야 한다.

---

16 總之玄菟有三. 其一在沃沮故地. 宜謂之東玄菟也. 其二在句麗古縣. 宜謂之北玄菟也. 其三在遼河東岸. 宜謂之西玄菟也. _丁若鏞,〈疆域考〉其一 '玄菟考'(張志淵 補編,《大韓疆域考》, 京城: 皇城新聞社, 1905).

고구려의 발전

이른바 '현도군의 삼천(三遷)'은 고구려의 고대국가로서의 발전을 보여주고 있다. 그러나 그 후 고구려의 행보가 반드시 순조롭게만 진행된 것은 아니었다. 한나라는 그 후반인 후한시대에 들어서 오환·선비 등 '동호(東胡)'계 유목 세력의 남침으로 종종 요서회랑의 안전을 위협받았다. 이는 당연히 요동과 한반도에서 한나라의 지배 기반을 흔들어 놓게 되었다.

더욱이 황건적의 난(184년)으로 인해 한나라가 사실상 멸망하고 중국 본토가 군벌 항쟁터로 변하자, 본토와 연락이 끊긴 요동방면에서는 주변 이민족으로부터 중국인 사회를 방위할 필요도 있고 해서 요동 태수 공손씨가 일종의 할거정권을 수립하기에 이르렀다. 이 공손씨 정권에 의해서 발전 도중의 고구려는 초기의 수도(환인)를 공략당하여 심한 타격을 입었다. 또 위(魏)나라가 화북을 통일하고 나아가 요동의 공손씨를 무너뜨리자, 고구려는 위나라의 부장인 무구검(관구검)에 의해 다시 새로운 수도인 환도성마저 공략당했다.[그림 1]

이리하여 다시 세력을 일으킨 고구려는 집안의 환도성을 거점으로 하여 동쪽으로는 요동군으로 진출을 꾀하고, 남쪽으로는 낙랑군으로 진출을 꾀하였다. 때마침 중국에서는 영가의 난(311년)이 일어나 서진(西晉) 왕조가 사실상 멸망하였고, 화북에서는 '5호 16국'으로 총칭되는 이민족 정권이 난립하였다. 이 혼란한 틈을 타 요서지방에는 선비족의 한 갈래인 모용부(慕容部) 정권이 성립하였다. 모용부가 요서회랑을 장악하게 되자 당연히 한반도의 낙랑군과 중국 본토의 연락이 끊어지게 되었다. 이 때문에 낙랑군의 중국인 세력은 주변 이민족의 군사적 위협을 피해서 요동·요서방면으로 철수하였고, 고구려는 그 사이를 틈타서 낙랑

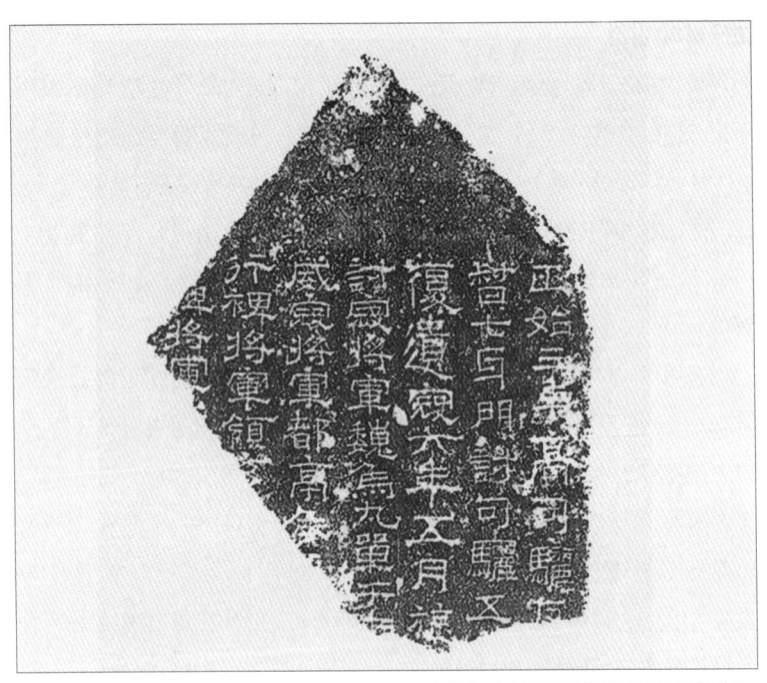

[그림 1] 무구검(관구검) 기공비(탁본)
환도성을 공략했던 위나라 무구검(관구검)의 기공비(경도대학 인문과학연구소 소장)

군을 접수하고, 이를 발판으로 한반도 북부에까지 영역 확대에 성공하였다.

낙랑군의 그 후

영가의 난의 충격 아래, 한반도 북부의 중국인 지배 거점이었던 낙랑군은 313년에 멸망하였다. '낙랑군의 멸망'이라고는 하지만, 사실은 한반도 북부의 낙랑군 정치 조직이 붕괴되었을 뿐이고, 낙랑군 치하의 중국인 세력 그 자체가 멸망하지는 않았다.

실제로《자치통감》의 기술에 의하면, 그 무렵 낙랑군에 할거하였던 장통(張統, 요동인)과 왕준(王遵, 낙랑인) 등의 중국인 호족은 낙랑군 유민을 거느리고 요서의 자성(棘城, 조양 동쪽의 의현 변경)에 거점을 두고 선비족 모용외(慕容廆)에게 귀순했고, 모용외는 그들을 받아들여 요서지방에 낙랑군을 교치(僑置)하였다.[17] 본래의 치소를 떠나서 다른 지방에 임시로 설치했던 군을 '교군(僑郡)'이라고 하는데, 이처럼 낙랑군은 실제로 교군으로서 요서지방에 존속하였다.

낙랑 교군의 설치는 그 관내에 한반도 북부에서 떠돌아다니던 다수의 중국인 사회가 존속하였던 사실을 보여준다. 한반도에서 낙랑군의 멸망으로 인해 낙랑군 유민은 ①낙랑군의 옛 땅에 그대로 머물러서 남쪽으로 내려온 고구려의 지배 하에 들어갔거나, ②고구려의 지배를 피해 남쪽으로 망명해서 한족(韓族) 사회에도 들어갔을 것으로 추정되지만, 오히려 그 주류는 ③요서방면으로 물러나 '낙랑교군'으로 존속했다고 생각해야 할 것이다.

낙랑군 유민이 의탁했던 모용외는 선비족의 한 갈래인 모용부의 수장인데, 모용부는 5호 16국 시대에 전연·후연 등의 할거 정부를 수립했던 유력 부족이다. 모용부가 세운 연(燕)나라 정권은 낙랑 유민의 '실지(失地)' 회복을 목표로 고구려와도 심하게 대립하였다. 이 때문에 고구려는 342년에 모용부의 연나라 왕 황(皝)의 공격을 받았고, 수도인 환도성은 다시 한 번 외적에게 공략당했다. 그러나 전진(前秦)의 부견에 의해 후연이 멸망하자 요동 지방은 전진의 지배 하에 들어갔고, 고구려는 전진과 통교해서 선진 불교문화를 수용하였다. 그 후 비수대전(肥水大

---

17 遼東張統據樂浪·帶方二郡, 與高句麗王乙弗利相攻, 連年不解. 樂浪王遵說統帥其民千餘家歸廆, 廆爲之置樂浪郡, 以統爲太守, 遵參軍事.《資治通鑑》卷八八 建興 元年(313년).

戰, 383년)으로 전진의 지배가 와해되자, 요동에는 후연이, 이어서 북연 정권이 성립했다. 고구려는 후연·북연과의 통교와 항쟁을 통해 점차 요동에서 세력을 늘려갔고, 마침내 요하 동쪽의 '요동' 지역을 영유하는 데 성공했다.

낙랑 교군과 북위

한편 요하 서쪽의 요서회랑은 여전히 선비와 모용부 세력 아래 있었지만, 같은 선비계의 한 갈래인 탁발부의 북위(北魏)가 화북을 제압하자, 북위의 태무제는 그 기세를 이어서 요서 원정을 감행했고, 모용부가 건립한 북연의 수도 화룡성(조양)을 공략하였다.(432년) 당시 북위의 태무제는,

> 영구·성주·요동·낙랑·대방·현도 6군의 백성 3만 가를 유주로 옮기고, 곡창을 열어 이들을 진휼하였다.[18]

라고 하여 북연의 지배 하에 요서회랑에는 옛 낙랑군 유민이 교군의 형태로 여전히 세력을 가지고 있었던 것을 확인할 수 있다. 이들은 북위 태무제의 사민정책에 의해 북위 영역 내로 강제 이주 되었지만, 그 후에도 옛 낙랑군 유민이 계속 이어져 교군의 형태를 유지하였다. 이는 북위의 정광(正光) 연간(520~525)에 낙랑군 및 그 속현으로 '대방현'이 다시 설치되었던 사실 등에 의해서도 확인할 수 있다. 또 비여성(하북성 노룡현의 북방)에 치소를 옮긴 '평주' 관내에는 북평군의 속현인 '조선현'이

---

18 車駕西還. 徒營丘·成周·遼東·樂浪·帶方·玄菟六郡民三萬家於幽州, 開倉以賑之. 《魏書》〈世祖紀〉延和 元年(432년) 9月 乙卯.

존재하였고, 게다가 북위가 분열한 뒤 동위 537년(天平 4)에는 낙랑군이 설치되었으며, 이어서 원상(元象) 연간(538~539)에는 영구군의 속현으로 대방현이 설치되었다. 여기에도 또 옛 낙랑군 유민들이 '교군', '교현'으로 형태를 갖추고 거주하였을 것으로 추정된다.

이처럼 북위 말년에 이르기까지 옛 낙랑군 유민에 의해 구성된 '교군', '교현'이 오래도록 존속되었던 것을 확인할 수 있지만, 그것은 대체적으로 요서회랑의 간선을 따라 화룡(조양) 주변에서 평주(노룡), 유주(북경)로 후퇴하는 형태로 설치되었던 점에도 주목해야 한다. 또 낙랑 교군의 존재에 대응하여 북위의 황실에는 문성제의 동생 만수(萬壽, 또는 그의 자손)를 '낙랑왕'으로 책봉했는데, 낙랑왕이란 낙랑 교군을 봉읍(封邑)으로 하는 왕이었기 때문에 당연히 낙랑 교군의 민중과 북위 황실의 낙랑왕 사이에 무언가 연고관계(주종관계)가 있었다고 생각해야 한다.

여기서 주목할 만한 점은 문성제의 왕비(문명황후 마씨)의 어머니가 낙랑왕씨 출신이라고 일컬어진다는 사실이다. 낙랑왕씨는 옛 낙랑군의 대표적인 중국인 호족이었고, 낙랑왕 만수는 문성제의 이복동생이었다. 그의 생모는 알 수 없지만 어쨌든 문명황후 마씨와 가까운 낙랑왕씨 가문의 여성이다. 아마도 그 인연으로 만수가 낙랑왕에 봉해졌을 것이다.

고조선인의 행방

지금까지 낙랑군의 후일담을 장황하게 논하였다. 낙랑군의 역사가 결코 한반도의 범위 안에서만 그치지 않고, 또한 '한국사'의 범위 안에서만 그치는 것도 아니라는 점을 강조하고 싶었기 때문이다.

낙랑군은 한(漢)나라가 설립했던 식민도시이며, 그 전신은 같은 중국인인 위만이 수립했던 식민국가 위만조선이었지만, 그 위만조선 및 낙랑군의 기저에는 중국인 세력 아래에서 현지 지배 기구의 한 부분을 담당했던 고조선계 사람들(이른바 기자조선의 유민)이 존재했던 것도 잊어서는 안 될 것이다.

'조선'이라고 해도 그들이 지금의 한반도 사람들에게 직접적으로 연결되는 '조상'이었다는 보증은 없다. 원래 그들이 어떠한 언어생활을 했는지, 그것이 지금의 한국어와 같은 계통인지 어떤지도 확실하게 알 길이 없기 때문에 어디까지나 괄호를 친 [조선]이다. 게다가 그 '조선' 사람들(이른바 고조선계 사람들)은 약 400년에 걸쳐 낙랑군 치하에서 중국인과 함께 지냈고, 중국인과 통혼하여 거의 중국인 사회에 동화되었다고 할 수 있다.

따라서 '낙랑 교군' 사회를 구성했던 사람들 중에서 중국인이 차지했던 비율이 이러이러하고, 고조선계 사람들이 차지했던 비율이 이러이러하다고 분명하게 제시할 수는 없지만, 적어도 낙랑 교군을 구성했던 중국인 사회 중에는 고조선계 사람들을 매개로 해서 낙랑군의 전신인 기자조선에 대한 계승의식을 가진 사람들이 분명 존재하고 있었다. 이 점은 훨씬 뒤에 나올 논의(제5장 제3절)의 전제가 되므로 일단 기억해 주시기 바란다.

2

삼한에서 삼국으로

고구려의 낙랑군 병합(313년)은, 그 즈음 한반도 남부에 존재했던 한족(韓族)의 부족국가군, 이른바 삼한(三韓)을 자극했고, 삼한에서 고대국가 형성을 촉진한 가장 중요한 계기가 되었다. 삼한은 '마한·진한·변한'을 가리키지만, 이 중 마한 지역을 병합했던 백제국은 중국의 역사서에서 누차 중국 동북부(옛 만주)에 존재했던 부여(夫餘, 후대에 '扶餘'라고도 표기)와 혼동되었다. 또한 본래 삼한과는 별개의 존재였던 고구려는 남쪽의 한반도 진출을 계기로 백제·신라와 격렬하게 대립했기 때문에, 어느 사이엔가 새롭게 정립된 '삼국'을 합쳐 '삼한'이라고도 부르게 되었다.

이 장에서는 '부여'와 '백제'의 혼동, 그리고 고구려의 '삼한' 편입에 따라 나타난 삼국(三國)이라는 역사상(歷史像)을, 그 성립 근원으로 거슬러 올라가 비판적으로 검토하고자 한다.

1. 고구려·백제의 건국설화

동명의 전설

《삼국지》〈고구려전〉에 "(고구려는) 부여의 별종으로 언어 따위도 부여와 같은 것이 많다."라고 기록되어 있다. 고구려 건국설화인 주몽(동명왕) 전설에서도 이는 단적으로 나타난다.

후한시대 왕충(27~97?)이 저술한 《논형》〈길험편〉의 기술에 따르면, 북이 고리국 왕의 시녀가 마치 알(달걀)만한 크기의 빛의 기운을 받아 사생아를 낳았고, 왕은 그를 '동명'이라 했다. 그 후 동명은 왕의 박해를 피해 남쪽으로 망명했고 '부여'에 도읍해서 왕이 되었다고 한다.[1] 거의 같은 설화가 《삼국지》〈부여전〉의 배송지 주에 인용된 《위략》에도 기록되어 있다. 여기에는 동명이 부여국의 시조로 묘사되어 있다.

그런데 이러한 동명 전설은 나중에는 고구려 시조 주몽(동명왕)의 전설로 일컬어졌다. 《위서》〈고구려전〉에 의하면, 고구려 시조 주몽은 부여

---

1 北夷橐離國王侍婢有娠, 王欲殺之. 婢對曰 : "有氣大如雞子, 從天而下, 我故有娠." 後産子, 捐於豬溷中, 豬以口氣噓之, 不死 ; 復徙置馬欄中, 欲使馬藉殺之, 馬復以口氣噓之, 不死. 王疑以爲天子, 令其母收取, 奴畜之, 名東明, 令牧牛馬. 東明善射, 王恐奪其國也, 欲殺之. 東明走, 南至掩淲水, 以弓擊水, 魚鱉浮爲橋, 東明得渡. 魚鱉解散, 追兵不得渡. 因都王夫餘, 故北夷有夫餘國焉. 《論衡》〈吉驗篇〉.

출신으로 주몽의 어머니는 하백(물의 신)의 딸이다. 하백의 딸이 햇빛을 받아 아들을 낳고 이름을 주몽이라 한 것, 그 후 주몽이 부여왕의 핍박을 피해서 남방으로 망명하고 '흘승골성'에 이르러 고구려의 왕이 된 것 등 기본적인 모티브는 부여의 건국설화와 똑같다고 해도 좋다.[2] 역시 유명한 〈광개토대왕비〉에도 이와 같은 설화가 '추모왕(주몽)'의 이야기로 기록되어 있다.[3] [그림 2]

이 때문에 후세에는 부여의 '동명'과 고구려의 '주몽'이 동일시되기에 이르렀다. 《구삼국사》〈동명왕본기〉가 고려시대의 문인 이규보(1168~1241)의 고율시 〈동명왕편〉의 주에 인용되어 있는데,[4] 그 기록은 김부식(1075~1151)의 《삼국사기》(1145)보다 앞서는 것으로, 《삼국사기》 편찬의 원사료가 되기도 했던 중요한 자료이다. 그곳에는 고구려의

---

2 高句麗者, 出於夫餘, 自言先祖朱蒙. 朱蒙母河伯女, 爲夫餘王閉於室中, 爲日所照, 引身避之, 日影又逐. 旣而有孕, 生一卵, 大如五升. 夫餘王棄之與犬, 犬不食; 棄之與豕, 豕又不食; 棄之於路, 牛馬避之; 後棄之野, 衆鳥以毛茹之. 夫餘王割剖之, 不能破, 遂還其母. 其母以物裹之, 置於暖處, 有一男破殼而出. 及其長也, 字之曰朱蒙, 其俗言朱蒙者, 善射也. 夫餘人以朱蒙非人所生, 將有異志, 請除之, 王不聽, 命之養馬. 朱蒙每私試, 知有善惡, 駿者減食令瘦, 駑者善養令肥. 夫餘王以肥者自乘, 以瘦者給朱蒙. 後狩于田, 以朱蒙善射, 限之一矢, 朱蒙雖矢少, 殪獸甚多, 夫餘之臣又謀殺之. 朱蒙母陰知, 告朱蒙曰: "國將害汝, 以汝才略, 宜遠適四方." 朱蒙乃與烏引·烏違等二人, 棄夫餘, 東南走. 中道遇一大水, 欲濟無梁, 夫餘人追之甚急. 朱蒙告水曰: "我是日子, 河伯外孫, 今日逃走, 追兵垂及, 如何得濟?" 於是魚鼈並浮, 爲之成橋, 朱蒙得渡, 魚鼈乃解, 追騎不得渡. 朱蒙遂至普述水, 遇見三人, 其一人著麻衣, 一人著納衣, 一人著水藻衣, 與朱蒙至紇升骨城, 遂居焉, 號曰高句麗, 因以爲氏焉. 《魏書》〈高句麗傳〉.

3 惟昔始祖鄒牟王之創基也, 出自北夫餘, 天帝之子, 母河伯女郞, 剖卵降世, 生而有□□□□□. □命駕, 巡幸南下, 路由夫餘奄利大水. 王臨津言曰, 我是皇天之子, 母河伯女郞, 鄒牟王, 爲我連葭浮龜. 應聲卽爲連葭浮龜. 然後造渡, 於沸流谷, 忽本西, 城山上而建都焉. 〈廣開土大王碑〉(盧泰敦 判讀).

4 王知天帝子妃, 以別宮置之. 其女懷中日曜, 因以有娠. 神雀四年癸亥歲夏四月, 生朱蒙. 啼聲甚偉, 骨表英奇. 初生左腋生一卵, 大如五升許. 王怪之曰: "人生鳥卵, 可爲不祥." 使人置之馬牧, 群馬不踐. 棄於深山, 百獸皆護. 雲陰之日, 卵上恒有日光. 王取卵送母養之. 卵終乃開得一男, 生未經月, 言語並實. 《東國李相國集》卷3 古律詩〈東明王篇〉의 註에 인용된《舊三國史》〈東明王本紀〉.

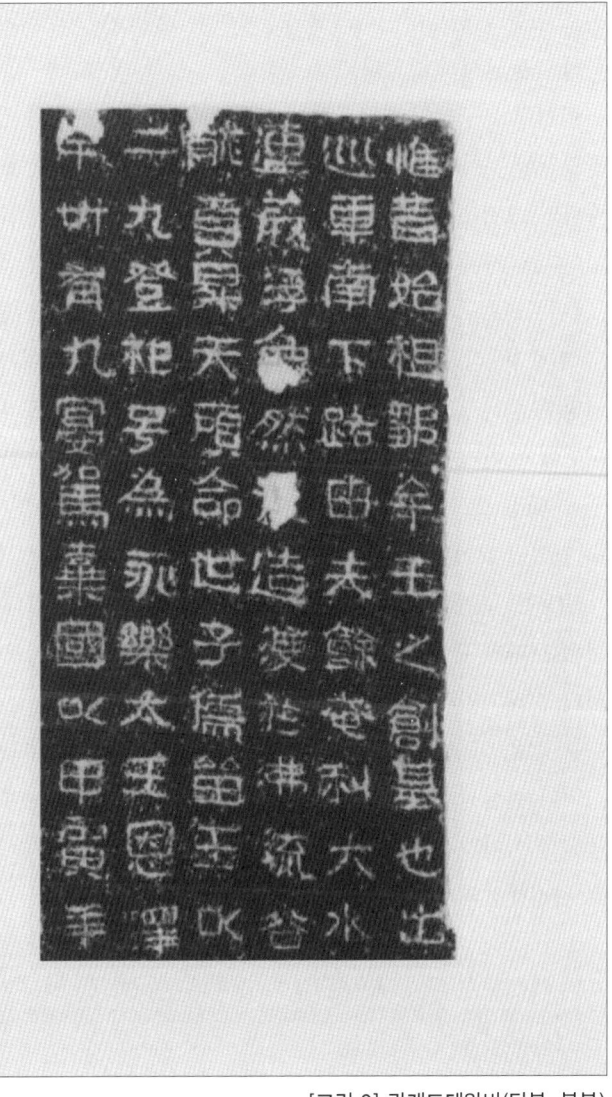

[그림 2] 광개토대왕비(탁본, 부분)
첫 행에 '시조 추모왕'이라는 이름이 보인다.(경도대학 인문과학연구소 소장)

시조 주몽을 동명왕이라고 하고, 부여의 '동명'과 고구려의 '주몽'을 명확하게 동일시하고 있다.

이처럼 고구려의 건국설화는 같은 계통 민족인 부여의 건국설화를 환골탈태한 것이며, 다시 말하자면 그것을 '표절'해서 창작했던 것이다. 그렇다면 그것은 고구려가 부여를 정복한 이후 시기에 새롭게 만들어진 이야기에 지나지 않는다.

《위서》〈고구려전〉에 의하면, 고구려의 왕위는 주몽-여달-여율-막래로 전해져, 막래의 대에 부여를 정복했다고 한다.[5] 부여가 최종적으로 멸망했던 시기는 실제로는 494년(고구려 문자왕 3년)으로 나오지만,[6] 그 이전에도 이미 부여에 대한 고구려의 패권이 확립되어 있었다.[7] 그러한 힘을 배경으로 해서 고구려는 부여의 건국설화를 공공연하게 '표절'할 수 있었던 것이다.

주몽은 부여의 망명자였다. 따라서 주몽의 전설을 그대로 따르자면, 살펴본 바와 같이 고구려에 대한 부여의 우위, 즉 고구려보다 부여의 역사가 오래되었다는 점, 그리고 부여가 국가로서의 정통성을 지니고 있다는 점을 고구려 스스로 인정해야만 하는 위험성을 내포하고 있었다. 그러나 현실세계에서는 이미 고구려의 우위가 확립된 단계였고, 그래서 동일한 이야기가 고구려에 의한 부여 지배를 정당화하는 '역사적 근거'로 자리매김되게 된 것이다.

---

5 初, 朱蒙在夫餘時, 妻懷孕, 朱蒙逃後生一子, 字始閭諧. 及長, 知朱蒙爲國主, 卽與母亡而歸之, 名之曰閭達. 委之國事. 朱蒙死, 閭達代立. 閭達死, 子如栗代立. 如栗死, 子莫來代立, 乃征夫餘, 夫餘大敗, 遂統屬焉. 《魏書》〈高句麗傳〉.

6 扶餘王及妻孥以國來降. 《三國史記》〈高句麗本紀〉文咨王 三年(494년) 春二月.

7 廿年(410년)庚戌, 東夫餘舊是鄒牟王屬民, 中叛不貢. 王躬率往討, 軍到餘城, 而餘□國駭□□□□ □□□/□□王恩普覆. 於是旋還. _〈廣開土大王碑〉(盧泰敦 判讀).

(고구려식으로 바뀐 전설에 따르면_역자), 주몽은 부여의 망명자였지만, 본래는 부여왕을 대신해 부여국을 지배해야 할 인물이었다. 그러므로 주몽이 건국했던 고구려는 그 시조의 탄생지인 부여를 정복해야 할 '역사적인 사명'을 짊어지고 있었던 것이다.

백제의 건국

그런데 더더욱 복잡하게 된 것이, 동명 전설은 그 후 백제의 건국설화와도 결부되었다.

《삼국사기》〈백제본기〉에 보이는 백제의 건국설화에 의하면, 백제 시조 온조는 고구려 시조 주몽의 자식이다. 온조는 주몽이 북부여(농안)에서 졸본부여(환인)로 망명했을 때 졸본부여 현지 여성과 결혼해서 낳은 아이였다. 그 후 북부여에서 주몽의 장남(유리)이 망명해 오자, 온조는 이를 피해서 남쪽 위례로 내려갔고, 마한 지역의 일부를 얻어 백제를 건국했다. 따라서 백제 왕족은 본디 부여 출신이고, 따라서 여씨(餘氏, 扶餘氏)라고 불렸다.[8]

이러한 건국설화는 물론 후세의 창작에 지나지 않지만, 그 성립 사정은 상당히 복잡하다. 먼저 건국 장소의 문제인데, 당초의 건국지 '위례

---

8 百濟始祖, 溫祚王. 其父鄒牟, 或云朱蒙. 自北扶餘逃難, 至卒本扶餘. 扶餘王無子, 只有三女子. 見朱蒙, 知非常人, 以第二女妻之. 未幾, 扶餘王薨, 朱蒙嗣位. 生二子, 長曰沸流, 次曰溫祚, (或云, 朱蒙到卒本, 娶越郡女, 生二子.) 及朱蒙在北扶餘所生子來爲太子, 沸流・溫祚, 恐爲太子所不容, 遂與烏干・馬黎等十臣南行, 百姓從之者多. 遂至漢山, 登負兒嶽, 望可居之地. 沸流欲居於海濱, 十臣諫曰: "惟此河南之地, 北帶漢水, 東據高岳, 南望沃澤, 西阻大海, 其天險地利, 難得之勢. 作都於斯不亦宜乎." 沸流不聽. 分其民, 歸弥鄒忽以居之. 溫祚都河南慰禮城, 以十臣爲輔翼, 國號十濟. 是前漢成帝鴻嘉三年也. 沸流以彌鄒, 土濕水鹹, 不得安居. 歸見慰禮, 都邑鼎定, 人民安泰, 遂慙悔而死, 其臣民皆歸於慰禮. 後以來時百姓樂從改號百濟. 其世系, 與高句麗, 同出扶餘, 故以扶餘爲氏. 《三國史記》〈百濟本紀〉.

성'은 근대 이전의 전승에서는 지금의 충청남도 직산이었다고 한다.[9] 그러나 그 지역이 "동쪽에는 낙랑이 있고, 북쪽에는 말갈이 있어 영역을 침략하기 때문에 나라를 지키기가 쉽지 않다."는 이유로, 백제는 더 북쪽으로 올라가 한강 남쪽(경기도 광주)으로 천도했고, 이어서 한강 북쪽(서울)으로 천도했다고 한다.[10]

주지하는 바와 같이 낙랑군의 치소는 지금의 평양이었기 때문에, 직산에서 보아 '동쪽에는 낙랑이 있다.'고 하는 것은 이상하다. 아마도 후세에 신라왕에게 '낙랑군왕'이라는 작위가 수여되었던 사실을 끌어 들여, 백제의 동방에 위치한 신라 영역을 막연히 '낙랑'이라고 지칭했을 것으로 추정된다. 또한 '북쪽에 말갈이 있다.'고 했지만, 무릇 말갈은 남북조시대에는 '물길'이라고 불렸고, 수당시대에 비로소 '말갈'이라고 일컬어졌기 때문에 '말갈'의 존재도 신뢰할 수 없다. 더욱이 당시 백제의 영역은 "북쪽은 패하에 이르고, 남쪽은 웅천을 경계"로 한다고 하는데,[11] 패하(대동강) 근처인 평양에는 낙랑군의 군치 또는 고구려의 도읍이 위치했기 때문에 백제 세력이 그곳까지 미쳤을 리가 없다. 따라서 '패하'는 대동강이 아닌 예성강을 가리킨다고 생각되지만, 예성강을 패하로 부르게 된 시기는 통일신라 이후였다.(후술) 거꾸로 이러한 일로부터 '직산설'이 비교적 후대에 새롭게 창작된 것에 지나지 않는다는 사실도 판명됐다. 생각건대 이것은 백제가 도읍을 웅진(공주) 또는 사비(부여)로 옮

---

9 《高麗史》〈地理志〉;《新增東國輿地勝覽》〈稷山縣〉'建治沿革'.
10 夏五月. 王謂臣下曰, 國家東有樂浪, 北有靺鞨, 侵軼疆境, 少有寧日. 況今妖祥屢見, 國母弃養, 勢不自安. 必將遷國. 予昨出, 巡觀漢水之南, 土壤膏腴, 宜都於彼, 以圖久安之計. 秋七月. 就漢山下立柵, 移慰禮城民戶._《三國史記》〈百濟本紀〉溫祚王 십삼년(기원전 6년).
11 八月, 遣使馬韓, 告遷都, 遂畫定疆場. 北至浿河, 南限熊川, 西窮大海, 東極走壤.《三國史記》〈百濟本紀〉'溫祚王' 십삼년(기원전 6년).

긴 이후에 그 영역 내의 어느 지역을 '위례'라고 정하고, 이것을 도읍 북방의 직산 땅으로 막연하게 끼워 맞추었을 것이다.

다음으로 백제는 한강 남쪽(광주)에서 한강 북쪽(서울)으로 천도했다고 하지만, 이것도 《삼국사기》의 다른 기술에 비추어 신뢰하기 어렵다. 예를 들면 391년(백제 진사왕 8년)에 고구려의 담덕(광개토왕)이 남정하여 백제의 '북비(北鄙)'를 공격하자 '한수 북쪽의 여러 부락'이 많이 공략당했다는 기사가 있다. 그렇다면 백제의 도읍은 한수의 남쪽에 존재했어야 한다. 또 395년(백제 아신왕阿莘王 4년, 《일본서기》에서는 阿華王)에 백제가 고구려를 공격할 때, 한수를 지나서 청목령(靑木嶺, 松岳)에 머물렀다고 하는 기사가 있는데, 이 점에서 보아도 당시 백제의 수도는 한수의 북쪽이 아니라 남쪽에 존재했다고 생각해야 한다.[12]

실제로 최근까지 발굴된 서울 동남쪽의 풍납토성이나 몽촌토성 등은 한강의 남쪽 기슭에 존재했던 백제의 왕도 내지는 그 관련시설로 보인다. 한강 북쪽 기슭으로 천도했다는 이야기는 그 지역이 신라의 '북한산성'으로 발전한 이후 후세에 만들어진 이야기일 것이다.

부여기원설

그러면 본 주제로 돌아가서 백제 왕실의 기원에 대해 검토해 보자. 위에서 설명한 바와 같이 백제의 시조 온조는 고구려의 시조 주몽의 자식으로, 주몽이 북부여(농안)에서 졸본부여(환인)로 망명했을 때 졸본부여 현지 여성과 결혼하여 얻은 아이라고 되어 있다. 그렇다면 백제 왕실은 고

---

12 丁若鏞, 〈漢城考〉(張志淵 補編, 《大韓疆域考》, 京城: 皇城新聞社, 1905); 今西龍, 〈百濟國都漢山考〉《百濟史硏究》, 京城: 近澤書店, 1934.

구려 왕실의 분가 또는 동생뻘이 된다.

이것은 생각하기에 따라서는 백제에게는 매우 불리한 설화지만, 역으로 고구려의 시조 주몽이 부여로부터 망명한 사람이었던 것을 생각해보면, 백제는 부여의 계보를 받아 계승하는 입장을 취함으로써 고구려에 비해 우월한 역사적 정통성을 주장하고자 했다고도 생각해볼 수 있다. 어쨌든 고구려는 부여의 분가에 지나지 않는 것이다.

《수서》와 《북사》〈백제전〉에 보이는 백제 건국 설화에 의하면, "동명의 자손 구태(仇台)라고 칭하는 자가 대방군(낙랑군 남부에 공손씨가 설치했던)의 옛 땅에 나라를 세운 바, 요동태수 공손도가 딸을 보내 결혼시켰기 때문에 이후 백제는 동이의 강국으로 성장했다."고 기록되어 있다.[13] 그러나 요동태수 공손도가 백제의 구태에게 딸을 시집보냈다는 것은 이미 선학도 지적한 바와 같이 "공손도가 큰 딸을 부여왕 '위구태(尉仇台)'에게 시집보냈던 일을 잘못 전한 것이기 때문에 그 설을 채택하기 어렵다."[14] 아니 '잘못 전해진 것'이라기보다는 부여 위구태의 사적을 토대로 해서 백제 시조 구태의 사적을 새롭게 창작하였을 것이다.

백제는 삼한의 하나인 '마한'(그 중에서 '백제국')을 기초로 해서 한반도 서남부에 성립했던 고대국가이다. 따라서 백제의 민중이 한족(韓族)에 속한 것은 명확하지만, 그럼에도 불구하고 백제 왕실은 스스로를 '여씨(餘氏, 扶餘氏)'라고 칭하고,[15] 그 선조는 고구려와 동족이라고 했다.[16]

이처럼 백제 왕실의 기원을 '부여'로 정한 발상 그 자체는 이미 상당

---

13 東明之後, 有仇台者, 篤於仁信, 始立其國於帶方故地. 漢遼東太守公孫度以女妻之, 漸以昌盛, 爲東夷强國.《隋書》〈百濟傳〉; 東明之後有仇台, 篤於仁信, 始立國于帶方故地. 漢遼東太守公孫度以女妻之, 遂爲東夷强國 《北史》〈百濟傳〉.
14 今西龍, 《百濟史硏究》, 京城: 近澤書店, 1934, p. 8. ' ' 표시는 인용자. 《三國志》〈夫餘傳〉 참조.
15 《宋書》〈百濟傳〉.

히 오랜 연원을 가졌다. 백제인이 스스로 유포했던 말을 기초로 해서 이윽고 후세에서는 백제의 '구태'와 부여의 '위구태'가 동일시되었고, 나아가 백제의 시조가 '동명'의 자손으로 자리매김하게 되었을 것이다.

부여기원설의 유래

부여기원설에 대해서는 종래 여러 가지로 논의가 있었지만, 대체로 말하자면 이를 사실로 받아들이는 입장, 즉 북방 부여족이 남하해서 한족(韓族) 위에 군림했다고 하는 입장과, 단순하게 창작이라고 보는 입장으로 양분할 수 있다. 필자는 후자의 입장으로, 백제 왕실에 반드시 '부여족'의 혈통이 이어졌다고는 생각하지 않는다. 이렇게 말할 수밖에 없는 이유는 북방의 부여와 남방의 한족(韓族) 사이에는 오랫동안 낙랑군(108BCE~313)이 존재했으며, 양자가 직접적으로 접촉할 기회는 거의 없었을 것이기 때문이다.

그럼에도 불구하고 백제 왕실이 '부여'의 권위를 내세워야 했던 이유는, 앞서도 잠시 언급했던 바와 같이, 그것에 의해 고구려에 대한 역사적인 정통성을 주장하고자 하는 저의가 있었을 것이다.

무릇 고구려에 의한 낙랑군 병합은 종래 낙랑군(및 대방군)에 조공을 하고 있던 남방의 한족(韓族)에게는 중대한 위협이 되었고,(이 때문에 한족 내부에서 공동체 방위를 위한 수장 권력의 강화, 이어서는 고대국가 형성이 크게 촉진되었다.) 특히 한강 남쪽 기슭에 위치했던 백제는 재빨리 권력의 집중화를 이루어 고구려의 남진 위협에 대비해야 했다.

---

16 百濟國, 其先出自夫餘. 其國北去高句麗千餘里, 處小海之南. 其民土著, 地多下濕, 率皆山居, 有五穀, 其衣服飲食與高句麗同._《魏書》《百濟傳》.

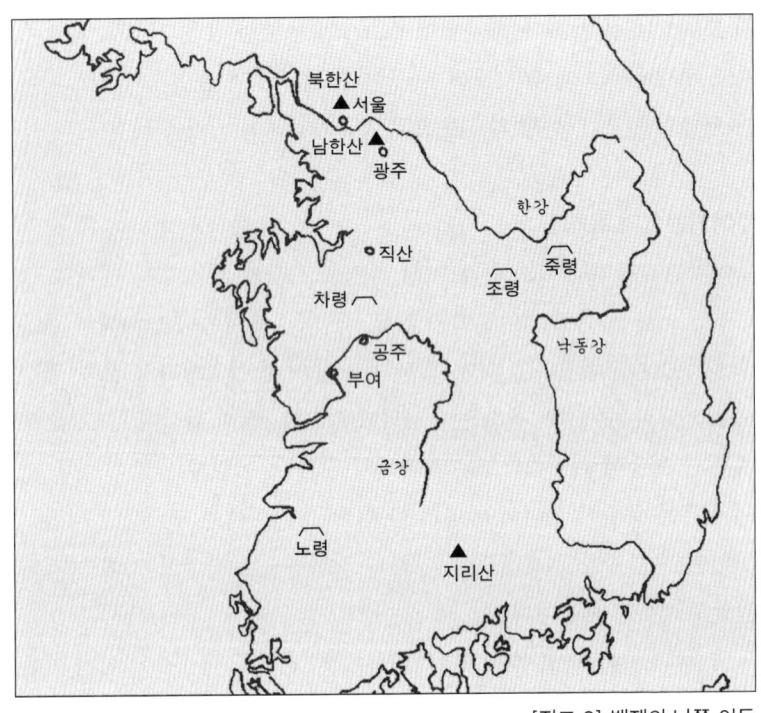

[지도 3] 백제의 남쪽 이동

 실제로 고구려와 백제의 항쟁은 매우 격렬했으며, 371년(이 해에 백제는 한산으로 천도했다고 한다.)에 백제는 고구려의 평양(실제로는 남평양, 즉 서울이 아닐까?)을 압박해서 고구려왕(고국원왕)을 전사시키고, 이 일을 계기로 '동이(東夷)의 강국'에 올랐다. 한편 고구려 쪽에서도 광개토대왕의 치세에 크게 세력을 신장하고, 한강 유역에서 경상도 방면까지 진출해서 '백잔(百殘, 백제)' 및 '왜(倭)'와 격렬하게 공방전을 전개했다.[17] 427년에 고구려가 평양(지금의 평양)에 천도했던 것은 무엇보다도 백제에 대한 압력 강화가 목적이었다. 이 때문에 백제는 475년에 수도 한성

이 함락되어 웅진(공주)으로 천도했고, 538년에는 더욱 남하해서 사비(부여)로 천도해야 했다.[지도 3]

 이러한 일련의 항쟁 중에서 백제는 고구려와 대항하면서, 그 군사기반을 확충하기 위해 '마한'의 통합을 이루었다. 백제는 말하자면 고구려에 대한 한족(韓族)의 방파제 역할을 수행했던 것이다.

 그러나 이처럼 고구려와 격하게 항쟁했던 백제는, 그 이면으로는 고구려 내부의 권력투쟁에서 패배한 고구려의 망명인을 받아들여 고구려로부터 정치제도 및 문화와 기술을 적극적으로 수용하였다. 그것은 《수서》〈백제전〉에 "그 사람은 신라·고려(고구려)·왜 등이 섞여 있고, 또 중국인이 있다."라고[18] 한 기술에서도 쉽게 추측할 수 있다. 《수서》의 기술에 보이는 대로, 백제는 신라인·고구려인·왜인·중국인 등이 잡거한 나라였지만, 그 중에서도 고구려인이 가진 우수했던 군사 능력은 백제 왕권에 있어서는 생략할 수 없는 중요한 권력기반의 한 부분이었을 것이다. 다만 백제 왕실은 고구려의 별종으로 칭하고, 또 부여의 후예라고 칭해서 국내외의 고구려인, 기타에 대한 지배자로서의 정통성을 보여주어야 했다.

 고구려의 시조 주몽은 부여의 망명인에 지나지 않는다. 그러나 한편으로 백제는 부여의 시조인 '동명'의 계보를 받아 계승한 '구태'(실제로는 부여의 위구태의 그림자)를 왕실의 시조로 삼았다. 이로써 백제인들은 실제로 고구려를 지배하는 고구려 왕실보다도 백제 왕실 쪽이 한층 정통적인 권위를 가진 것으로 과시하고자 했을 것이다.

---

17 九年己亥(399년), 百殘違誓與倭和通, 王巡下平穰. 而新羅遣使白王云, 倭人滿其國境, 潰破城池, 以奴客爲民, 歸王請命. 太王恩慈, 矜其忠誠, □遣使還告以□計. 十年庚子(400년), 教遣步騎五萬, 救新羅. 從男居城, 至新羅城, 倭滿其中, 官軍方至, 倭賊退. _〈廣開土大王碑〉(盧泰敦 判讀).
18 其人雜有新羅·高麗·倭 等, 亦有中國人. 《隋書》〈百濟傳〉.

2.
부여의 환영(幻影)

부여와 백제의 혼동

백제는 스스로를 부여의 정통으로 자임했지만, 후세의 사람들은 백제를 '남부여'라고 부르고 본래의 부여를 '북부여'로 불러서 양자를 구별하고자 했다. 다만 《삼국사기》와 《삼국유사》에는 백제가 웅진(공주)으로부터 사비(부여)로 천도했던 시점에 비로소 스스로를 '남부여'로 불렀던 것처럼 기술되어 있지만, 자국의 칭호에 '남'이라든가 '북'이라는 말을 붙일 필요는 없으므로 남부여라는 명칭은 명확히 자칭은 아니고 후세 사람들에 의한 타칭에 지나지 않는다. 그런데 번거롭게 된 것이 중국 동북부의 부여(북부여)도, 한반도의 백제(남부여)도, 그 명칭으로 보면 둘 다 똑같이 부여(夫餘, 扶餘)라고 하였다. 이 때문에 후세의 역사서에서는 종종 둘 사이에 혼동이 생기게 되었다.

예를 들면 《양서》〈신라전〉에는 "그 나라(신라)는 백제의 동남 5천 리에 있다."고 기록되어 있다.[19] 그러나 지금의 경주에 도읍했던 신라와 공주·부여에 도읍했던 백제가 '5천여 리'나 떨어져 있을 수는 없다. 이것

---

19 其國在百濟東南五千餘里.《梁書》〈新羅傳〉.

은 말할 필요도 없이 길림성 농안에 도읍했던 부여(북부여)와 한반도의 백제(남부여)를 혼동한 것이다. 덧붙여 말하면 《통지》와 《문헌통고》 등 후세의 사료는 이 모순을 덮어버리기 위해 '5천여 리'를 '5백여 리'로 고쳤지만, 그것은 오히려 잔꾀로 고쳐 쓴 것이라고 해야 할 것이다.

그리고 《신당서》〈백제전〉에는 "백제가 멸망하자, 그 영역은 신라와 발해로 분할되었다."고 기록되어 있다.[20] 이 중에서 백제의 옛 영역이 '신라'에 병합되었다고 하는 것은 옳지만, 그 일부가 중국 동북부의 '발해'에 병합된 적은 없었다. 발해가 병합했던 백제의 옛 영역은 실제로는 백제(남부여)가 아니고, 부여(북부여)의 옛 영역을 가리키는 것이다.

이처럼 중국 동북부의 부여(북부여)와 한반도의 백제(남부여)는 종종 혼동되기도 했고 동일시되기도 했다. 그렇게 해서 둘이 혼동되는 가운데 유명한 '백제의 요서영유설(遼西領有說)'이 성립하게 되었다.

백제의 요서영유설

중국 남조 계열의 역사서인 《송서》와 《양서》 및 《남사》에는 백제가 요서지방을 영유했다는 기사가 있다. 이에 대해서는 와다 히로토쿠의 〈백제의 요서영유설에 대하여〉라는 논문이 있는데,[21] 와다 히로토쿠는 이를 중국 남조에 대한 백제의 '허구적 선전'에 의거한 것이라고 논하였다. 백제는 자국의 존재를 강조해서 중국 남조의 환심을 사고자 했고, 요서지방에서 북위와 대치하고 있다고 함부로 '선전'했다는 것이다. 그러나 최근 여호규의 연구 등에서도 지적된 바와 같이, 그것은 백제의 의도적인

---

20 武后又以其孫敬襲王, 而其地已爲新羅·渤海靺鞨所分, 百濟遂絶. 《新唐書》〈百濟傳〉.
21 和田博德, 〈百濟の遼西領有說について〉《史學》 25-1, 東京: 三田史学会, 1951.

선전에 의했다기보다는, 단순히 '부여'와 '백제'를 혼동했던 남조 역사가들의 '잘못된 기록[杜撰]'에 의한 것이라고 보아야 할 것이다.

무릇 중국 동북부 농안 주변에 건국했던 부여는 285년에 선비족의 수장인 모용외의 공격을 받아서 멸망했고, 그 후 서진의 지원을 받아 지금의 사평 주변에서 부흥하였다.[22] 346년, 부여국은 다시 모용황(모용외의 아들)에게 공략되어, 부여왕 '현(玄)' 및 '부락 5만여 구'가 모용씨의 거점인 요서지방으로 강제 이주되었다. 모용씨의 지배 아래 '여씨(餘氏)'라고 이름을 올린 세력(이를테면 부여의 세력)이 많이 포함되어 있었던 것은, 당시 모용황의 공략을 받아 요서지방으로 연행됐던 사람들의 자손일 따름이다. 예를 들면 385년에 요서에서 반란을 일으킨 여암(餘巖)과, 396년에 태보(太傅)에 임명되었던 부여왕 여울(餘蔚) 등이 그에 해당한다.[지도 4]

그 후 부여 본국은 동족인 고구려의 압박을 받아 494년(고구려 문자왕 3년)에 마침내 멸망했던 것은 앞에서 설명한 그대로지만, 이와는 별도로 요서지방에서 모용부에 복속했던 부여 세력이 존속하고 있었다.

이러한 요서지방에서의 '부여'의 존재가 후대에 백제의 '요서영유설'로 전개되었을 것으로 추정된다. 확실히 부여국은 멸망했지만 '여씨(餘氏, 扶餘氏)'라고 이름을 올린 세력은, 하나는 모용씨의 지배하에 요서지방에 존속하였고, 또 하나는 백제 왕족으로서 현재의 한반도 서남부를 지배하였다. 어쨌든 내력을 존중한 중국 사람들이 두 개의 '부여'를 동일한 것으로 혼동했고, 부여(북부여)와 백제(남부여)를 동일시하게 되었던 것은 오히려 당연한 일이었다.

---

22 和田淸,《東亞史硏究: 滿洲篇》, 東洋文庫, 1955, pp. 32~35.

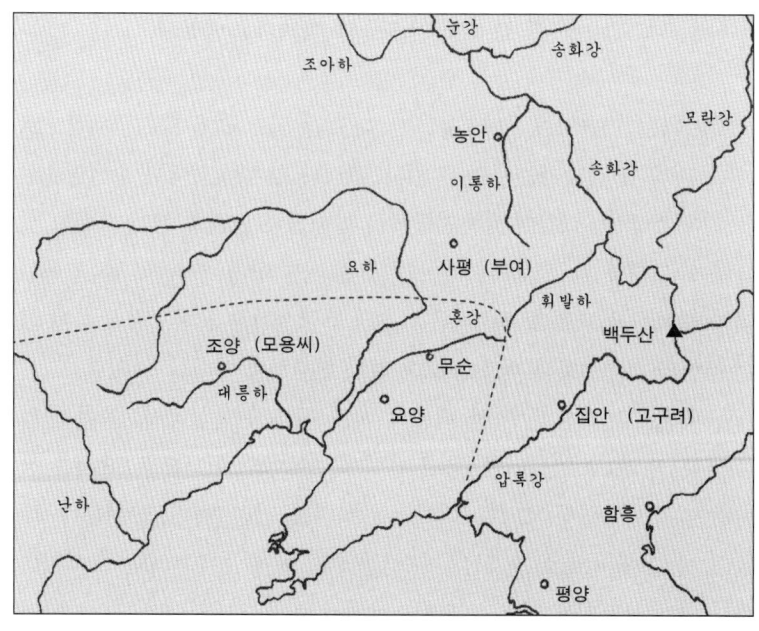

[지도 4] 모용씨와 부여

백제의 도해설

어쨌든 요서지방에 존속했던 부여(북부여)와 한반도 서남부에 성립했던 백제(남부여)를 결부시키기에는 둘 사이의 거리가 지리적으로 너무 멀리 떨어져 있었다. 이러한 지리적 모순을 덮어버리기 위해, 또 하나의 허구로서 '도해설'이 나오게 되었다.

백제의 '제(濟)'라고 하는 글자에는 '강이나 바다를 건너다.'는 의미가 있는데, 이를 끌어들여 《수서》〈백제전〉에는 다음과 같은 설화가 기록되어 있다.

처음, 백가가 바다를 건넜다. 이 때문에 백제라고 부른다.[23]

여기에는 간단하게 '바다'를 건넜다고만 되어 있을 뿐, 구체적으로 '어느 바다'를 건넜다는 내용은 없다. 그러나 앞에서 언급한 요서영유설을 전제로 하면, 그것이 요서지방에서 발해만과 황해를 건너 한반도 서남부에 도래하였다고 하는 의미인 것은 자명하다. 이러한 요서영유설 및 도해설을 전제로 할 때, 소위 백제의 건국설화는 종전부터 알려져 있던 부여의 건국설화와 비로소 모순 없이 연결하여 이해할 수 있다.

구체적으로 말하면, 우선 백제의 시조 '구태'는 《삼국지》〈부여전〉의 '위구태' 바로 그 인물이며, 당시의 백제는 부여의 이름으로 '요서를 공략하여 차지'하였다. 그 후 '백가로서 바다를 건너' 한반도, 이른바 '대방의 옛 땅'에 비로소 백제국을 수립하였다. 이 때문에 백제는 요서지방에도 영토를 가지고 있었고, 요서지방에서 북위와 대치했다는 이야기가 되는 것이다.

물론 이 이야기는 사실이 아니다. 요서지방에서 북위와 대치했던 백제 세력이라 함은 실제로는 부여(북부여) 세력의 잔영에 지나지 않을 것이다. 그러나 적어도 중국 남조의 역사가들은 복잡하게 뒤얽힌 부여(북부여)와 백제(남부여)의 관계를 요서영유설 및 도해설을 통해서 통일적으로 이해하려 노력했다.

본래 그것은 중국 남조 사람들의 오해였다. 그러나 그것이 권위 있는 중국 역사서에 기록됨에 따라 '오해'는 역사적인 '사실'로 간주되었고, 후세의 중국과 한반도의 지식인들은 그것을 그대로 사실로 받아들여 계

---

23 初以百家濟海, 因號百濟. 《隋書》〈百濟傳〉.

승했다.

고리국과 고려국

이리하여 '부여(북부여)'와 '백제(남부여)'가 동일시되자, 이번에는 부여와 고구려의 건국설화가 백제의 건국설화로 끌어당겨져서 재해석되었다.

당나라 때 편찬된 《수사》와, 마찬가지로 당나라 때 편찬된 《초학기》·《예문유취》 등의 유서(類書, 백과사전류)에서는 본래는 '고리국(槀離國: 櫜離國)'에서 '부여'로 망명했던 '동명'이, 이번에는 모두 '고려국'에서 '부여'로 망명한 이야기로 개편되었다. 즉 탁리국(고리국)과 고구려를 동일시한 것이다.

이 경우 당나라 사람들이 말하는 '고려'는 고구려이다. 고구려는 수당 시대에는 정식 명칭을 '고려'라고 했다.[일본에서는 이를 '고려(고마こま)'라고 불러서 왕씨의 '고려(고우라이こうらい)'와 구별하기도 한다.] 고구려 국호 개정에 대해서는 여러 설이 있지만, 나는 이것을 책봉체제의 관례 때문에 국호의 글자 수를 '두 글자'로 맞추었던 것으로 이해하고 있다. 세계사 교과서에서 '고구려'라고 하는 것은 어디까지나 편의적으로 그렇게 말하는 것이며, 후반 이후 정식 국호는 '고려'였다는 사실을 알아야 한다.

그리고 당나라 사람들이 말하는 '부여'는 중국 동북부의 부여(북부여)가 아니고 한반도의 백제(남부여)를 가리키는 것이다. 이른바 '탁리국(고리국)'을 '고려국', 즉 고구려로 생각한 것은 그 글자 모양과 발음이 비슷해서 생긴 단순한 속칭에 지나지 않지만, 동시에 부여와 백제를 동일시한 것도 당나라 사람들로서는 극히 일반적인 것이었다. 결국 이 두 개의 속설이 복합되어 '동명'은 '고려(고구려)'로부터 '부여(백제)'에 망명했다고 하는 자못 기묘한 설이 성립하게 되었던 것이다.

곤혹스런 두우

당나라 때 문헌의 대다수가 부여(북부여)와 백제(남부여)를 안이하게 동일시하고 있는 가운데, 두우(735~812)가 편찬했던 《통전》에서는 양자가 구별되어 있다. 그러나 '동명'의 출생국으로서 '탁리국'에 대해서만큼은 박식한 두우조차도 그 위치 설정에 대하여 곤혹스러워했던 것 같고, 다음과 같은 주를 달았다.

> 《후한서》와 《삼국지》를 보면 "부여는 고구려의 북쪽에 있다."고 하고, 또 《위서》와 《수서》를 보면, "고려(고구려)는 부여의 남쪽에 있다."고 한다.(따라서 양자의 위치 관계는 '부여가 북쪽, 고구려가 남쪽'이 된다. _인용자) 그런데 《수서》에 의하면, "백제는 부여에서 나왔다. 부여는 고구려 왕자 동명의 후예다."라고 한다.(《수서》《백제전》에서 추려서 인용. 이 경우 동명은 고구려에서 부여로 남하한 것이기 때문에, 양자의 위치 관계는 '고구려가 북쪽, 부여가 남쪽'이 된다. _인용자) 또, 탁리국(고리국)이 곧 고려국(고구려)이라고 생각했을 경우, 부여는 고려국(고구려)의 남쪽에 위치하게 된다.(동명은 탁리국에서 부여로 남하했으므로, 양자의 위치 관계는 '탁리국(고려국)이 북쪽, 부여가 남쪽'이 된다. _인용자) 여러 전문가의 견해를 자세히 검토해 보니 아마도 탁리국(고리국)은 부여의 북쪽에 위치했고, [고구려와는] 별개의 한 나라였을 것이다. 그러나 [탁리국(고리국)이 곧 고구려인지 아니면 별개의 한 나라인지] 어느 것이 옳은지는 잘 알 수 없다.[24]

글 뜻이 복잡하게 뒤얽혀 있어 괄호 안의 뜻을 보충해서 해석했다. 이른바 탁리국(고리국)을 고려국(고구려)에 맞춘 것은 원래 글자 모양과 발음이 유사하기 때문에 나타난 속설에 지나지 않지만, 이에 따라 탁리국과 고려국(고구려)를 동일시하면, 이번에는 고구려의 시조인 주몽이 부여로부터 남하하여 고구려를 건국했다고 하는 식으로 고구려의 건국설화에 모순이 생기게 된다. 부여는 고구려의 북쪽에 위치해야 하는데, 현실의 부여(백제)는 고구려의 남쪽에 위치하고 있다.

이 모순에 직면했던 두우는 결국 이 문제에 대해서는 "잘 알지 못한다."며 해결을 포기해 버리고 말았다.

김부식의 해답

두우를 괴롭혔던 건국설화의 모순을 《삼국사기》(고려·김부식 찬)는 어떻게 해결했을까?

《삼국사기》〈백제본기〉에는 앞에서 언급했던 《수서》〈백제전〉의 기사(《북사》〈백제전〉도 동일함)를 할주로 인용한 것 외에 독자 기사로서 두 종류의 건국설화를 병기하고 있다.

첫째는, 본문의 기사(따라서 이것이 고려시대에는 백제 건국설화의 '정통'이 된다.)는 백제의 시조 온조가 고구려의 시조 주몽의 실제 아들로, 주몽이 북부여(농안)에서 졸본부여(환인)에 남하했던 차에 부여왕의 '둘째 딸'을 맞아들여 온조를 낳았던 것으로 되어 있다. 그런데 주몽이 북부여에서 낳았던 태자(유리)가 아버지를 찾아서 남하해 왔기 때문에 온조

24 後漢·魏二史皆云:夫餘國在高句麗北. 又案:後魏及隋史, 高句麗在夫餘國南. 而隋史云:百濟出於夫餘, 夫餘出於高句麗國王子東明之後也. 又謂槀離國卽高麗國, 乃夫餘國當在句麗之南矣. 若詳考諸家所說, 疑槀離在夫餘之北, 別是一國. 然未詳孰是. 《通典》卷185〈邊防 1 東夷 上〉'夫餘'.

는 이를 피해서 또 '위례성'으로 남하했고, 그 땅에 백제를 건국했다고 한다.

이 경우 백제의 시조 온조는 중국 사료에 나타나는 '구태'와는 혈통상의 관계를 잃어버리게 된다. 따라서 백제인들이 시조 '구태'의 사당에 제사를 지냈다고 하는 중국 사료(《수서》《백제전》)의 기술과는 명확하게 모순이 된다.

여기에다 주석을 달아 두번째 설을 기록했는데, 중국 사료에 나타나는 '구태(仇台)'를 '우태(優台)'로 고쳐 쓰고, 우태를 온조의 부친이라 하는 이설을 병기했다. 이에 의하면 우태는 부여왕 해부루의 서손(庶孫)으로, 졸본부여의 소서노라고 하는 여성과의 사이에서 온조를 낳았다. 그런데 우태가 죽은 뒤 부여의 도읍에서 주몽이 망명해 왔고, 소서노는 그 후에 주몽에게 힘을 보태어 건국사업을 헌신적으로 도왔다. 이 때문에 주몽은 소서노의 의붓아들인 온조를 자신의 아들처럼 사랑했지만, 그 후 부여의 도읍에서 주몽의 뒤를 따라 온 태자(유리)가 남하해 오자 온조는 이를 피해 남쪽으로 내려왔고 위례의 땅에 백제를 건국했다는 것이다.

이러한 이설에는 중국 사료에 나타나는 '구태'를 '우태'로 하고 그를 온조의 부친으로 하는 내용이 건국설화 속에 끼어 든 것이지만, 그 농간에 의해 역으로 온조는 주몽과의 혈통 관계를 잃어버리게 되었다. 온조를 주몽의 의붓아들(후처가 데리고 온 아들)로 위치시키는 매우 복잡한 정밀가공을 한 것이다.

어차피 《삼국사기》에 보이는 고려시대 사람들의 말에 의하면, 백제의 시조 온조는 고구려의 시조 주몽의 아들(실제 아들 또는 의붓아들)로서 자리매김되는데, 이것은 고구려의 계승국가를 자임했던 고려인들이 백제에 대한 고려(고구려)의 우위를 주장했기 때문에 후대에 창작(혹은 개작)된 내용에 지나지 않을 것이다.

《삼국사기》의 기술에 의하면, 고구려의 시조 주몽은 북부여(농안)에서 졸본부여(환인)로 망명했고, 또 백제의 시조 온조는 졸본부여(환인)에서 위례성(서울)으로 망명하게 되었다. 따라서 두우를 괴롭혔던 고구려·백제의 건국설화는 각각 남북으로 직선적으로 배열되었고, 또한 시간적으로도 전후로 배열되었다. 여기서 고구려와 백제 사이에 끼어 있었던 낙랑군의 존재는 무시되어 있지만, 그도 그럴 것이 이와 같은 설화의 구성이 나오게 된 시기는 고구려에 의해 낙랑군이 멸망했던 313년보다 훨씬 후대, 아마도 고려시대에 들어와서였다.

이와 관련하여 《삼국사기》〈백제본기〉의 본문에는 백제의 요서영유설이나 도해설은 채용되지 않았다. 고구려와 백제의 건국설화를 남북으로 직선적으로 배열했기 때문에 애초에 도해 모티브를 끼워 넣을 필요가 없어졌기 때문일 것이다.

3. 삼한 개념의 변화

고구려와 삼한

백제의 왕권은 그 진위가 어쨌든 스스로를 부여의 후예라고 해서 내외의 고구려인 및 기타에 대한 지배의 정통성을 확보하려 했다. 이 때문에 본래 한족(韓族) 국가였던 백제는 예맥계의 고구려와 동족으로 간주되었고, 역으로 예맥계 국가였던 고구려는 한족의 백제 및 신라와 합쳐져 어느 사이엔가 삼한이라고 불리게 되었다.

'삼한'이란 한반도 남부에 존재했던 고대 부족국가군의 총칭으로, 이 중 마한으로부터 백제가 성립했고, 진한으로부터 신라가 성립해서 각기 강력한 고대국가로 발전했던 것은 주지하는 바와 같다. 그러나 변한에서 성립되었던 가야의 여러 나라(임나)는 결국 고대국가로서의 통일을 보지 못한 채 이웃 국가인 백제와 신라에 그 영토가 잠식되었고, 6세기 중엽 무렵에는 멸망하였다.(금관가야 멸망 532년, 고령가야 멸망 562년)

이 때문에 '삼한'이라고 하는 단어에서 그 일부분을 구성하는 '변한'의 실체가 소멸되어 버렸다. 그럼에도 불구하고 '삼한'이라고 하는 단어는 역사상 여전히 계속 사용되었는데, 그것은 공석이었던 '삼한'의 한 부분에 북방의 고구려가 새로 들어갔기 때문이다.

한반도에서 삼파전의 공방전을 펼쳤던 고구려·백제·신라 삼국을 중국인들은 '해동삼국'이라고 일괄해서 불렀다. 그 즈음, 어쨌든 내력을 존중하는 중국인들은 역사서에 보이는 '삼한'의 호칭을 이 '해동삼국'에 막연하게 맞추었고, 또 한반도와 일본의 문인들도 중국의 관례를 따라 '삼국'을 익숙하게 '삼한'이라고 부르게 되었다.

현재 우리가 배우는 세계사 교과서에는 이른바 '삼한'을 올바르게 학습하고 있지만, 그것은 근대역사학의 성과를 이어받은 현재의 '상식'일 뿐, 전근대의 조선·중국·일본에서는 고구려·백제·신라 삼국을 삼한이라고 부른 편이 오히려 상식이었다는 점을 기억해 두어도 좋을 것이다.

고구려 - 마한설

그렇지만 전근대 상식으로서의 삼한은, 본래 삼한과는 교섭이 없었던 고구려를 억지로 삼한 중에 끼워 넣은 것이다. 이 때문에 고구려가 마한·진한·변한 중 어느 것에 해당하는지에 대해서는 예전부터 여러 가지로 견해가 나뉘어졌지만, 그 중 가장 일반적이었던 견해는 '고구려'를 '마한'에 맞추는 설이었다.

《삼국사기》〈최치원전〉에 인용된 최치원의 〈태사시중에게 올리는 글〉에는 다음과 같은 기술이 있다.

> 동해의 바깥에 삼국이 있고, 그 이름은 마한·진한·변한이라고 합니다. 마한은 고려(고구려)이며, 변한(卞韓, 弁韓)은 백제이고, 진한은 신라입니다.[25]

최치원은 이른바 삼한 중에서 고려(고구려)가 마한에 해당된다고 하였다. 이러한 '고구려-마한설'의 근거는 반드시 명확하지는 않지만, 아마 고구려(高句麗)가 고구려(高句驪)라고도 쓰여졌던 것, 말하자면 려(驪)자의 부수에 말마(馬)자가 붙어 있는 것에 따른 속설일 것이다. 《후한서》〈고구려전〉에는 "고구려왕 궁(宮)이 마한·예·맥의 수천기를 거느리고 현도군을 둘러쌌다."고 하는 기사가 있지만, 이에 의하면 '마한'은 고구려의 지배 하에 있었던 것이 되기 때문에, 이것도 고구려와 마한을 이어주는 속설의 근거 중 하나가 되었다고 생각된다. 다만 여기서 말하는 마한은 실제로는 부여의 일파이며, 고구려·부여 등의 예맥계의 민족을 가리키는 것으로 추정된다.

예를 들면 682년(당 영순 원년)의 부여융 묘지에는 다음과 같은 기술이 있다.[그림 3]

공은 어려서부터 남다른 모습을 보였고, 일찍부터 뛰어난 용모를 지녔으니, 그 기세가 삼한을 압도하였고, 그 이름이 양맥(고구려·부여)에 드날렸다. …… 그러나 마한에 남아 있던 무리들이 이리와 같은 마음을 고치지 않고, 요해 바닷가에서 올빼미처럼 폭력을 펼쳤으며, 환산 지역에서 개미떼처럼 세력을 규합하였다. 이에 황제가 크게 노하여 천자의 병사가 위엄을 발하였으니, …… 공을 웅진도독으로 삼고 백제군공에 봉하였으며, 이어서 웅진도총관 겸 마한도안무대사로 삼았다.[26]

---

25 伏聞東海之外有三國, 其名馬韓·卞韓·辰韓. 馬韓則高勾麗, 卞韓則百濟, 辰韓則新羅也. 《三國史記》〈崔致遠傳〉'上太師侍中狀'.

[그림 3] 부여융 묘지명(탁본, 부분)
가운데 줄에 '마한여신 낭심부전(馬韓餘燼 狼心不悛)'이라는 문구가 보인다.
(경도대학 인문과학연구소 소장)

2 — 삼한에서 삼국으로

부여융은 당나라에 귀순했던 백제의 왕족으로, 귀실복신(鬼室福信)이 주도했던 백제 유민의 반란을 평정하기 위해 백제의 옛 땅에 파견되었던 일이 기록되어 있다. 그런데 그 문장 중간에 언급되는 수사는 마한(馬韓)·요해(遼海)·환산(丸山) 등 모두 고구려와 관계된 것뿐이다. 또 같은 묘지명에 "처음에 계루가 어지러워지고, 요하가 평안하지 못하게 되었으니(桂婁初擾, 遼川不寧)"라는 문구가 있는데, 계루는 고구려의 오부 중 하나이고 요하는 요동평원을 말하는 것이기 때문에, 여기서도 고구려에 관계된 단어를 고의로 사용하고 있는 것을 알 수 있다. 말하자면 이 묘지명에서 '마한'은 적어도 단어상으로는 고구려를 가리키고 있다.

물론 이 묘지명은 본래 '백제'의 이야기를 기술하는 것이지만, 당나라 사람들은 백제(남부여)를 부여와 동일시하고, 또 고구려와 부여를 양맥(兩貊) 등으로 칭하며 동족시하였다. 이 때문에 당나라 사람은 고구려와 부여·백제를 모두 단지 '마한'이라고 불렀는데, 아마도 이와 같은 잘못된 인식에 기초해서 본래 백제의 영역을 가리키는 '마한'이 고구려를 의미하게 되었고, 최치원의 고구려-마한설 등이 성립하게 되었을 것이다.

덧붙여 말하자면 중국의 역사서에서도 고구려는 종종 '마한'에 비정되었다. 예를 들면 고구려 계승국가를 자임했던 발해의 멸망 후에 성립된 정안국(定安國)은 고려(고구려)의 옛 땅에 발해 유민이 건립했던 나라지만, 이 정안국을 《송사》〈정안국전〉에는 '본래는 마한의 종족'이라고 기록하였다. 여기에서 '마한'이라고 하는 것은 실제로는 고구려를 가리키는 것으로, 고구려 유민이 발해를 건립했고, 나아가 그 발해의 유민이

---

26 公幼彰奇表, 夙挺瓌姿, 氣蓋三韓, 名馳兩貊. …… 而馬韓餘燼, 狼心不悛, 鴟張遼海之濱, 蟻結丸山之域. 皇赫斯怒, 天兵耀威 …… 以公爲熊津都督, 封百濟郡公, 仍爲熊津道摠管兼馬韓道安撫大使. 〈大唐 故光祿大夫 行太常卿 使持節 熊津都督 帶方郡王 扶餘君 墓誌〉.

정안국을 건립했던 것이다.

또 같은 고구려 계승국가를 자임했던 왕씨의 고려국왕에 대해 거란(요)이 수여한 임명서 가운데에서도 '마한'을 언급한 것이 존재한다.[27] 이 책봉에서 '마한'을 언급한 것은 왕씨의 고려가 옛 '고구려'의 정통을 이어 계승한 유서 깊은 국가라는 점을 기술하고자 한 것이다. 다만 같은 책봉 중에서도 송나라가 고려국왕에 수여한 책봉에는 고려를 '진한'에 비정하는 것이 많았다.(《宋大詔令集》권237) 이는 후술하는 바와 같이 고려를 신라(진한)의 계승국가로 간주한 다른 종류의 발상에 기초하는 것으로 추정된다.

고구려 – 변한설

다음으로 고구려를 '변한(卞韓, 弁韓)'에 맞추는 설명도 존재했다. 이는 백제를 마한에 맞추고 신라를 진한에 맞추는 경우에, 소위 남은 선택지로 고구려를 변한에 배정한 것이다. 예를 들면 《동국통감》에 인용된 조선시대의 문인 권근(1352~1409)의 사론에는 대체로 다음과 같이 서술되어 있다.

> 조선왕 준은 위만의 난을 피해 해로로 남하하고, 나라를 열어 '마한'이라고 불렀다. 그것을 백제의 온조가 즉위하자 마침내 병합하였던 것이다. 지금 익산에 옛 성이 있는데, 사람들은 그것을 기준성이라고 부른다. 마한이 백제에 있었던 것은 의심되지 않는다. 한편 진한은 신

---

27 契丹遣福州管內觀察使宋璘, 來冊王. 其冊曰, "眷乃馬韓之地, 素稱龍節之邦, 代襲王封, 品高人爵. ……."《高麗史》〈文宗世家〉元年(1047년) 9月 壬午.

라의 시조가 흥기했던 곳이지만, 《신당서》에는 '변한은 낙랑의 땅에 있다.'고 하고, 또 '평양은 옛 한나라의 낙랑군이다.'라고 한다. 따라서 진한이 신라이고, 변한이 고구려인 것도 또한 의심되지 않는다.[28]

이와 같은 권근의 변한설에는 여러 가지 오류가 포함되어 있지만, 이 오류는 《신당서》〈신라전〉에서 '낙랑군공'에 봉해졌던 신라왕의 영역을 낙랑군과 동일시하고, "신라는 변한의 후예이다. 한의 낙랑의 땅에 있으며 가로 천리, 세로 3천리이다."라는[29] 내용을 무비판적으로 수용해서 같은 책의 〈고려전(고구려전)〉에 나오는 "[고구려의] 군주는 평양성에 있고, 이 성은 장안성이라고도 한다. 한의 낙랑군이다."라는[30] 내용과 무리하게 연결하다보니 생겨난 오류일 것이다. 즉 변한은 낙랑의 땅에 있고, 고구려도 또한 낙랑의 고지에 도읍하였다. 따라서 고구려는 변한이라고 하는 주장이다.

그러나 고구려를 변한으로 연결했던 사람은 조선시대의 권근만은 아니었다. 멀리는 고구려 멸망 즈음 당나라에 귀순했던 천남생의 묘지에 그가 당나라 조정에서 '변국공(卞國公)'에 봉해졌다고 한다. 이 '변국공'이란 그의 출생국인 고구려, 즉 '변한'에 관련되어 정해졌던 봉호임이 틀림없다.[그림 4]

또한 《신당서》〈발해전〉에 의하면, 발해국은 "부여·옥저·변한·조선

---

28 朝鮮王準, 避衛滿之亂, 浮海而南, 開國號馬韓. 至百濟溫祚立遂幷之. 今之益州, 有古城. 至今人稱爲箕準城. 則馬韓之爲百濟, 無疑矣. 辰韓新羅始祖赫居世, 所起之地. 新唐書曰, 卞韓在樂浪之地, 又曰, 平陽古漢之樂浪郡, 則辰韓之爲新羅, 卞韓之爲高句麗, 亦無可疑. 《東國通鑑》〈外紀〉'三韓'.
29 新羅, 弁韓苗裔也. 居漢樂浪地, 橫千里, 縱三千里. 《新唐書》〈新羅傳〉.
30 其君居平壤城, 亦謂長安城, 漢樂浪郡也. 《新唐書》〈高句麗傳〉.

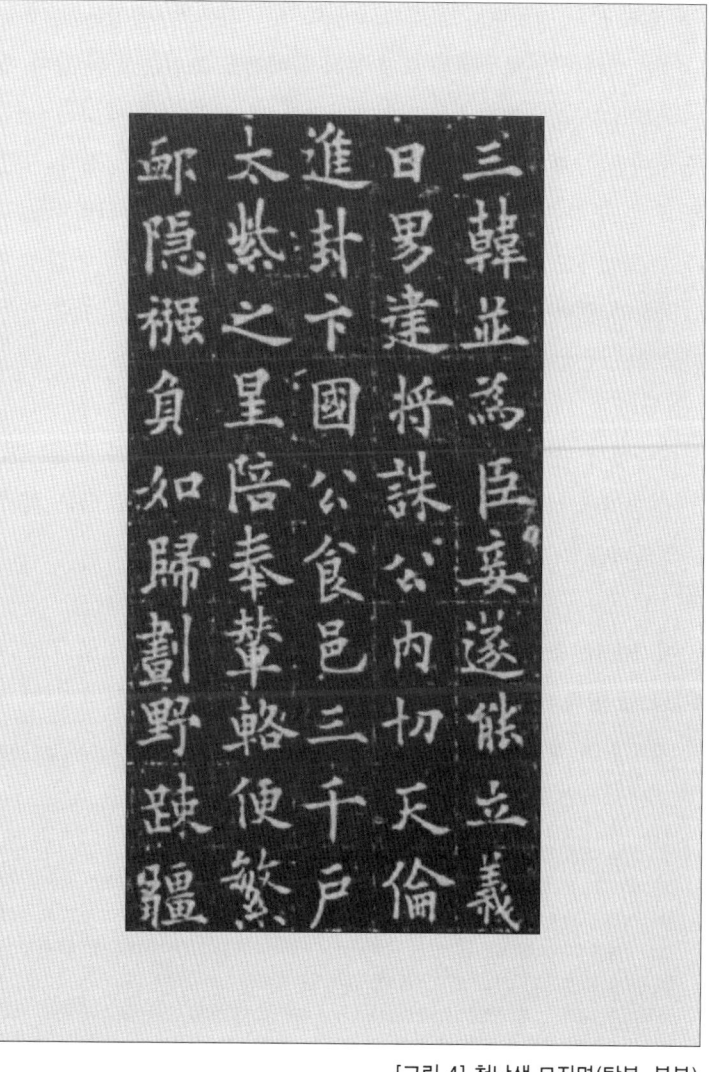

[그림 4] 천남생 묘지명(탁본, 부분)
가운데 '진봉변국공, 식읍삼천호(進封卞國公, 食邑三千戶)'라는 글귀가 보인다.
구양순의 아들 구양통의 글씨.(경도대학 인문과학연구소 소장)

・해북제국"을 병합했다고 기록되어 있다.[31] 일본의《속일본기》에 기록되었던 발해국왕 대무예가 보낸 문서 등에서도 보이는 바와 같이, 발해는 '고려(고구려)' 계승국을 자임했지만,[32] 그 영역 내에 속하는 '변한과 조선'이란 구체적으로는 고구려(변한)의 본거지인 환인·집안 지역(변한)과, 고구려가 병합했던 요동군·낙랑군 지역(조선)을 가리키는 것이다.(단 발해가 요동과 낙랑 지역을 영유했던 사실이 없음에 주의)

덧붙여 말하면, 고려 태조(왕건)의 아버지(왕륭)는 후고구려(태봉)를 건국했던 궁예에게 다음과 같이 말했다.

대왕께서 만약 조선·숙신·변한의 땅에 왕이 되시고자 하신다면 먼저 송악에 성을 쌓고 나의 큰아들(왕건)을 그 주인으로 하는 것이 제일입니다.[33]

여기에서 '조선·숙신·변한'이라고 하는 것도 마찬가지로 고구려(변한)의 옛 땅과 요동군·낙랑군(조선)의 옛 땅, 그리고 여진(숙신)의 영역을 가리킴에 틀림없다. 그러나 왕건의 아버지가 궁예에게 '조선·숙신·

---

31 頗知書契, 盡得扶餘·沃沮·弁韓·朝鮮海北諸國._《新唐書》《渤海傳》.
32 天皇御中宮, 高齊德等上其王書幷方物. 其詞曰 "武藝啓. 山河異域, 國土不同, 延聽風猷, 但增傾仰. 伏惟大王, 天朝受命, 日本開基, 奕葉重光, 本枝百世. 武藝忝當列國, 濫惣諸蕃, 復高麗之舊居, 有扶餘之遺俗. 但以天崖路阻, 海漢悠悠, 音耗未通, 吉凶絶問, 親仁結援, 庶叶前經, 通使聘隣, 始乎今日. 謹遣寧遠將軍郞將高仁義, 游將軍果毅都尉德周, 別將舍航等廿四人, 齎狀, 幷附貂皮三百張奉送. 土宜雖賤, 用表獻芹之誠. 皮幣非珍, 還慚掩口之誚. 主理有限, 披瞻未期, 時嗣音徽, 永敦隣好." 於是高齊德等八人並授正六位上, 賜當色服. 仍宴五位已上及高齊德等, 賜大射及雅樂寮之樂. 宴訖賜祿有差. _《續日本紀》神龜 5年(728년) 正月 甲寅.
33 世祖說之曰: "大王若欲王朝鮮·肅愼·卞韓之地, 莫如先城松嶽, 以吾長子爲其主." 《高麗史》《世家》'太祖序'.

변한'의 땅을 통일하고 마한(후백제), 진한(신라)으로 정립할 것을 진언했다고 하는 이 에피소드는 아마 앞에서 언급한 《신당서》《발해전》의 기사를 바탕으로 한 후세의 창작에 지나지 않을 것이다.

한백겸의 정론(定論)
이처럼 고구려를 '마한·진한·변한' 중 무엇으로 간주하는가에 대해서는 중국에서도 조선에서도 다양한 견해가 복잡하게 얽혀 있는데, 이와 같은 삼한에 대한 혼란은 조선시대 한백겸(1552~1615)에 이르러 차츰 하나의 결론을 보이게 되었다. 한백겸은 그의 저서 《동국지리지》에서 대강 다음과 같이 논하고 있다.

내가 생각건대 동방은 예로부터 자연스럽게 남북에 나뉘어져 있었다. 그 북방은 삼조선의 땅이며, 단군은 요임금과 같은 시대에 나라를 건립하고 기자·위만을 거쳐 나뉘어 4군이 되었으며 합쳐져 2부(府)가 되었고, 고구려와 서로 번갈아가며 성하고 쇠하였지만 동진 이후는 고구려가 그 땅을 병합하였다. 이 북방의 땅이 이른바 고구려이다.
한편 남방은 삼한의 땅에 있어, 한나라 초기에 기준이 위만에 쫓겨나 해로로 남하하고, 한(韓)의 땅인 금마국(익산)에 이르러 여기에 도읍을 세우고 한왕이라고 칭했다. 이것이 마한이다. 또 진(秦)나라 망명인이 전역(戰役)을 피해서 한(韓)의 땅에 들어갔고, 한(韓)에서는 동쪽 영역을 할애하여 이것을 주었다. 이것이 진한이다. 또 진한의 남쪽에는 변한이 있으며, 진한에 부속해서 각각에 수장이 있었다. …… 왕망의 신왕조 원년에 온조가 마한을 멸해서 백제가 흥기하고, 선제 오봉 원년에 박혁거세가 진한 6부민에게 추대되어 신라가 흥하였다. 변한에 대해서는 전하는 역사에 그 계승관계를 기록하지 않았지만, 신라의 유리왕 18년에 수로왕이 가락국을 일으켜서 진한의 남쪽 경계를 영유하고, 그 후 신라에 편입되었다고 하므로 아마 이것이 변한의 땅일 것이다.

이렇게 해서 보면, 남(삼한)은 저절로 남, 북(고구려)은 저절로 북, 본래 한데 섞인 것은 아니었던 것이다. 그 땅의 경계가 분명히 어디에 존재했다고 하는 것은 알 수 없다고 해도, 아마도 한강 일대를 벗어나지는 않았을 것이다.[34]

이와 같은 한백겸의 '삼한설'은 결국 '고구려'와 '삼한'을 남북으로 명확히 구별하는 것으로, 그가 주장한 바는 오늘날 확고한 정설로 넓게 인식되고 있다. 그렇다고는 하지만 전근대에 있어서는 최치원의 삼한설에 억눌려 한백겸의 주장이 일반적으로 보급되지는 못했다.

지금 '삼한'이라고 하면, 한반도 남부에 존재했던 고대의 부족국가군을 가리킨다. 이것은 세계사 교과서를 통해 누구나 학습했던 일반적인 상식이 되어 있다. 그러나 그것은 한백겸이 논의한 근대역사학에 의한 재검토를 통해 처음으로 참된 '상식'으로 되었던 것이다.

---

34 愚按, 我東方在昔自分爲南北. 其北本三朝鮮之地. 檀君與堯並立. 歷箕子暨衛滿分而爲四郡, 合而爲二府. 與高朱蒙迭爲盛衰, 東晉以後高氏遂幷其地. 是爲高句麗也. 其南乃三韓之地也. 漢初, 箕準爲衛滿所逐, 浮海而南, 至韓地金馬郡都焉, 稱爲韓王. 是爲馬韓. 秦之亡人, 避役入韓地. 韓割東界以處之. 是爲辰韓. 又其南有弁韓. 屬於辰韓. 各有渠師. (……) 新莽元年, 溫祚滅馬韓, 而百濟興焉. 漢宣帝五鳳元年, 朴赫居世爲辰韓六部民所推戴, 而新羅始焉. 弁韓前史雖不言其所傳, 而新羅儒理王十八年, 首露王肇國於駕洛, 據有辰韓之南界, 其後入於新羅, 疑此卽弁韓之地也. 然則南自南, 北自北, 本不相參入. 雖其界限不知的在何處, 而恐漢水一帶爲限.《東國地理誌》.

삼한의 통일

지금까지 누누이 서술해왔던 바와 같이, 전근대 사람들에게 '삼한'이란 고구려·백제·신라의 '삼국'을 가리키는 개념이었다. 그래서 이 삼국이 신라에 의해 통일되어 이른바 '삼한'의 영역이 하나로 되고, 삼한의 백성들도 하나로 되어서 여기에서 처음으로 '한민족'의 기초가 확립되었다. 예를 들면 《삼국사기》에 보이는 신라가 당나라 조정에 보낸 상주문(上奏文의) 한 구절에,

> 선왕 김춘추(무열왕)는 자못 현덕이 있고, 더욱이 생전에는 어진 신하인 김유신을 얻어 마음을 하나로 해서 정치를 행하고 삼한을 하나로 통합하였습니다. 그 공업이 결코 많지 않다고 할 수는 없습니다.[35]

라고 한 것은 신라에 의한 삼국의 통일을 '삼한'의 통일로 인식하고 있었던 한 사례이다. 확실히 신라에 의한 '삼한'의 통일이야말로 한반도 최초의 통일국가 성립이었고, 그것이 한민족 성립의 기초를 이루었다.

무릇 한백겸이 지적한 바와 같이, '고구려'와 '삼한'은 별개의 것으로 '남(삼한)은 저절로 남, 북(고구려)은 저절로 북'에 있었다. 따라서 예맥계의 나라인 부여·고구려와 '삼한'에서 발전했던 백제·신라는 그 민족구성이 명확하게 달랐다. 남북의 다른 민족(예맥족과 한족)은 이른바 '해동 삼국'의 삼파전(상호간의 적대와 교류)을 통해서 조금씩 융합되었을 것으로 추정된다. 그리고 그 추세를 결정지었던 사건이 신라에 의한 '삼한'의

---

35 然念先王春秋, 頗有賢德, 況生前得良臣金庾信, 同心爲政, 一統三韓. 其爲功業, 不爲不多. 《三國史記》〈新羅本紀〉神文王 12年(692년).

통일이었고, 고구려 유민·백제 유민에 대한 지배와 동화였다.

이보다 앞서 663년에 백제, 668년에 고구려가 멸망했고, 당나라는 고구려의 고도인 평양에 '안동도호부'를 설치하고, 그 관내에 '기미주(羈縻州)'라고 불리는 간접 지배 구역을 설치하여 한반도를 일원적으로 통합하고자 했다. 이에 반발했던 신라는 고구려·백제의 옛 영역을 독자적으로 접수하고, 당나라와 대립하여 그 세력을 한반도에서 축출하는 데 성공했다.

이렇게 해서 고구려·백제의 옛 영역과 유민을 접수했던 통일신라는 전국을 '구주(九州)'로 구획하고 새로이 지방행정제도를 정비했다. 그 구성을 보면, 신라의 본령에는 '상주·양주·강주'의 3주를 설치했고, 백제의 옛 영역에는 '웅주·전주·무주'의 3주를 두었으며, 대동강 이남 고구려의 옛 영토에는 '한주·삭주·명주'의 3주를 설치했다. 다분히 작위적인 이러한 '구주'의 구성 중에서 이른바 '삼한'의 통합을 상징하려는 의도가 단적으로 표현되어 있는 것이다.

삼한의 통일과 분열

다만 조선의 사료를 두고 삼한의 통일이라고 말하는 경우, 그것은 통일신라에 의한 '삼국' 통일을 가리키는 경우보다도, 고려의 태조(왕건)에 의한 '후삼국' 통일을 가리키는 경우가 압도적으로 많다. 통일신라 말기에는 후백제의 견훤, 태봉(후고구려)의 궁예 등 지방 호족 세력이 각지에서 할거했지만, 이 중 궁예의 부장이었던 왕건이 고려를 건국하고(918), 신라와 백제(후백제)를 병합해서 한반도를 재통일했다.(936년) 왕건에 의한 후삼국 통일을 사료에서는 일반적으로 '삼한 통일'이라고 칭하고 있다.

단 후삼국시대에 '백제'와 '고구려'가 부흥했다고 해도, 그것은 '신라'에 대항하는 명분으로서 그 권위를 추대했을 뿐, 견훤과 궁예·왕건 등이 저마다 백제와 고구려 왕실의 혈통을 이어받아 계승한 것은 아니었고, 또 유민으로서의 의식을 가진 것도 아니다. 그들이 '백제'와 '고구려'의 부흥을 표방했던 것은 기껏해야 일반 민중의 자연스런 지역감정에 호소하는 정도였고, 반드시 신라에 대항할 역사적인 권위의 근거를 필요로 했을 뿐이다.

200년 이상에 걸친 통일신라의 통치 기간은 일찍이 고구려·백제의 유민들을 지배하고 동화하기에 충분한 기간이었다. 이 점은 일찍이 조선(고조선) 사람들이 낙랑군의 지배를 통해서 중국인 사회에 동화해 갔던 과정과 똑같다고 생각된다.

그러한 통일신라가 분열하고 이번에는 고려 태조에 의해 '삼한 통일'이 행해졌지만, 그것은 신라 말기에 분열했던 지방 세력을 재통일한 데 지나지 않는다. 따라서 통일신라에 의한 '삼한 통일'은 한민족의 역사적·민족적인 구조를 결정한 획기적인 사건이며, 그것에 의해서 지금까지 이어지는 한국인들의 '민족'으로서의 정체성이 처음으로 확립되었다고 해도 결코 과언은 아닐 것이다.

3

북진정책의 전개
: 고려시대(Ⅰ)

신라는 삼한을 통일하고 당나라로부터 패강(대동강) 이남 지역 영유를 공인받았다. 그러나 뒤집어 말하면, 그것은 대동강 이북의 옛 고구려 영역이 이른바 '삼한'의 영역으로부터 탈락했음을 의미한다. 잃어버린 고구려 옛 영역의 회수는 고려시대(918~1392) 북진정책의 중요한 모티브가 되었다. 그러나 고구려의 정통 후계자를 자임했던 세력은 한반도의 고려만은 아니었다.

1.
패강과 평양의 변천

패강 이남의 할양

고구려의 옛 수도인 평양에 설치됐던 당나라의 안동도호부가 이윽고 요동방면으로 철수했던 일은 이미 기술하였다. 그러나 그것은 어디까지나 전략적인 철수였을 뿐, 당나라가 낙랑군의 옛 땅을 최종적으로 포기했다는 의미는 아니었다. 이 때문에 한반도를 통일했던 신라와 한반도 탈환을 도모했던 당나라 사이에는 항시 잠재적 긴장관계가 존재했다. 그런데 그 관계를 크게 바꾼 것이 발해(698~926)의 건국이다.

발해는 본디 고구려에 복속했던 속말말갈의 수장이라고 하는 대조영(재위 698~719)이 요서회랑의 영주(조양)에서 만주 동부(모란강 유역)로 망명하여 세운 나라이며, 건국 초부터 당나라와는 긴장관계에 있었다. 당나라는 일단 선로말갈사 최흔을 보내 대조영을 발해국왕에 책봉했다.[그림 5] 그 후 제2대 대무예(무왕)의 시대에는 발해 왕실의 내분으로 동생 대문예가 당나라에 망명했고, 이를 뒤쫓아 발해의 군대가 해로로 산동반도의 등주를 습격하는 충격적인 사건까지 발생하였다.(732년)

발해와 당나라 사이의 긴장 고조는 한편으로는 당나라와 신라의 관계 개선(한 층 더 긴밀화)을 가져오게 되었다. 735년, 당나라는 신라에 대해

[그림 5] 홍로정비(탁본)
선로말갈사 최흔이 지은 정호(井戶)의 비각(경도대학 인문과학연구소 소장)

서 새롭게 '영해군(寧海軍)'이라는 군호를 수여함과 동시에 '패강 이남' 영유를 정식으로 승인했다.[1] 군호를 수여한 것은 신라의 군사력 보유를 공식적으로 승인했음을 의미하고, 동시에 그 군사력으로 당나라의 군사 동원 명령에 따라야 할 책무를 받았다는 의미이다. '영해군'이라고 하는 그 군호가 발해의 습격으로 긴장이 발생한 발해만·황해 해역을 의미하는 것은 말할 필요도 없다. 패강 이남, 즉 대동강 이남 영토 할양(내지는 승인)은 다른 게 아니라 이러한 당나라에 대한 군사 협력의 담보물로써 주어진 것이다.

그 후 당나라와 발해의 관계는 다시 개선되기 시작했고, 발해는 '해동성국(海東盛國)'이라고 일컬어지는 문화적 전성기를 맞이하게 되었다. 이는 요서회랑의 북방에서 거란의 동향과 관련해서 거란을 견제하기 위해 당나라가 발해를 이용했던, 이른바 "오랑캐로써 오랑캐를 다스린다.(以夷制夷)"는 정책의 일환이었지만, 같은 의미로 발해를 견제하기 위해 당나라가 신라를 이용했던 방침은 당나라 시기 전체를 통틀어 기본적으로는 변함이 없었다.

패강의 변천

삼국시대의 신라는 대체로 임진강 라인을 끼고 고구려와 대치했다. 그 후 신라가 한반도를 통일하자 신라는 당나라로부터 대동강 이남 영유를 공인받았다.(735년) 따라서 신라의 서북 국경선은 임진강 라인에서 북으로 올라가 대동강 라인[대체로 대동강 하류지역 및 대동강 지류의 남강(용

---

[1] 仍加授王爲開府儀同三司寧海軍使, 發兵擊靺鞨南鄙會._《三國史記》《新羅本紀》聖德王 32年(733년) 秋七月; 義忠迴勅, 賜浿江以南地._同 34年(735년).

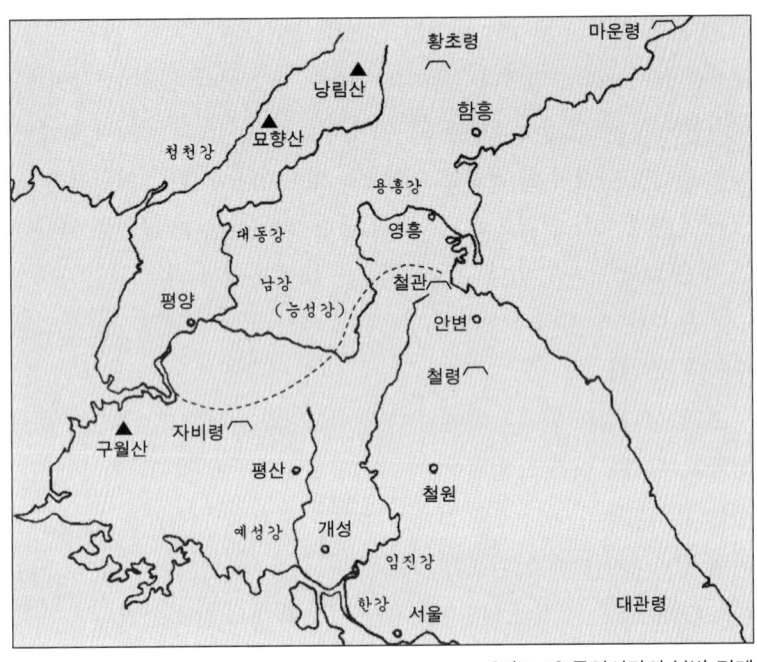

[지도 5] 통일신라의 북방 경계

성강) 라인]으로 늘어났다. 한편 동북 국경선은 일시적으로는 황초령과 마운령 변경까지 확대된 적도 있었지만, 곧 후퇴해서 대강 함경남도 영흥(금야) 근처의 용흥강을[2] 북쪽 경계로 했던 것 같다.

그러나 대동강과 용흥강 라인은 혹한기 하천 결빙 등을 고려하면 반드시 천연의 요새는 될 수 없었다. 이 때문에 통일신라의 국경선은 자연히 자비령~철관 라인 근방으로까지 후퇴하게 되었을 것이다.[지도 5]

---

2 용흥강_ 즉 泥河. (高麗滅, 率衆保挹婁之東牟山, 地直營州東二千里, 南比新羅, 以泥河爲境, 東窮海, 西契丹._《新唐書》《渤海傳》).

그 증거를 들자면, 원래 국경의 큰 내를 의미하는 일반 명사였던 '패강(浿江)'이 신라 말에는 지금의 대동강으로부터 예성강을 일컫는 명칭으로 바뀌었다. 《고려사》〈지리지〉 및 《신증동국여지승람》에 의하면 황해도 평산의 저탄(猪灘, 灘은 급류라는 뜻)은 다른 명칭으로 '패강'이라고 일컬어졌으며, 또 《삼국사기》〈지리지〉에 의하면 평산에 패강진이 설치되어 있었다. '저탄'은 예성강 중류의 부분 명칭이었으므로, 결국 신라 말에 패강은 예성강을 의미하였던 것이다.

이처럼 '패강'의 실체가 변화했던 점을 염두에 두면, 신라 말에 활약했던 '패서 호족'의 거점이 대체로 지금의 황해도 서부에 있었던 것도 비로소 쉽게 이해할 수 있다. 이른바 패서 호족은 당초에 궁예의 태봉국에 복속했고, 그 후 고려 태조(왕건, 재위 918~943)에 복속해서 고려 초에는 중요한 정치세력 중 하나가 되었다. 예를 들면 《삼국사기》〈궁예전〉에는 "패서의 도적들 중에 항복해 온 무리가 많다."고 하였고, 또 "패서의 13진을 나누어 정하다. 평양성주 장군 검용이 항복하다. 증성의 적의·황의의 도적 명귀 등이 귀부하였다"고[3] 하는 것은 모두 예성강 이서의 '패서' 호족, 혹은 도적 무리 세력이 왕건의 이전 주인 궁예의 휘하에 복속했던 사실을 가리키고 있다.

이 글에서는 '평양성주' 검용과 '증성'의 도적 명귀 등의 이름이 보이는데, 여기서 말하는 '평양'은 대동강 북쪽 기슭에 있는 지금의 평양이 아니고 후술하는 '남평양' 즉 지금의 서울이다. 또한 '증성'이라고 하는 것은 대동강 이북의 평안남도 증산이 아니고, 대동강 이남의 황해도 구

---

3 浿西賊寇, 來降者衆多. (……) 分定浿西十三鎭. 平壤城主將軍黔用降. 甑城赤衣黃衣賊明貴等, 歸服. 《三國史記》〈弓裔傳〉.

월산(일명 증산)을 가리키는 것으로 추정된다. 당연히 서울은 예성강 이서를 가리키는 '패서'에 해당하지 않지만, 구월산은 분명히 예성강 이서, 즉 '패서'에 위치하고 있다.

이처럼 국경의 큰 내를 의미하는 '패강'의 실체는 신라 말에는 대동강 이남의 예성강으로 크게 후퇴했다.

평양의 변천

'패강'의 실체는 대동강에서 예성강으로 바뀌었고, 마찬가지로 '평양'의 소재도 고구려의 옛 도읍 평양에서 지금의 서울인 이른바 '남평양'으로 변화되었다.

이미 서술한 바와 같이(제2장 제3절), 삼한을 통일했던 신라는 패강 이남 영토를 '9주'로 재편했지만, 그 결과 유서 깊은 고구려의 옛 수도 평양은 '삼한'의 영역에서 탈락하고 말았다. '평양'을 포함하지 않는다면 모처럼 '삼한'을 통일하고도 통일의 이념에 흠집이 났다고 하지 않을 수 없다. 고구려 역사를 상징하는 '평양' 지역은 어쨌든 '삼한'을 통일했던 신라의 영역 내에 위치해야 했다.

그래서 통일신라시대에는 지금의 서울이 '평양'으로 일컬어졌다. 《삼국사기》의 주석에 고려 태조 왕건이 지었다는 장의사(藏義寺) 재문이 언급되어 있는데, '고려(고구려)의 옛 땅이요 평양의 명산이다.'는[4] 구절이 있다. 여기서도 서울이 평양으로 일컬어졌음을 확인할 수 있다. 장의사는 서울의 북쪽 교외(창의문 밖 탕춘대동)에 있는 신라 이래의 명찰이지

---

4 平壤今楊州也. 太祖製藏義寺齋文, 有高麗舊壤平壤名山之句.《三國史記》〈新羅本紀〉憲德王 17年(825년) 春正月 기사의 註.;《新增東國輿地勝覽》卷 3〈漢城府〉'佛宇' 藏義寺.

만, 그 지역은 확실히 '평양'이라고 일컬어졌던 것이다.

이 밖에도 지금의 서울을 평양으로 본 견해는 통일신라시대의 몇몇 사료에서 확인할 수 있다. 예를 들면 825년(헌덕왕 17년)에 김범문이 반란을 일으키고 '평양' 즉 서울에 도읍을 세우고자 했다. 그 3년 전에는 김범문의 부친인 웅천주도독 김헌창이 반란을 일으키고 '평양'의 다른 이름인 '장안(長安)'을 국호로 하는 독립국을 세우려 했다. 이러한 사실 등을 생각하면, 모두 '고구려' 부흥을 내세우고 통일신라 중앙 정권에 대립한 신라 귀족이 반기를 든 사건으로 간주할 수 있는 것은 아닐까?[5]

종래 서울을 평양(남평양)으로 부른 것은 고구려시대로부터 내려온 관례인 것처럼 이해되어 왔다. 그러나 고구려에서는 국내성(집안), 평양성(평양), 한성(재령)을 합해 '삼경(三京)'으로 칭했다고 하므로,[6] 이러한 삼경 이외에 서울 지역을 특별히 '평양'으로 불러 존중했다고는 생각할 수 없다. 오히려 백제를 본래의 부여(북부여)와 구별하기 위해 후세의 사람들이 남부여라고 불렀던 사례와 같이, 서울을 '남평양'으로 부른 것 또한 후대의 통일신라시대 사람들이 서울을 본래의 평양과 구별하기 위해 만들어낸 호칭에 지나지 않는다고 생각하는 편이 자연스러울 것이다.

말할 것도 없이 평양은 고구려의 역사와 문화를 상징하는 땅이었다. 다만 삼한 통일에 의해 고구려의 영토와 인민을 계승했던 통일신라 사람들은 지금의 서울 지역을 '평양'으로 간주하려 했고, 고구려의 옛 수도

---

5 熊川州都督, 憲昌, 以父周元不得爲王, 反叛. 國號長安, 建元慶雲元年. 《三國史記》《新羅本紀》憲德王 14年(822년) 春三月 ; 憲昌子梵文, 與高達山賊壽神等百餘人, 同謀叛欲, 立都於平壤, 攻北漢山州, 都督聰明, 率兵捕殺之. 《三國史記》《新羅本紀》憲德王 17年(825년) 春正月.

6 其國東西二千里, 南北千餘里, 都於平壤城, 亦曰長安城, 東西六里, 隨山屈曲, 南臨浿水. 復有國內城·漢城, 並其都會之所, 其國中呼爲'三京'. 《隋書》《高麗傳》.

를 '패강 이남' 땅으로 옮김으로써 신라 영역 내에서 삼한 통일의 이념을 가시적으로 보여주려 했을 것이다.

신라와 발해

신라는 삼한을 통일했다. 그러나 실제로는 국경의 대하인 '패강'이 통일 이후에 예성강으로 후퇴했고, 평양이 지금의 서울 지역으로 후퇴했다. 신라의 9주는 삼한의 모든 지역이 아니라, 고구려의 옛 영역 중 북쪽 절반을 잘라 버리고 만든 것이다.

그렇다면 그 북쪽 땅은 어떻게 되었을까? 그곳은 지금까지 여러 차례 언급해 왔던 발해(698~926)가 지배했다. 발해는 고구려 유민과 속말말갈의 합작으로 성립된 나라이며, 특히 나라·헤이안 시대의 일본과도 국교를 맺었던 사실은 널리 알려져 있다.

《속일본기》에 보이는 대무예가 보내온 문서에,

> 무예는 열국(列國)의 자리에 있으면서 외람되이 제번(諸藩)을 다스려 고려의 옛 강역을 수복하였고, 부여의 유속(遺俗)을 이어 받았습니다.[7]

라는 기록은 유명한데, 이 문서에서도 기술된 바와 같이 발해는 고려(고구려)의 계승국을 자임하였다.

---

7   武藝忝當列國, 濫惣諸蕃, 復高麗之舊居, 有扶餘之遺俗. 《續日本紀》 神龜 5年(728년) 正月 甲寅. 제2장 각주 32번 참조.

한편 삼한을 통일했던 신라인들은 발해를 '고구려의 남은 무리'라고[8] 부르고, 또 '구려의 유신(찌끄러기), 물길의 잡류'[9] 등으로 불렀으므로, 일단 신라인들은 발해가 '고구려'의 계보에 연결되는 존재로 인지하고는 있었다고 할 수 있다. 그러나 그 한편에서 신라는 스스로를 '근화국', 즉 《산해경》에서 보이는 동방의 군자국에 견주며, 발해는 '고시국', 즉 말갈족의 선조라고 하는 옛 숙신씨에 견주고 있다.[10] 따라서 신라는 발해를 숙신씨의 후예로서 다른 종족으로 간주했다고 해도 좋을 것이다.

무릇 발해의 건국자에 대해서는 《구당서》〈발해전(발해말갈전)〉에는 '본래 고려(고구려)의 별종이다.'고 하고, 《신당서》〈발해국전〉에는 '본래 속말말갈의 고려(고구려)에 속하는 자'라고 해서 그 기술이 약간씩 다르다. 이 때문에 대조영의 출자가 고려(고구려)인지, 속말말갈인지를 둘러싸고 이런저런 논쟁이 끊이지 않지만, 적어도 앞서 인용한 표문에서는

신이 삼가 생각건대, 발해의 원류는 구려(고구려)가 아직 멸망하지 않았을 때에 남은 부락으로 앙갈(鞅羯:말갈?)에 속하였으며, 실로 무리가 많았습니다.[11]

라고 하기 때문에 신라에서는 《신당서》와 마찬가지로 대조영을 '고려(고구려)의 속말말갈에 속한 자', 즉 말갈인으로 간주했다고 생각해도

---

8 高句麗殘孼類聚北, 依大白山下, 国號爲渤海.《三國史記》〈崔致遠傳〉'上太師侍中狀'.
9 始稱振國, 時有句驪遺燼, 勿吉雜流.《東文選》卷33 '謝不許北國居上表'.
10 則必槿花鄕廉讓自沉, 楛矢國毒痡愈盛.《東文選》卷33 '謝不許北國居上表'.
11 臣謹按渤海之源流也. 句驪未滅之時. 本爲疣贅部落鞅羯之屬. 寔繁有徒.《東文選》卷33 '謝不許北國居上表'.

좋다.

'삼한'을 통일했던 신라인들에게 발해는 실제로는 '고구려의 남은 무리', '구려의 유신'을 포함하고 있다고 해도, 기본적으로는 속말말갈이 건립했던 다른 종류의 나라이며, 그것을 '삼한' 사람들의 '동포'로 의식하지는 않았을 것으로 생각된다. 통일신라의 입장에서 말하면 고구려의 정통을 계승한 나라는 어디까지나 신라였고, 발해는 그 방계(고구려의 찌꺼기)에 지나지 않는다. 따라서 신라인들은 발해를 고구려의 정통 계승 국가라고 인식하지는 않고, 어디까지나 말갈이 건립했던 다른 종류의 나라(고시국)로 평가했던 것이다.

이처럼 발해를 다른 종류로 본 인식은 신라뿐만 아니라 그 후의 고려 및 조선시대 사람들도 그대로 물려받았다. 몇몇 사례를 들자면, 예컨대 고려의 최해는,

> 대체로 중국의 빈공과에 급제한 자는 58인이다. 오대(五代) 양당(梁唐)에 또 32인이다. 대체로 발해의 수십 인을 제외하고, 나머지는 모두 동토(東土)이다. (……) 동방(東方)이 대대로 인재가 결핍되지 않았음을 볼 수 있다.[12]

라고 하여 '발해'를 '동토(東土)' 혹은 '동방(東方)'으로부터 제외하고 있다. 또 조선의 양성지는

---

12 凡登賓貢科者, 五十有八人, 五代梁·唐, 又三十有二人. 盖除渤海十數人, 餘盡東土. (……)擧是可見東方代不乏才矣.《拙藁千百》卷2 '送奉使李中父還朝序'.

신이 당나라 역사를 보니, 발해의 대조영은 전려(前麗, 고구려)의 옛 장수로, 폭동을 일으켰다 망하여 칭할 만한 것이 없습니다. 그런데도 동국 예악 문물의 성함은 단지 발해를 일컬을 뿐 삼한은 이에 참여시키지 않았습니다. 신은 삼가 그것을 부끄러워합니다.[13]

라고 해서, 여기에도 '발해'는 '삼한'과는 별종으로 간주하고 있다.

조선시대에 편찬된 '동국'의 통사(《동국통감》이 대표적이다)에는 '고구려', '백제' 항목은 있어도 '발해' 항목이 없는 이유도 그 때문이다. 다만 조선후기에 이르면 이러한 인식에 어떤 중요한 변화가 생기지만, 그 점에 대해서는 이 책의 맨 마지막 부분쯤에서 언급하고자 한다.

어쨌든 발해(발해말갈)를 고구려의 계승국가로 인정하지 않는다고 하는 인식은, 역으로 말하면 고구려의 옛 영역을 말갈이 부당하게 '점거'하고 있다고 하는 인식으로도 연결된다. 따라서 그 말갈(후의 여진)에 의해 '점거'된 고구려의 옛 영역을 회수하는 일은 통일신라 분열 후 '후삼국'의 전란을 겪으면서 '삼한'을 통일(재통일)했던 고려 태조(왕건)에게는 이른바 '북진정책'을 추진하기 위한 가장 중요한 명분 중 하나가 되었다.

---

13 然臣觀唐史, 渤海大祚榮, 前麗舊將也, 暴起而亡, 無足可稱, 而東國禮樂文物之盛, 只稱渤海, 而三韓不與焉, 臣竊恥之. 《朝鮮王朝實錄》世祖 3年(1457년) 3月 15日 戊寅.

2.
북진정책의 전개

우리 집의 푸른 담요

고려후기의 문인 이제현(1287~1367)이 기록한 《고려사》〈태조세가〉의 찬(贊, 논평)에 의하면, 고려의 충선왕(재위 1308~13)은 일찍이 태조(왕건)의 인품과 공적을 송나라의 태조(조광윤)에 견주어, 송 태조가 거란에 빼앗긴 '연운 16주' 탈환에 뜻을 두었던 것처럼 고려 태조도 고구려의 옛 영역인 요동 회수에 뜻을 두었음을 지적하며 다음과 같이 말했다.

우리 태조께서는 즉위 후 신라왕 김부가 아직 귀순하지 않았고 후백제의 견훤이 아직 사로잡히지 않았음에도 불구하고 누차 서도(西都, 평양)에 행행(行幸)하시고 친히 북비(北鄙)를 순행하셨다. 그 의도는 역시 [고구려의 시조]동명의 옛 땅을 '우리 집의 청전(靑氈, 푸른 담요)'으로 간주하고 반드시 그것을 공격하여 차지하는 데 있었다. 어떻게 '닭을 부리고, 오리를 잡는' 데에만 머무를 것인가?[14]

14 我太祖卽位之後, 金傅未賓, 甄萱未虜, 而屢幸西都, 親巡北鄙. 其意, 亦以東明舊壤爲吾家靑氈, 必席卷而有之, 豈止操鷄搏鴨而已哉?_《高麗史》〈太祖世家〉'李齊賢 贊'.

여기서 '우리 집의 청전(青氈)'이라는 말은, 서성(書聖) 왕희지의 아들 왕헌지의 집에 도둑이 들었을 때, 왕헌지가 당황하거나 떠들지 않고 다만, "이보시오. 푸른색 베로 만든 담요[青氈]는 우리 집에 전해 오는 가보(우리 집의 옛 물건)이니 그것만은 두고 가시오."라고 말했다는 고사에서 비롯되었다.[15] 또한 '먼저 닭을 부리고, 후에 오리를 잡는다.' 함은 후삼국시대에 유포되었던 하나의 참언으로, 태조의 지배가 먼저 '계림(신라)'에 미치고, 다음에 '압록강'에 도달할 것을 시사하고 있다.(操와 搏은 모두 움켜잡는다는 뜻) 그러나 태조의 영토 경영은 단순히 압록강 라인에 머무르지 않고, 압록강을 넘어 요하의 동쪽 요동지역까지 진출하려는 웅대한 계획을 품고 있었음을 말하고 있다.

실제로 태조가 요동 진출을 도모했던 사실은 이 밖에도 몇몇 사료에서 구체적으로 확인할 수 있다. 예를 들면 《자치통감》에 의하면, 태조는 오대(五代) 후진(後晋)의 고조(석경당)에게 말하여 '우리의 혼인(婚姻)'인 발해를 멸망시킨 거란을 협공하자고 하였다.[16]

과연 발해가 고려 왕실과 혼인관계를 맺었는지에 대해서는 사료에 명확한 근거가 없지만, 어쨌든 태조는 자국과 똑같이 '고구려' 계승국가를 자임했던 발해를 '우리의 혼인'이라고 부르고, 발해를 멸망시킨 거란에 대해 노골적으로 적의를 보이고 있다. 발해의 원수 토벌을 명분으로 태조는 요동지역을 회수하고자 했던 것이다.

또 《고려사》〈최승로전〉에 보면, 이른바 시무 28조 중 하나에 다음과

---

15 夜臥齋中而有偸人入其室, 盜物都盡. 獻之徐曰: "偸兒, 氈靑我家舊物, 可特置之." 群偸驚走. 《晉書》〈王獻之傳〉.
16 初, 高麗王建用兵呑滅鄰國, 頗强大, 因胡僧襪囉言於高祖曰: "勃海, 我婚姻也. 其王爲契丹所虜, 請與朝廷共擊取之." 高祖不報. 《資治通鑑》〈後晋紀〉齊王 開運二年.

같은 기술이 있다.

대저 마헐탄을 경계로 하는 것은 태조의 뜻이고, 압록강 변두리의 석성(石城)을 경계로 하는 것은 대조(大朝, 중국)에서 지정했던 것입니다. 아무쪼록 그 두 가지 중에서 [한 개를] 잘 판단하여 요새 지역을 가려 강역으로 정하시기 바랍니다.[17]

이에 의하면 고려 초기 서북 변경 개척에는 마헐탄을 북쪽 경계로 하는 방침과 압록강변의 석성을 북쪽 경계로 하는 방침, 이 두 가지가 서로 경합했던 것을 알 수 있다. 이 중 압록강 라인은 '대조(중국)'에서 지정했던 국경선이라고 하지만, 실제로는 당나라가 신라의 패강(대동강) 이남 영유를 공인했던 사실에 의거해서 국경의 큰 강인 압록강을 '패강'에 견주는 말에 지나지 않을 것이다. 덧붙여 말하면 당시의 압록강을 '매하(梅河)'[18] 즉 '패강'이라고 불렀던 것은 《송사》〈고려전〉에 인용된 국왕 성종의 말 등으로부터도 확인할 수 있다.[19]

위 인용문에서 '마헐탄'이라고 하는 지명이 어디를 가리키는지는 잘 알 수 없지만, '북진정책'을 추진했던 태조가 목표로 했던 국경선이었기 때문에 그것은 당연히 압록강 서쪽과 요하 동쪽, 즉 요동지역에 존재했

---

17 大以馬歇灘爲界, 太祖之志也, 鴨江邊石城爲界, 大朝之所定也, 乞將此兩處, 斷於宸衷, 擇要害, 以定疆域. 《高麗史》〈崔承老傳〉.
18 況契丹介居遼海之外, 復有大梅·小梅二河之阻, 女眞·渤海本無定居, 從何徑路, 以通往復？ _ 《宋史》〈高麗傳〉. 여기서 '大梅·小梅'로 나타나지만, '梅'란 곧 '浿'이고, 이는 '국경의 큰 내'라는 뜻이다.(南九萬, 《東史辨證》). 구체적으로는 압록강과 그 지류인 애강(靉江)을 가리키는 것으로 추정된다.
19 其後又遣人告曰, 契丹兵騎已濟梅河, 當道猶疑不實, 未暇營救. 《宋史》〈高麗傳〉.

다고 보아야 한다.

이 점은 같은 '북진정책'의 추진자였던 서희(942~998)의 행적을 통해서도 확인할 수 있다. 《고려사》〈서희전〉의 기술에 의하면, 서희는 성종 시기 거란과의 강화에 즈음해서, 거란으로 가는 조공로 확보를 구실로 "여진을 탕평해서 [고구려의] 옛 땅을 수복"하고자 했고, 먼저 '강내(江內)' 지역을 회수하고 다음에 '강외(江外)'의 땅을 회수하고자 했다.[20]

이 경우 '강내'와 '강외'라고 하는 것은 압록강의 내외를 의미한다. 그러므로 결국 서희는 거란과의 강화를 틈타 압록강 밖의 요동지역까지 고려의 영토를 확장하고자 했던 것이다. 서희의 이러한 구상은 거란과의 강화 체결을 서둘렀던 국왕 성종의 반대로 결국 실현되지 못했지만, 그것이 건국 이래 '북진정책'의 기초로서 요동지역의 '마헐탄'까지 영역을 넓히고자 했던 '태조의 뜻'을 계승한 것만은 틀림없다.

성종(재위 981~997)은 중국 문화에 심취해서 국가 제도 전반에 걸쳐 '화제(華制)'를 도입하고 고려 정치제도의 기초를 굳힌 인물이지만, 한편으로 서희는 '화제' 도입 과정에서 홀대되었던 '연등(燃燈)', '팔관(八關)', '선랑(仙郎)' 등 토속적 불교행사의 부흥을 외치고, 이를 통해 국난의 격퇴를 호소한 이지백 등과 같은 계열에 속한 인물이며, 말하자면 '국수파'의 대표적인 인물이었다.[21]

---

20 熙曰: "非也. 我國卽高勾麗之舊也, 故號高麗, 都平壤. 若論地界, 上國之東京, 皆在我境, 何得謂之侵蝕乎? 且鴨綠江內外, 亦我境內, 今女眞盜據其間, 頑黠變詐, 道途梗澁, 甚於涉海. 朝聘之不通, 女眞之故也, 若令逐女眞, 還我舊地, 築城堡通道路, 則敢不修聘? 將軍如以臣言, 達之天聰, 豈不哀納?"《高麗史》〈徐熙傳〉.

21 "(……)請以金銀寶器賂遜寧, 以觀其意. 且與其輕割土地, 弃之敵國, 曷若復行先王燃燈‧八關‧仙郎等事, 不爲他方異法, 以保國家致大平乎? 若以爲然, 則當先告神明, 然後戰之與和, 惟上裁之." 成宗然之. 時成宗, 樂慕華風, 國人不喜, 故知白及之.《高麗史》〈徐熙傳〉.

이러한 '국수파' 사조(신선도나 풍수사상과 결합된 고려의 토속적 불교신앙)가 이른바 '북진정책'의 정신적 지주가 되었던 것에 특히 주의해야 한다.

평양의 부흥

고려 태조의 '고구려 계승의식'은 그가 고구려의 옛 도읍인 평양의 부흥을 적극적으로 추진했던 사실로부터도 확실히 간파할 수 있다.

918년에 태봉의 전 왕인 궁예를 추방하고 국왕의 자리에 즉위하여 국호를 고려로 고친 태조(왕건)는 다음 해인 919년에 철원(鐵圓, 지금의 鐵原)에서 개경(지금의 개성)으로 천도했지만, 동시에 서경(지금의 평양)을 장래의 수도로 정하고, 그 조영을 착착 진행하였다. 서경은 옛 낙랑군 치소(정청 소재지)였고 또 고구려의 옛 도읍이었다. 고구려 계승 이념을 내걸어 국호를 고려라 했던 태조로서는, 고려의 수도는 당연히 고구려의 영광을 전하는 옛 도읍 평양이 되어야 했다.

그 일례로 다음의 조서에는 태조의 평양 천도 의지가 명확하게 나타나고 있다.

> 근래 서경(평양)의 토지, 건물을 정비하고 민중을 이주시켜 이 땅을 개발하게 되었다. 그것은 이 서경의 지력에 의지해 삼한을 평정하고 장래 여기로 도읍을 옮기기를 갈망하는 것이다.[22]

---

22 諭群臣曰: "頃完葺西京, 徙民實之, 冀憑地力, 平定三韓, 將都於此." 《高麗史》〈太祖世家〉15年 (932년) 夏五月 甲申.

여기에는 서경(평양)의 '지력'에 의해 삼한을 평정하고자 하는, 이른바 풍수지리의 한 측면이 분명히 나타나고 있음에 주목하고자 한다. 그러나 건국 당초의 서경은

> 황폐한지 이미 오래되었고 식물이 무성해 있고 번인(여진인)이 그 일대에 수렵을 행하며 그 세력이 [변경의 마을들을] 침범한다.[23]

라고 할 정도의 형편이어서 수월하게 도읍을 옮길 수 있는 상태는 아니었다. 또 건국 당초, 고려의 남방에는 지금의 전라북도 전주에 도읍을 두었던 견훤의 후백제가 존재하고 있었고, 고려 태조와 격렬한 패권 다툼을 전개하고 있었다.

그와 같은 시기에 구태여 곤란한 '북진정책'을 추진하고 평양으로 천도를 실현시키려 했던 태조의 의도는 도대체 어디에 있었던 것일까?

고구려 후예설

이 점에 대해서 첫째는, 태조의 선조를 '고구려의 후예'로 간주해서 그 해답을 찾으려는 논자가 있다.(박한설, 박용운) 왕건의 몸에는 틀림없이 고구려인의 피가 흐르고 있고, 그 혈통을 이유로 왕건은 고구려의 구업을 부흥하고자 했다는 것이다.

다만 이 후예설의 논거는 매우 부족하다. 단순히 왕건의 선조가 '태백산'에서 남하해 왔다고 하는 전승에[24] 의거하는 정도에 지나지 않는다.

---

23 王, 謂群臣曰: "平壤古都, 荒廢已久, 荊棘滋茂, 蕃人遊獵於其間, 因而侵掠." 《高麗史節要》'太祖元年(918년) 9月.
24 《高麗史》《高麗世系》.

과연 '태백산'은 《산해경》에 나오는 '불함산'의 별칭, 즉 지금의 백두산(중국명은 장백산)을 가리킨다. 백두산의 동남(지금의 함경도 방면)은 지난날 발해의 영역으로 이 지역에 고구려의 유민이 존재했다는 점 그 자체는 강하게 부정하지 못할 것이다.

그렇다고 하더라도 당시의 백두산은 고려의 지배영역에서 매우 먼 곳이었다. 따라서 고려시대에 말하는 장소인 태백산(太白山, 太伯山)은 고려의 영역 바깥의 백두산은 아니고, 고려의 영역 안의 묘향산을 가리킨다.[25] 그것은 중국의 역사서에 보이는 '불함산'의 투영이지만, 동시에 단군의 아버지 환인이 지상에 내려와 세웠다는 성스러운 산으로도 의식되고 있었다.

태조의 선조가 '태백산'에서 남하해 왔다고 하는 것은 다름 아닌 이 단군신화(그 성립 자체는 고려후기)를 왕실 시조설화의 모티브로 거두어들인 이야기에 지나지 않는다. 결국 그 설화의 모티브는 왕건의 출생을 태백산의 성스러운 성격에 결부시키는 데 있었을 뿐, 이것을 고구려의 계보로 결부시킨 것은 무릇 설화 창작자의 의도는 아니었다.

668년에 고구려가 멸망하고부터 2백 수십 년, 통일신라의 통치 아래 몇 세대에 걸친 '삼한'의 융합이 진행되었던 사실을 감안할 때, 신라 말의 한 지방 호족에 지나지 않았던 왕건을 '고구려의 후예'로 보았다고 하는 것은 거의 불가능하다고 말해도 좋을 것이다.

---

25 父知子意, 下視三危太伯, 可以弘益人間, 乃授天符印三箇, 遣往理之. 雄率徒三千, 降於太伯山頂 [即太伯今妙香山] 神壇樹下.《三國遺事》〈紀異〉'古朝鮮'註.

북진정책의 배경

고려 태조가 '고구려 계승' 이념을 내걸었다고 해서, 그가 실제로 '고구려의 후예'일 필요는 없다. 건국 당초에 있어서는 신라와 백제(후백제)에 대항할 수 있는 무언가 역사적 권위의 표방이 반드시 필요했다. 그의 세력 거점인 개성지방의 지리적 위치를 고려해 보더라도 고구려(고려) 이외에는 선택의 여지가 없었다.

그렇지만 신라와 백제(후백제)에 대한 대항의식에서 고구려(고려)의 이름을 빌리는 것과 실제로 '북진정책'을 추진하여 고구려의 옛 영역을 회수하고자 하는 것은 완전히 다른 문제이다. 그렇다면 어째서 태조가 '북진정책'을 추진했던 것일까라고 한다면, 그 배경에는 당시 여진과의 관계(다시 말하면 여진에 대한 군사적 '패권' 확립이라는 보다 절실한 목적의식)가 존재하고 있었다.

남송의 정대창(1123~1195)은 남당 장요의 《해외행정기(해외사정광기)》를 인용하여 대략 다음과 같이 서술한다.

장요가 고려에 사신으로 갔을 때, 우연히 여진인이 고려에 말을 헌납하러 왔다. 그 수는 약 100명쯤이었고 시장에서 물품을 사고팔았는데, 가격이 마음에 맞지 않자 함부로 활을 힘껏 당겨 사람을 향하게 하였다. [고려의] 사람들은 감히 덤벼들 수 없었다고 한다. 이처럼 여진인이 흉하고 사나운 것은 이전부터 그래서 고려는 이를 꾸짖을 수 없었다.

또 고려의 왕건은 일찍이 여진인에게서 말 1만 필을 지원받아 백제(후백제)를 평정했다고 한다. 따라서 각종 사료에 "여진인이 요(遼, 거란)를 공격할 당초에는 전력도 약하고 전투장비도 갖추지 않았다."고

[그림 6] 고려인 인물도(《삼재도회》)   [그림 7] 여진인 인물도(《삼재도회》)

하는 것은 잘못이다.[26]

이 가운데 고려의 시장에 등장한 여진인에 대한 서술, 그리고 고려가 여진으로부터 말 1만 필을 지원받아 백제(후백제)를 평정했다는 기술은 《해외행정기》를 인용한 것이다. 이를 근거로 정대창은 여진이 당초부터 강력한 군사력을 갖고 있었다는 점을 강조하고 있다. 물론 정강의 변(1127)으로[27] 여진에게 고배를 맛본 송나라 사람의 기술이므로 다소 과

---

26 南唐 章僚,《海外行程記(海外使程廣記)》(程大昌,《續演繁露》卷1〈制度〉'高麗境望'에 인용).

대한 평가일지도 모르지만, 그 논거가 되는 《해외행정기》는 남당의 사절로서 고려를 직접 방문했던 장요의 견문록이기 때문에 그 내용은 충분히 신뢰할 만하다.

여진이 고려에 말을 공납했고 고려의 시장에서 횡포를 부린 점, 또 고려가 여진으로부터 말 1만 필을 지원받아 백제(후백제)를 평정했다는 설이 전해지고 있었던 것은 모두 당시 고려의 군사력이 여진의 군마 '공납'(사실은 교역)에 의지하고 있었던 점을 분명히 보여주고 있다.

요컨대 고려가 '삼한' 통일을 추진하는 데에는 군사력의 뒷받침으로서 반드시 여진의 '군마'를 수입할 필요가 있었다. 그러나 여진은 '흉포하고 사나워서' 반드시 고려에 복속하고 있었던 것은 아니었다. 다만 태조는 남쪽에 있던 후백제의 견훤과 격렬한 항쟁을 전개하면서도 한편으로 북방에는 이른바 '북진정책'을 추진했고, 여진의 군마 '공납'을 촉진시키기 위해 여진에 대한 고구려(고려)의 권위를 과시해야 했다.

여진은 전에는 말갈이었고, 말갈은 고구려·발해에 복속했던 종속 민족이었다. 다만 왕건이 국호를 고려로 정하고 '고구려 계승' 이념을 내걸어 '북진정책'을 추진함으로써 여진에 대한 지배의 정통성을 확립하고자 했을 것이다.[그림 6, 그림 7]

27 정강의 변(靖康之變)_ 1126년 금나라가 송나라를 정복하고 황제 휘종과 흠종을 포로로 잡아간 사건을 말한다. 정강(靖康)은 당시 북송의 연호이다. 이후 송나라는 화북 지방을 잃어버리고 남쪽으로 내려가 남송이 되었다.

3.
또 하나의 계보

고려를 신라로 부른 것

한반도의 고려시대는 중국에서는 오대(五代)와 송·요·금·원 시대에 해당하는데, 이 시기의 중국 문헌에서는 고려를 신라로 일컫는 사례가 적지 않다. 예를 들면 《거란국지》(남송 섭융례 지음) 권26 〈제번기〉 '신라국'조의 기술과 《제번지》(남송 조여괄 지음) 권상(上) '신라국'조의 기술은 모두 제목에 '신라국'이라고 나오지만, 그 내용은 정확하게 '고려국'의 것이다. 또 《남당서》(남송 육유 지음) 권1 〈열조본기〉 '승원 2년(고려 태조 21년, 938) 겨울 10월 계미'조에 '신라의 사신이 조공해 왔다'고 하지만, 당시 신라는 이미 멸망했기 때문에 이 또한 당연히 고려에 관한 기사이다. 이외에도 《요사》 권46 〈백관지〉 2 '북면속국관'조에는 '고려국왕부(高麗國王府)'와 '신라국왕부(新羅國王府)'가 나란히 병기되어 있지만, 중화서국판 《요사》의 교감기에서 지적한 바와 같이, 이는 고려와 신라를 혼동해서 나타났던 같은 기록의 중복에 지나지 않는다.

물론 왕씨의 고려는 이전의 신라를 물려받은 나라였기 때문에 중국의 문인들이 고려의 국호를 부를 때 전대의 국호인 신라를 답습했다고 해도 불가사의한 일은 아니다. 앞서 잠시 언급했던 대로(제2장 제3절), 송나라가 고려 국왕에게 수여했던 책봉문(임명서)에서 고려의 국호를 '진한(辰韓)', 즉 신라로 부른 사례가 많은 것도 이 때문이고, 또 근세 조선시대에 중국인들이 조선의 국호를 고려로 불렀던 것 등도 그와 같다. 그렇지만 이러한 사례들은 어디까지나 통칭 혹은 아칭에 지나지 않기 때문에 본래 정확을 기해야 할 역사서에서는 당연히 정식 국호에 따라서 '고려'로 기록해야 한다.

그럼에도 불구하고 당시 중국의 역사서에서 고려의 국호를 신라로 부르는 사례가 다수 보이는 배경에는 단순한 혼동 그 이상의 무언가 특별한 이유가 있었던 것은 아닐까 하는 의문이 든다. 구체적으로 말하자면 왕씨의 고려를 '고려'가 아니고 '신라'라고 하는 의식(고려를 고구려의 계승국가로 인정하지 않으려는 의식)이 중국의 역사서에서 어떤 형태로든 반영되었다고도 생각해 볼 수 있지 않을까?

실제로 한반도에 성립했던 왕씨의 고려를 '신라'로 간주하고, 오히려 자신들이 고구려(고려)의 정통 계승자라는 자의식을 가졌던 세력은 한반도에 인접한 중국 동북부(구 만주)에도 널리 존재하고 있었다.

발해인의 고구려 계승 의식

지금까지 여러 번 언급했던 바와 같이, 발해는 고구려 계승국가를 자임했다. 그런데 발해는 926년에 거란에 의해 멸망되었고, 그 유민은 '동란국'의 지배하에 들어갔다. 동란국은 발해 유민을 지배하기 위해 거란이 만든 위성국가로, 초대 군주는 인황왕 돌욕(人皇王 突欲, 아골타의 장자)이다. 그러나 옛 발해령 각지에서 반란이 잇달았기 때문에, 거란은 928년에 동란국의 치소를 요양으로 옮기고 발해 유민을 요동지역으로 강제이주시켰다. 이 때문에 동란왕 돌욕도 요양으로 거처를 옮겼지만, 그 후 동생인 태종 덕광과 대립해서 931년에 중국(후당)으로 망명했고, 중국으로부터 이찬화(李贊華)라는 성명을 받은 일은 유명하다. 한편 요동 지역으로 옮겨진 발해 유민들은 동란왕의 망명에 따라 동란국이 폐지되자, 이후 거란의 직접 통치 하에 들어갔고 통상 '요동 발해'라고 불리게 되었다. 이러한 역사적 사실은 김육불(1887~1962)의 《발해국지장편》 등에 다수 수집되어 있지만, 발해인 이주의 발자취를 더듬어 보면 요동에 정착했던 그들이 발해를 계승하는 의식(소급해서 살펴보면 이전 요동의 지배자였던 고구려를 계승하는 의식)을 강하게 안고 있었을 것은 충분히 예측할 수 있다.

예를 들면 요동 발해인 중에는 '고씨(高氏)'를 칭했던 사람들이 다수 있는데, 고씨는 고구려의 왕실 성이다. 거기에는 '고구려' 유민으로서의 '발해인'이라는 자의식이 단적으로 드러나 있다.

여진인의 고구려 계승 의식

한편 발해의 멸망에 따라서 반대로 활동의 자유를 얻었던 여진[일찍이 발해말갈(속말말갈)에 복속했던 다른 부의 말갈인]도 그들 나름대로는 고구려 계승 의식을 지니고 있다.

발해 멸망 후 여진 세력이 해로로 산동반도에 내항해서 송나라와 융성하게 공마(貢馬) 무역을 행했던 일은 잘 알려져 있는데, 이들 여진인의 내력을 당시의 중국인들은 '고려 주몽의 유종(遺種)'으로 파악했고, 또한 '삼한 중의 진한'으로도 파악하고 있었다.

여진은 옛 숙신국이다. 원래는 주리진이라고 일컬어졌지만, 이민족의 말이 와전되어 여진이 되었다. 본래는 고려(고구려) 주몽의 유종(遺種)

이다. 일설에는 흑수말갈의 일종이라 하고 발해의 별종이라 하며 삼한의 진한이라고도 하지만, 실은 모두 동이의 소국이다. 대대로 혼동강 동쪽, 장백산·압록수의 원류에 거주하고 있다.[28]

위 인용문에서 말한 바는 물론 직접적으로는 송나라 사람의 기술이지만, 전해들은 말과 듣고 취한 내용을 소개하는 가운데 어떤 형태로든 여진인 스스로의 역사인식이 반영되어 있다고 해도 좋을 것이다.

여진의 활동 무대는 원래 옛 숙신의 영역이었지만, 거기에서 말갈 7부 세력이 일어났고, 그것이 속말부를 중심으로 하는 발해 세력과 혼동강(송화강) 유역의 흑수부 세력으로 양분되었다. 다음에 흑수부 세력에서 완안부 여진이 발흥하고, 그들이 여진 세력을 통합해서 금(金)나라를 수립하게 되는 것이다.

문제는 이것을 '고려 주몽의 유종(遺種)'이라 하고, 또 '삼한 중의 진한'이라 하는 것인데, 전자에 대해서는 무릇 발해가 고구려의 계승국가를 자임했으므로 이러한 발해인의 역사의식이 여진인 전체의 역사의식 속에 새겨져 있었다고 생각하면 일단 대강의 큰 뜻은 통한다. 한편 후자에 대해서는, 왕씨의 고려를 '신라'로 불렀던 당시의 일반적 관례에서 '삼한 중의 진한'에 비정된 신라를 고구려(고려)와 혼동하고 더 나아가서는 '고려 주몽의 유종'이라는 여진도 '삼한의 진한', 즉 신라로 합쳐서 이해했다고 생각해 보면 그것도 대강의 뜻은 통한다.

후대에 청나라 건륭제(재위 1735~1795)는 길림성의 길림과 한반도의

---

28 女眞古肅愼國也. 本名朱理眞, 番語訛爲女眞. 本高麗朱蒙之遺種, 或以爲黑水靺鞨之種, 改作部而渤海之別族, 三韓之辰韓, 其實, 皆東夷之小國. 至居混同江之東, 長白山, 鴨綠水之源. 《三朝北盟會編》卷3 重和 二年(1119년) 正月 十日 丁巳.

계림(신라의 수도인 경주)을 동일시하고, 여진과 신라가 공통의 습속을 가진 동일 계통의 민족이라고 논증하려 했다.[29] 물론 그것은 간단한 언어상 발음의 유사성에 의거한 발상으로 잘못된 논의에 지나지 않지만, '여진'과 '신라(진한)'를 연결시킨 논의 그 자체는 반드시 전제군주의 변덕으로부터 갑자기 생겨난 것만은 아니었던 셈이다.

여진인의 시조 전승

여진과 신라[사실은 고구려(고려)]를 연결하는 이야기는 완안부 여진의 건국설화에서 가장 단적으로 나타나고 있다.

> 여진의 추장은 신라인인데, 완안씨(完顏氏)로 불렸다. 완안은 중국어로 말하면 '왕(王)'이다. 그들이 정무에 익숙했기 때문에, 여진인은 그들에게 수장의 직을 양도하였다. 그들은 3인 형제로, 한 사람은 숙여진의 수장이 되었고, 만호(萬戶)라고 불렀다. 다른 한 사람은 타국으로 여행을 떠났다. 완안은 60세가 넘었지만, 여진인은 그에게 딸을 시집보냈고, 그 딸도 60세를 넘었음에도 불구하고 아들 둘을 낳았다. 그 장남이 바로 호래(胡來)이다.[30]

여기서는 여진인의 시조를 신라인이라 하지만, 이른바 '신라'라고 하는 것은 곧 '고려'를 뜻한다. 그러한 혼동이 송·요·금·원대의 문헌에서

---

29 《欽定滿洲源流考》, 제5장 각주 34번 참조.
30 女眞酋長乃新羅人, 號完顏氏. 完顏猶漢言'王'也. 女眞以其練事, 後隨以首領讓之. 兄弟三人, 一爲熟女眞酋長, 號萬戶. 其一適他國. 完顏年六十餘, 女眞妻之以女亦六十餘. 生二子, 其長即胡來也. 《松漠紀聞》.

공통적으로 나타나는 현상이란 점에 대해서는 이미 기술하였다. 문제는 그 고려가 어느 고려냐 하는 것이지만, 한반도의 사람들은 이를 당연히 왕씨의 고려로 생각했고, 완안부의 시조가 고려의 평주 사람이라고 그럴싸하게 전설까지 만들어 냈다.[31] 그러나 미카미 쓰구오(1907~87)의 연구에서 명쾌하게 설명된 바와 같이, 그것은 사실은 고씨의 고려(고구려)를 의미하며, 완안부는 '고구려'의 역사를 스스로의 시조설화로 결부시킴으로써 생여진·숙여진 그리고 발해 세력을 통합하는 '역사적인 권위'를 획득하고자 했던 것이다.

무릇 요나라 때의 여진은 대체로 혼동강 상류지역(속말수, 즉 제2송화강의 수류)을 경계로 해서 그보다 이북(지금의 흑룡강성 및 길림성 북동부)에 거주했던 여진을 '생여진'이라 했고, 그보다 이남(지금의 요녕성 및 길림성 남서부)에 거주했던 여진을 '숙여진'이라 했다. 생여진은 요나라의 간접통치 아래 해동청(매) 등을 공납했지만, 숙여진은 발해 멸망 후에 본토로부터 갈라져 요나라의 직접통치에 들어갔고, 주현의 토지와 인민에게 조세의 의무가 부과되었다. 특히 요동반도로 이주되었던 숙여진은 갈소관여진(曷蘇館女眞, hashan은 만주어로 藩籬·울타리라는 뜻)으로 불렸고, 송나라와 고려에 대한 방위의 최전선에 배치되었다.

한편 고구려 유민과 속말말갈의 합작으로 성립된 발해의 중심 세력은 발해 멸망 후에는 동란국(동단국) 백성이 되었고, 그 뒤 동란국의 이전에 따라서 모란강 유역에서 요양방면으로 강제이주되어 통상 '요동발해'로

---

31 或曰, "昔我平州僧今俊, 遁入女眞, 居阿之古村, 是謂金之先." 或曰, "平州僧金幸之子克守, 初入女眞阿之古村, 娶女眞女, 生子曰古乙太師. 古乙生活羅太師, 活羅多子. 長曰劾里鉢, 季曰盈歌, 盈歌最雄傑, 得衆心, 盈歌死, 劾里鉢長子烏雅束嗣位, 烏雅束卒, 弟阿骨打立." 《高麗史》〈睿宗世家〉 10年(1115년) 春正月.

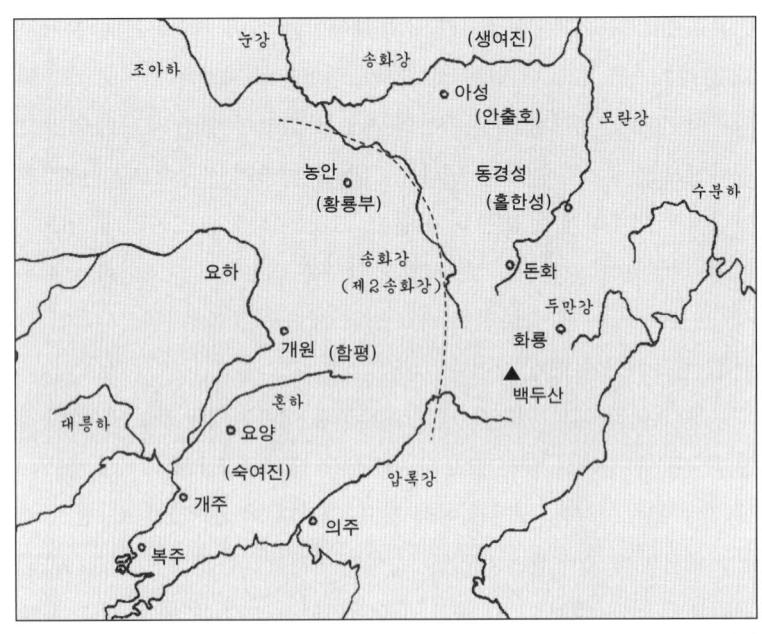

[지도 6] 생여진과 숙여진

불리게 되었던 것은 이미 기술하였다.

이러한 말갈계의 3대 세력(즉 생여진·숙여진·발해)이 이윽고 아르초카에서 발흥했던 생여진의 완안부 아래 통합되어 대금국(大金國)이 성립되었던 이유이다. 위에서 서술했던 완안부의 시조설화에는 틀림없이 이러한 3대 세력의 통합 모티브가 담겨 있다는 점에 주목해야 한다.[지도 6]

발해와 여진의 통합

《송막기문》에 의하면 완안부 여진의 시조는 3형제인데, 그 중 한 명은 생여진 즉 완안부 여진의 수장이 되었고, 또 한 명은 숙여진의 수장이 되었으며, 다른 한 명은 타국으로 여행을 가게 되었다. 그러나 《금사》 〈세기〉에는 같은 설화가 한층 더 발전해서 다음과 같이 전해지고 있다.

형인 아고내는 불교를 좋아해 고려에 머물러 함께 여행하려고 하지 않았다. 그가 말하기를 "후세의 자손들이 반드시 [이 고려의 땅에] 결집하여 나오게 될 것이다. [그래서] 나는 이 땅을 떠날 수 없다."고 했다. 그래서 함보는 [형을 남기고] 동생 보활리와 둘이서 여행하였다. 함보는 완안부의 복간수 물가에 거주하고, 보활리는 [러시아 연해주 남부의] 야라에 거주했다. 그 후 호십문이 갈소관을 거느리고 태조(아골타)에게 귀순했을 때, 그가 스스로 말하기를 "그 선조는 3인 형제로 [각각] 갈라져 갔다."고 했다. 생각건대 [고려에 머물렀던] 아고내의 후예로 자칭했을 것이다. [야라에서 귀순했던] 석토문·적고내[의 형제]는 보활리의 후예이다. 태조가 요나라 군대를 국경에서 격파하고 야율사십을 포획하자, 양복·압달라를 사자로 하여 발해인을 불러 말하기를, "여진과 발해는 원래 같은 일가이다."라고 하였다. 생각건대 그 시원은 물길의 7부이다.[32]

여기에는 형 아고내가 예언한 말을 남기고 '고려'의 땅에 그대로 머물렀던 것으로 되어 있지만, 함보와 보활리는 각각 '여진'의 땅으로 여행

---

32 兄阿古乃好佛, 留高麗不肯從, 曰: "後世子孫必有能相聚者, 吾不能去也." 獨與弟保活裏俱. 始祖居完顏部僕乾水之涯, 保活里居耶懶. 其後胡十門以曷蘇館歸太祖, 自言其祖弟三人相別而去, 蓋自謂阿古乃之後. 石土門·迪古乃, 保活里之裔也. 及太祖敗遼兵於境上, 獲耶律謝十, 乃使梁福·韓荅剌招諭渤海人曰: "女直·渤海本同一家." 蓋其初皆勿吉之七部也. 《金史》〈世紀〉.

해서 함보는 완안부 여진의 수장이 되었으며 보활리는 야라로 완안부의 수장이 되었다.[33] 이들이 삼형제 중 '생여진' 수장이 된 두 사람이다.

한편 '고려' 땅에 머물렀던 아고내의 후예에 대해서는 《금사》〈호십문전〉에 다음과 같이 기록되어 있다.

> 나의 먼 조상은 삼형제로 모두 고려 출신이다. 지금의 대성황제(아골타)의 선조는 여진 땅에 들어갔고, 나의 선조는 고려 땅에 머물렀으며, 고려로부터 요나라에 귀순하였다.[34]

호십문은 요동반도에 거주했던 갈소관여진의 수장으로, 갈소관여진은 거란이 발해를 멸망시킨 후에 발해의 민중을 요동방면으로 이주시켜 요동 발해와 숙여진이라고 불리던 중, 이른바 숙여진에 속하게 되었다. 그러나 이 설화의 구조 중에서는 아고내의 손자는 고려 땅에 머물렀고, 언젠가 후세의 자손이 "반드시 [이 고려의 땅에] 결집하여 나오게 된다."고 했던 말을 계속 기다리고 있었기 때문에 갈소관여진은 원래 요동반도에 거주하고 있었다고(적어도 스스로는 그렇게 믿었다고) 할 수 있다. 그들은 아마 숙여진 중에서도 가장 초기에 이주했던 부류였을 것이다.

그 갈소관여진의 호십문은 요나라 말기에 발해인 고영창이 반란을 일으켰을 때 합류하기를 거부했지만, 같은 시기 요동에 진군했던 생여진

---

33 石土門, 漢字一作神徒門, 耶懶路完顏部人, 世爲其部長. 父直離海, 始祖弟保活里四世孫, 雖同宗屬, 不相通問久矣. 《金史》〈石土門傳〉.
34 吾遠祖兄弟三人, 同出高麗, 今大聖皇帝之祖入女直, 吾祖留高麗, 自高麗歸於遼. 《金史》〈胡十門傳〉.

의 아골타에게는 스스로 나아가 귀순했다. 그리고 후세의 자손이 "반드시 [이 고려의 땅에] 결집하여 나오게 된다."고 말한 예언을 실현시켰다고 하는 것이므로, 말은 적어도 성과를 초과하고 있다. 물론 '삼형제' 설화에 의거해서 고려 땅(여기서는 요동을 뜻함)에서 생여진과 숙여진의 재집결을 강조했다고 생각하는 편이 알기 쉽다.

무엇보다 삼형제 중 두 명(함보와 보활리)은 생여진의 수장이 되었고, 한 사람(아고내)은 갈소관여진 즉 숙여진의 수장이 되었던 것으로, 여기에는 요동 발해인은 포함시키지 않는다. 그러나 삼형제의 출신이 고려(고구려)이며 발해가 고려(고구려)의 계승국가라면, 여진과 발해는 고려(고구려)의 전통을 매개로 하여 하나로 묶이게 된다. 태조(아골타)가 요동 발해에 대하여 '여진과 발해는 본래 같은 일가이다.'라고 말했던 에피소드도 간단하게 '물길 7부'와 동류라고 하는 것만이 아니고, 양자에 공통된 '고구려 계승 의식'에 호소하는 것으로 이해해야 한다.

원래 완안부 여진은 당나라 때의 흑수말갈(그 후 요나라 때의 생여진) 계열에 속하고, 당나라 때에 발해를 구성했던 말갈이 그 후 요동 발해와 숙여진으로 요나라의 직접지배에 복속되었던 것과는 내력이 다르다. 본디 물길계의 동족이라고 해도 이미 당대 이래 다른 역사를 밟아 왔던 요동 발해·숙여진을 생여진인 완안부 아래에 새롭게 통합하기 위해서는 이 3대 세력에 공통되는 무언가 역사적인 권위를 내걸어야 했다. 그것이 3형제 설화이고, 그 3형제의 모국으로서의 고려(고구려)의 존재이다.

여기까지 반복해서 기술해 왔던 대로, 발해는 고구려의 계승자를 자임했고, 또 발해 멸망 후에 성립된 발해 유민의 '정안국'도 본래는 마한(고구려)의 종족이라고 일컬어졌다.[35] 그러한 발해인과 여진인을 통합함에 있어서, 완안부는 고려(고구려) 출신 3형제의 후예가 이윽고 고려 땅

(요동)에서 하나로 결속한다는 이야기를 내걸고 발해와 여진의 통합을 진행했다. 금나라가 한반도의 고려에 대해서 '고려는 부모의 나라'로[36] 칭했다는 유명한 에피소드도 이처럼 여진 사회에서의 '고구려 계승 의식'의 문맥 속에서 이해하지 않으면 안 된다.

따라서 이 3대 세력의 통합으로 성립된 금나라(특히 요동 지배에 중점을 둔 초기 금나라)에 있어서는 '고구려' 계승자라는 역사의식이 강하게 움직이고 있었음을 쉽게 상상할 수 있다. 청나라 건륭제의 독특한 '길림·계림설'도 역사적으로 보면 여진인과 만주인에게 있었던 '고구려 계승 의식'의 문맥에서 발생하게 된 말 중의 하나라고 할 수 있겠다.

천 년 전의 고구려 논쟁

여기까지 길게 논했던 바와 같이, 발해와 여진은 각각 '고구려'의 계승자라는 역사의식을 가지고 있었다. 그 사실을 전제로 할 때, 11세기 초두에 거란(요)과 고려 사이에서 전개된 역사 논쟁(지금으로부터 약 천 년 전의 고구려 논쟁)에 대해서도 그 역사적 배경을 한층 더 정확하게 이해할 수 있을 것 같다.

이야기는 한반도에 고려가 성립하고(918년), 중국 동북부(옛 만주)에서 발해가 멸망했을 때(926년)까지 거슬러 올라간다. 고려는 건국 당초부터 북진정책을 추진해 왔지만, 그로 인해 압록강 유역의 여진인(압록

---

35 定安國本馬韓之種, 爲契丹所攻破, 其酋帥糾合餘衆, 保於西鄙, 建國改元, 自稱定安國. 《宋史》〈定安國傳〉.

36 金主阿骨打遣阿只等五人, 寄書曰, "兄大女眞金國皇帝, 致書于弟高麗國王. 自我祖考, 介在一方, 謂契丹爲大國, 高麗爲父母之邦, 小心事之. 契丹無道, 陵轢我疆域, 奴隷我人民, 屢加無名之師. 我不得已拒之, 蒙天之祐, 獲珍滅之. 惟王許我和親, 結爲兄弟, 以成世世無窮之好." 仍遺良馬一匹. 《高麗史》〈睿宗世家〉 12年(1117년) 3月 癸丑.

강부 여진)에 대한 지배권을 둘러싸고 필연적으로 거란(요)과 대립을 초래하게 되었다. 992년(요 성종 통화 10년, 고려 성종 11년)에 거란은 동경(요양)의 장관[留守]이었던 소항덕(자는 손녕)을 보내 고려를 공략했다. 실제 침공은 다음해인 993년이지만, 이에 대해서 고려 국왕 성종(王治)은 공수의 방침을 결정하지 못하고, 한때는 서경(평양) 이북의 땅(지금의 평안도)을 모두 거란에 내어줄 생각까지 할 정도였다.

이 때 소극적인 강화론에 반대하고 단호하게 북진정책을 관철하고자 했던 사람이 국수파 서희(942~998)였다. 서희는 내사령(內史令) 서필의 아들로 거란 침공 때에는 중군사(中軍使)로서 전군의 지휘를 맡고 있었다. 서희는 제일선에서 소항덕(고려에서는 송 진종의 이름자인 항恒자를 피하여 소손녕이라고 자字로 불렀다.)과 직접 담판에 임했는데, 이 때 둘 사이에 오간 논의가 바로 여기서 말하는 약 천 년 전의 고구려 논쟁이었다.

소항덕 : 너희 나라는 신라의 땅에서 흥하였다. 고구려의 땅은 우리나라의 소유인데 너희가 그것을 침식하고 있다. 또 우리나라와 영토를 접하고 있는 채로, 바다를 건너 송나라에 복속하고 있다. 그래서 지금 전쟁이 났다. 만약 [압록강 이동의] 땅을 나누어 헌상하고 [우리나라에] 조공한다면 무사히 끝내고자 한다.

서희 : 그렇지 않다. 우리나라야말로 고구려와 연고가 있는 나라이다. 때문에 고려라고 부르고 평양에 도읍하고 있는 것이다.[37] 만약 땅의

---

37 평양을 고려의 '수도'라 하는 것은 물론 정확하지 않다. 그러나 太祖는 앞으로 평양에 천도할 계획을 가지고 이것을 '부도'로 정하였다. 그리고 무엇보다도 평양은 고구려의 수도였다. 때문에 고구려의 계승국가인 고려도 역시 평양에 '수도'를 가지고 있다고 허세를 부린 셈이다.

경계를 논하는 것이라면, 귀국의 동경(요양)도 통틀어 우리 영내이다. 어떻게 침식하고 있다고 할 수 있겠는가? 무릇 압록강 내외도 또 우리 고려의 영내지만, 현재는 여진이 그 사이를 불법으로 점거하고 있고 교활하게 사기를 치고 있기 때문에 통행하기 어렵기로는 바다를 건너는 것 이상이다. 귀국에 조공이 연결되지 않는 것은 이 여진 때문이다. 만약 여진을 몰아서 쫓아내고 우리의 옛 영역을 탈환하며, 성루를 쌓고 통로를 여는 것을 허락한다면, 어찌 귀국에 조공하지 않을 것인가? 장군이 만약 신의 말을 황제 폐하께 전달한다면 어찌 받아들이지 않겠는가?[38]

여기서 "너희 나라는 신라의 땅에서 흥하였다. 고구려의 땅은 우리나라의 소유이다."라고 말하는 사람은 직접적으로는 거란(요)의 관인인 소항덕이지만, 그 말의 배후에는 이 무렵 이미 거란(요)에 복속하고, 또 당시 고려 원정에도 종군했을 것으로 추정되는 발해·여진인들의 역사인식이 반영되어 있다. 그들은 스스로를 고구려 계승자로 간주했고, 같은 고구려 계승을 내건 한반도의 고려에 대해서는 고려가 아니라 신라로 간주하고 있었던 것이다. 이에 대해서 고려 측의 서희는 "우리나라야말로 고구려와 연고가 있는 나라이다."라고 말하여 위세 좋게 일축한다. 결국 거란에 신하로 복속해서 강화를 원하는 것만은 틀림없다. 고려의 강

---

38 遜寧語熙曰, "汝國興新羅地, 高幻麗之地, 我所有也, 而汝侵蝕之. 又與我連壤, 而越海事宋, 故有今日之師. 若割地以獻, 而修朝聘, 可無事矣." 熙曰, "非也. 我國卽高幻麗之舊也, 故號高麗, 都平壤. 若論地界, 上國之東京, 皆在我境, 何得謂之侵蝕乎? 且鴨綠江內外, 亦我境內, 今女眞盜據其間, 頑黠變詐, 道途梗澁, 甚於涉海. 朝聘之不通, 女眞之故也, 若令逐女眞, 還我舊地, 築城堡通道路, 則敢不修聘? 將軍如以臣言, 達之天聰, 豈不哀納?"_《高麗史》〈徐熙傳〉.

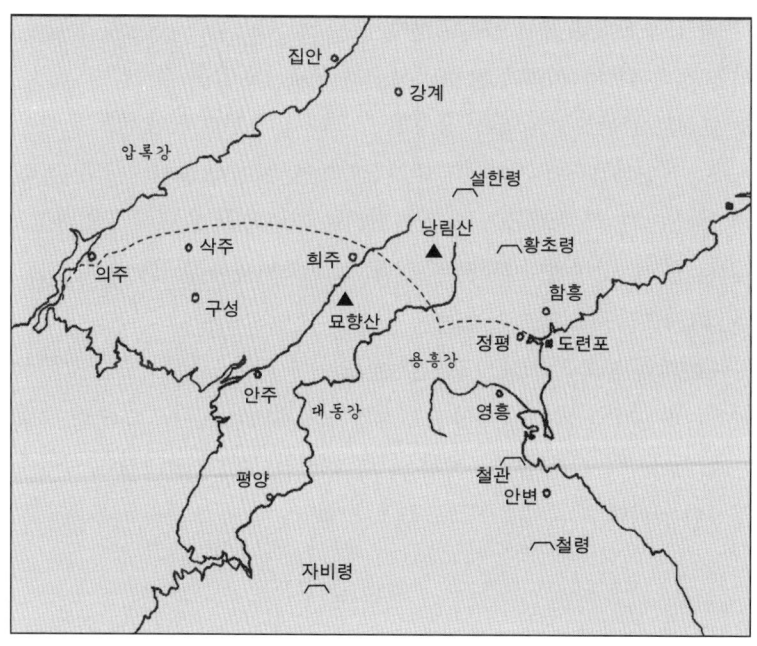

[지도 7] 고려의 북방 경계

화 의사를 확인한 소항덕은 우선 그에 만족해서 군대를 철수시켰다. 그러자 주전파 서희는 강화 체결 전에 가능한 한 압록강 이서(강외)의 땅을 공략해서 기정사실로 만들고자 했지만, 소극파인 성종은 어쨌든 강화 체결을 서둘러 압록강 이서의 땅에 대해서는 포기해 버리는 방편을 택했다. 이리하여 고려는 거란에 신하로 복속했고, 그 담보로 거란은 '여진의 압록강 동쪽 수백 리의 땅', 즉 지금의 평안북도에 대한 고려의 영유권을 승인했다.[39]

---

39 十一年, 王治(成宗)遣樸良柔奉表請罪, 詔取女直國鴨綠江東數百里地賜之. 《遼史》〈高麗傳〉.

이 '강동 6주'의 획득으로 고려에서는 덕종 조에 북쪽 변경의 방위 라인을 정비했으며, 서쪽은 압록강 하구 부근에서 동쪽은 정주(定州, 定平)의 도련포에 이르는 지역에 '장성'을 구축해서 '북진정책'의 한계를 설정했다. 단 압록강 중류지역(지금의 자강도 방면)은 아직 고려의 국경 바깥에 속했고, 또 국경 마을인 의주도 당시는 거란의 국경 내에 있었다. 그래서 그곳이 고려에 속한 것은 그 후 금나라에 의해 할양을 받은 뒤였다.[지도 7]

 어찌되었든 국초 이래의 '북진정책'으로 고려의 영역은 우선 압록강 하류지역까지 북상했지만, 당시 발해인과 여진인의 시각으로 보면 그것은 어디까지나 신라가 고구려의 옛 영역을 침식해 가는 과정에 지나지 않았던 것이다.

# 4

단군신화의 탄생
: 고려시대(Ⅱ)

앞 장에서 검토했던 바와 같이 고구려 계승 의식은 한반도의 고려만이 아니라 중국 동북부(옛 만주)의 발해와 여진 사이에서도 널리 퍼져 있었다. 이 때문에 고구려 계승국가를 자임했던 고려는 아르초카에서 발흥했던 완안부 여진이 금나라를 수립하고 요동을 제압해서 고려를 복속하기에 이르렀을 때, 일종의 정체성 위기에 빠지게 되었다.

여진에 대해서 전통적으로 모멸의식을 가졌던 고려는 그러나 현실 세계에서는 여진의 금나라에 복속하고, 그로부터 책봉을 받는 것을 감수해야 했다. 이 굴욕감에서 '금국토벌론'과 '칭제건원론' 등이 제기되었고, 이윽고 그 잔영 속에서 단군신화가 창출되게 되었다.

1.
금나라와 고려

완안부 여진의 발흥

완안부 여진이 금나라(1115~1234)를 수립했던 경위에 대해서 간단하게 복습하기로 하자.

926년에 발해를 멸망시킨 거란(요)은 옛 발해 영역에 '동란국'을 수립하고, 아보기의 장자인 돌욕을 동단왕에 임명하여 발해인을 지배하고자 했다. 그러나 발해 유민의 반란이 끊이지 않았기 때문에 옛 발해 사람들을 요양방면으로 강제로 이주시키고, 이를 주현의 호적(戶籍)에 붙여 직접지배를 행하고자 했다. 이것이 이른바 '요동 발해'이다. 이때 발해에 복속했던 다른 부의 말갈인(이 때부터 여진인이라 불렀다)에 대해서도 그 세력을 분할하려는 의도로 강제 이주 대상이 되었지만, 그 중에서도 '강종대성(强宗大姓)의 수천호(數千戶)'에 대해서는 요양 남쪽으로 옮겨 본토 왕래를 금지하고, 주현의 판적에 부쳐 갈소관(曷蘇館, 合蘇館)이라고 칭하였다. 이것이 이른바 '숙여진'이다.[1] 그리고 함주(咸州, 開原) 이동, 혼동강의 상류지역(속말수 즉 제2송화강의 수류)에 이르는 지역에 거주한 여진인에 대해서는 함주병마사에 예속시키고, (강제이주의 대상으로 하면서도) 본국과의 왕래를 허가했지만, 이것도 넓은 의미로는 '숙여

진'에 포함시킨다고 생각해도 좋을 것이다.[2]

한편 혼동강(송화강) 이북의 여진인(당나라 때의 흑수말갈의 후예)은 거란에 의한 주현지배 바깥에 두되, 해동청과 진주·너구리 가죽 등을 거란에 공납하면서 느슨한 간접지배를 받고 있었다. 그들은 숙여진에 대해서 '생여진'이라고 불렸는데, 이 생여진 중에서 아르초카를 거점으로 완안부 여진이 발흥했고, 이윽고 생여진과 숙여진 및 발해인을 통합해 요동을 제압하기에 이른다. 이것이 완안아골타(재위 1115~1123)에 이르는 '대금국(大金國)'의 건국이다.

윤관의 9성 축조

이보다 앞서 고려의 동북 변경에 위치한 정주(함경남도 定平)의 관외(지금의 함경남도 일대)에 거주하던 여진 세력은 '30성(姓) 여진'이라 불렸는데, 그들은 거란과 고려 양쪽에 속해서 각각 공납을 행하였다. 그런데 완안부 여진의 발흥에 의해, 종래 고려에 복속했던 30성 여진의 수장들은 새로이 완안부에 복속하는 움직임을 보이게 되었다. 이 때문에 고려 쪽에서는 윤관을 장수로 해서 '갈라전'을 제압하고, 이 땅에 '9성'을 구축해서 여진인에 대한 지배 강화를 도모하였다. 그러나 완안부 여진의 후원을 받았던 30성 여진의 반격으로 고려는 일시 제압했던 '갈라전'을 결국은 포기해 버리고 9성을 철폐해서 그 땅을 여진에 반환해야 했다.

---

1 五代時始稱女眞. 後唐明宗時常寇登州渤海擊走之. 契丹阿保機乘唐衰亂開國北方並殺諸番二十有六女眞. 其一烏阿保機慮女眞爲患. 乃誘其强宗大姓數千戶移置遼陽之南, 以分其勢使不得相通遷入遼陽著籍者名曰：合蘇款. 所謂熟女眞者是也. 《三朝北盟會編》卷3 重和二年(1119년) 正月 十日 丁巳.
2 自咸州之東北, 分界入山谷至於粟沫江中間, 所居隸屬咸州兵馬司者, 許與本國往來, 非熟女眞, 亦非生女眞也. 앞의 책.

윤관이 개척했던 9성의 영역(이른바 갈라전)이라 함은 구체적으로 어디를 가리키는 것일까? 후술하는 바와 같이 고려말 조선초(여말선초) 사람들의 인식에서 그것은 중국과 조선의 국경선인 '두만강' 내외(남북)로 펼쳐진 넓은 곳으로 보고 있다. 그렇게 해서 그 북쪽 경계에 위치하는 '공험진'은 '두만강 이북 수백 리의 땅'에 존재하는 것으로 간주했다.(제6장 제1절)

그러나 이에 대해서는 조선후기의 이른바 '실학자'들이 벌써부터 실증주의적 입장에서 비판을 가했다. 안정복(1712~91)의 《동사강목》〈지리고〉 중에 '9성고'는 그러한 실증주의적 비판의 대표적 사례인데, 그 요점은 대체적으로 다음과 같다.

만약 공험진이 두만강 이북에 있었다고 하면, 함주(함경남도 함흥)부터 공험진까지 1,800여 리가 된다. 그러나 임언의 〈9성기〉에 기술된 바와 같이 "여진은 개마산(낭림산맥) 동쪽에 모여 살고, 그 땅은 방 300리이다. 동쪽은 대해에 이르고, 서북은 개마산에 이르고, 남쪽은 [고려의] 장(長)·정(定) 2주에 접하고 있다."라는 것이므로, 이른바 '9성'의 땅은 결국 3백 리 내외의 범위를 벗어날 도리가 없다. 그 증거로 예종이 윤관에게 내렸던 교서에도 "백리의 땅을 열어 9주의 성을 쌓았다."고 한다. 만약 개척하여 두만강의 북쪽, [함흥으로부터] 1,800리의 땅에까지 이르렀다고 하면 어떻게 '백리의 땅을 열었다.'고 했겠는가?[3]

요컨대 윤관의 9성 영역이 '두만강 이북'까지 넓게 있었다고 하는 여말선초 사람들의 인식은 고려시대의 1차 사료로부터[4] 판단할 때 받아들이기 어렵다.

　안정복의 위와 같은 비판은 실학자 정약용(1762~1836)에게도 계승되었다. 정약용은 이른바 9성 영역을 '남쪽은 함흥부터 북쪽은 길주에 이르기까지' 대체로 함경남도 일대로 한정했다. 이어서 일본의 쓰다 소키치(1873~1961)와 이케우치(1878~1952)는 윤관이 설치했던 길주를 조선시대의 길주에 무비판적으로 결부시키는 것을 받아들이지 않고, 이른바 9성 영역이 필경 함흥평야 일대에 지나지 않는다는 사실을 논증했다.

　이상은 다소 옆길로 빗나간 느낌이 있지만, 후에 이어질 논의(제6장 제1절)에 중요한 전제가 되므로 굳이 언급해 두고자 한다.

금나라에 복속하다

이처럼 '9성 전투'에서 사실상 패배를 경험했던 고려는 곧이어 금나라가 성립하자 이에 복속할지 말지를 결정해야 했다.

　이보다 앞서 거란(요)에 반기를 들었던 아골타는 황제를 칭해서 국호를 '대금(大金)'이라 하고, 거란의 동북지배 거점인 황룡부(농안)를 공략했다.(1115년) 이 때 동경(요양)에서도 발해인 고영창이 반란을 일으키고 있었지만, 아골타는 이 혼란을 틈타 동경을 제압하기 위해 '남로(南路)에서 요나라에 묶인[繫遼] 여진'(요동반도 및 압록강 이북의 숙여진 세

3　若如二說, 則自咸州至公險鎭, 爲一千八百餘里之遠矣.(……)林彦九城記曰: "女眞聚居盖馬山, 方三百里. 東至大海, 西北介于盖馬山, 南接長定二州." 由是言之, 則九城之地, 亦不出三百里內外之地矣. 故睿宗賜尹瓘敎, 有曰: "關百里之地, 等九州之城." 若斥地至于豆滿之北千七百里之遠, 則何謂斥百里之地耶.《東史綱目》〈地理考〉'九城考'.

4　《高麗史》〈尹瓘傳〉에 인용된 林彦의〈九城記〉.

력)을 모두 금나라에 복속시켰다.(1116년)

아골타가 요동을 제압하자 송나라는 이를 연운(燕雲) 탈환의 절호의 기회로 간주하고 공마(買馬)를 명분으로 산동반도에서 해로로 요동에 사절을 보냈다. 이리하여 송나라와 금나라의 군사동맹이 성립되었고 송나라와 금나라의 협공에 의해 거란이 멸망하기에 이르렀지만, 점령지 분배를 둘러싸고 이번에는 송나라와 금나라 양국이 대립하고 결국 정강의 변(1127년)에 의해 북송이 멸망하고 만 것은 주지의 사실이다.

이처럼 12세기 전반 동아시아 세계가 전란에 휩싸인 와중에 고려와 여진의 관계도 당연히 크게 변화하게 되었다. 요동을 제압했던 아골타는 당초 고려에 편지를 보내 화친을 요청했지만, 그 가운데 아골타는 '형인 대여진 금국황제가 동생 고려국왕에게 서신을 보낸다.'라고 칭하고, 양국을 '형제'의 관계로 자리매김해서 화친의 체결을 주장하였다.[5]

그런데 고려 쪽에서는 여진의 요구를 어처구니없다 하여 상대하려고 하지 않았다. 우물쭈물하면서 시간을 보내는 동안 금나라의 공세로 거란이 멸망해 버리자 고려 쪽에서 태도를 바꾸어 금나라와 화친을 맺으려 했지만, 금나라 쪽에서는 그 편지가 군신관계를 전제로 한 '표(表)'를 올리지 않았고 또 '신(臣)'이라고 칭하지 않았다는 이유로 받아들이기를 거부했다.[6]

이 때문에 고려 조정에서는 '대금을 섬기는 일의 가부'에 대해서 백관회의를 열게 되었다. 고려인들의 속마음으로서는 여진인의 금나라에 복

---

5 金主阿骨打遣阿只等五人, 寄書曰: "兄大女眞金國皇帝, 致書于弟高麗國王." 《高麗史》〈睿宗世家〉 12年(1117년) 3月 癸丑.
6 遣司宰少卿陳淑, 尙衣奉御崔學鸞如金, 金以國書非表又不稱臣不納. 《高麗史》〈仁宗世家〉 3年 (1125년) 5月 壬申朔.

속하고 싶다는 사람은 물론 없다. 그러나 현실의 정세를 중시하는 이자겸과 척준경 등 당시 권세가 있던 신하의 발언에 의해 결국 금나라에게 신하를 칭해서 '사대의 예'를 취하는 쪽으로 결정되었지만, 만약을 위해 조종재천(祖宗在天)의 영(靈)이 있는 태묘(太廟, 종묘)에서도 '금나라에 사대하는 일의 가부'를 묻고 그 뒤 금나라에 사절을 보내면서 '신(臣)'으로 칭하였다. 이것이 1126년(고려 인종 4년) 바로 '정강의 변' 직전의 일이었다.[7]

이리해서 고려는 금나라에 복속하게 되었는데, 그것은 국왕 인종(재위 1122~1146)의 외조부이자 또한 왕비의 아버지로서 당시 정권을 좌지우지하던 이자겸의 강력한 리더십에 의해 실현되었다. 그만큼 이자겸이 인종의 측근 그룹과 대립하고 척준경을 포섭했던 측근 그룹의 쿠데타에 의해 실각되자, 그때까지 억압되었던 금나라에 대한 칭신(稱臣)의 불만이 고려 사회에 다양한 형태로 분출하게 되었다. 1135년(인종 13년)에 일어났던 묘청의 난(서경의 난)이 가장 대표적인 사건이었다.

---

[7] 召百官, 議事金可否, 皆言不可. 獨李資謙·拓俊京曰: "金昔爲小國, 事遼及我. 今旣暴興, 滅遼與宋, 政修兵强, 日以强大. 又與我境壤相接, 勢不得不事. 且以小事大先王之道, 宜先遣使聘問." 從之. _《高麗史》〈仁宗世家〉4年(1126년) 3月 辛卯 ; 遣李之美, 告太廟, 筮事金可否. 其文曰: "惟彼女眞自稱尊號, 南侵皇宋, 北滅大遼, 取人旣多, 拓境亦廣. 顧惟小國與彼連疆, 或將遣使講和, 或欲養兵待變, 稽疑大筮, 神其決之." 3月 乙未 ; 遣鄭應文·李侯如金, 稱臣上表曰: "大人垂統, 震耀四方, 異國入朝, 梯航萬里, 況接境之伊邇, 諒馳誠之特勤. 伏惟, 天縱英明, 日新德業, 渙號一發, 群黎無不悅隨, 威聲所加, 隣敵莫能枝梧, 實帝王之高致, 宜天地之冥扶. 伏念, 臣埼土小邦, 眇躬涼德, 聞非常之功烈, 久已極於傾虔, 惟不腆之苞苴, 可以伸於忠信. 雖愧蘋蘩之薦, 切期山藪之藏." _4月 丁未.

2.
묘청의 난

풍수론과 천도론

우리 인간의 생활은 대지를 둘러싼 풍수의 기(氣)에 의해 지배되고, 기가 쇠약하면 인간의 생명활동도 역시 쇠약해진다. 이 때문에 산천의 지형이 좋은 곳에 선조의 분묘(음택)를 정하고, 또 실생활의 주거(양택)를 정해 기의 충실을 꾀하지 않으면 안 된다. 이러한 풍수 사상은 중국이나 한국을 비롯해서 동아시아 세계에 넓게 유포되었고 지금에 이르기까지 어느 정도의 영향력을 유지하고 있지만, 특히 고려시대에는 이러한 풍수론에 의거하여 천도운동이 빈번하게 일어났고 그 때마다 정치와 사회에 막대한 영향을 미쳤던 것은 주지의 사실이다.[8]

고려의 수도 개경(지금의 개성)은 처음부터 풍수가 뛰어났던 땅이지만, 이 땅의 왕기(王氣)도 오랫동안 수도로서 기능하는 사이에 점점 쇠퇴해 가는 것은 어쩔 수 없는 일이었다. 이 때문에 적당한 시기에 풍수의 기[地德]가 차고 넘쳤던 서경(또는 남경)으로 천도하여 왕기의 회복을 꾀하지 않으면 안 된다는 것이 천도론의 요점이었다. 게다가 천도 예정

---

8 李丙燾,《高麗時代의 硏究》, 改訂版, 서울:亞細亞文化社, 1980.

지는 사전에 도참(예언서)에 의해 나타나 있다고 하는 것이 이른바 풍수사들의 한결같은 주장이었다.

예를 들면 고려 숙종조에 풍수사로 활동했던 위위승 동정(衛尉丞 同正) 김위제라고 하는 인물은 신라 말의 유명한 풍수승인 도선의 《비기(예언서)》를 논거로 남경(지금의 서울)으로 천도 내지는 순주(巡駐)를 청했다.[9] 이른바 도선의 예언서에는 "중경(개성), 남경(서울), 서경(평양)의 삼경에 순주하면, [천하의] 36국이 조공해 온다."거나, "[고려] 건국 후 160여 년에 목멱양(木覓壤, 서울)에 도읍한다."는 예언이 곳곳에 있었는데, 풍수사들은 이러한 대목들을 그럴싸하게 인용하면서 국왕에게 행행(行幸)을 재촉하고 스스로는 그 행행에 따라다니며 약삭빠르게 은상(恩賞)을 받고자 했던 것이다. 그러나 이와 같은 식의 속이 뻔히 들여다보였던 예언도 당시 동아시아 정세(특히 여진의 금나라에 복속한 이후 고려 국내의 답답했던 정세) 속에서는 예상외로 중대한 영향을 미치게 된다.

인종조에 걸친 묘청 일파의 서경천도운동과 그 귀결로 일어났던 1135년(인종 13년)의 묘청의 난(서경의 난)은 풍수사상이 야기했던 일대 사건으로서 한국 역사상 저명한 사건이지만, 간단하게 풍수사상에 의거한 천도운동이라고만은 할 수 없고, 동시에 금나라와의 대항의식으로부터 일어났던 칭제건원론(고려의 군주가 황제의 자리에 즉위하고 독자의 연호를 정해야 한다고 하는 의론)이 동반되어 있었다는 점도 잊어서는 안 된다.

---

9 金謂磾, 肅宗元年, 爲衛尉丞同正. 新羅末, 有僧道詵, 入唐學一行地理之法而還, 作秘記以傳, 謂磾學其術, 上書請遷都南京曰, "道詵記云: '高麗之地, 有三京, 松嶽爲中京, 木覓壤爲南京, 平壤爲西京. 十一·十二·正·二月, 住中京, 三·四·五·六月, 住南京, 七·八·九·十月, 住西京, 則三十六國朝天.' 又云: '開國後百六十餘年, 都木覓壤.' 臣謂今時, 正是巡駐新京之期." 《高麗史》〈方技傳〉.

칭제건원론

고려 국왕은 중국 황제의 책봉을 받아 그 정삭(正朔, 曆)을 받들어 독자적인 연호를 제정할 수 없었다. 이 점은 소화(昭和)니 평성(平成)이니 하는 독자적 연호를 제정하는 일본과는 크게 풍습을 달리하는 것이지만, 고려에서도 중국 황제로부터 책봉을 받기 이전 시기, 또 책봉이 중단되었던 시기에는 예외적으로 독자 연호를 제정했던 사례가 없지는 않았다.

예를 들면 고려 태조(왕건)는 건국에 즈음해서 천수(天授)라는 연호를 제정했고, 제4대 국왕인 광종(왕소)도 또한 즉위에 즈음해서 광덕(光德)이라는 독자 연호를 제정했다. 이처럼 독자 연호는 얼마 안 가서 중국과 외교관계(사대)가 안정됨에 따라 폐지되었지만, 그 기억은 고려인들의 자존의식 속에서 보존되었고, 대륙 정세의 변동에 따라 때로는 선명하게 되살아났다.

금나라를 건국했던 여진은 원래 고구려에 복속했던 말갈의 후예로, 또 여진의 한 부족은 고구려 계승국가를 자임했던 왕씨의 고려에 당초부터 복속하고 있었다. 금나라 스스로도 건국 초에는 고려를 '부모의 나라'로 칭했다.[10]

그랬던 금나라에 복속한 것은 고려인들로서는 굴욕 이외의 어떤 것도 아니었다. 더욱이나 금나라는 강남에 망명했던 남송(1127~1279)과 항쟁 중에 있어서, 가령 형세가 역전되어 금나라가 멸망해서 남송이 중국을 재통일할 가능성도 전혀 없다고는 단언할 수 없었다.

이 때문에 고려 국내에는 황제의 칭호를 사용해서 독자적으로 연호를

---

10 《高麗史》〈睿宗世家〉 12年(1117년) 3月 癸丑.(각주 5번 참조).

제정하고 금나라에 대해서 대등한 명분을 유지하고자 하는 칭제건원론, 또는 화북의 제(齊)나라(실제는 금나라가 화북의 중국인 사회를 통치하기 위해 수립했던 괴뢰국가에 지나지 않음)와 동맹을 맺어 금나라를 협공하자는 거의 비현실적인 금국토벌론 등이 왕성히 거론되게 되었다.

예를 들면 1131년(인종 9년) 9월에 동경지례사(東京持禮使)의 서장관[금나라의 동경(요양)에 예물을 송달하는 외교사절의 비서관]에 임명되었던 무거인(武擧人, 무과급제자) 최봉심은 평소 다음과 같이 무책임한 발언을 꺼리지 않았던 인물이었다.

> 만약 주상께서 우리에게 장사 1,000명을 내려 주신다면, 금나라에 쳐들어가서 그 군주를 사로잡아 주상께 바치겠습니다.[11]

이처럼 최봉심은 평소부터 금나라를 업신여기는 뜻을 가지고 있었거니와, 그럼에도 불구하고 최봉심은 서경천도운동의 주창자인 묘청과 백수한, 정지상 등과도 평소부터 교제하여

> 폐하께서 삼한을 평온하게 다스리고자 한다면, 서경의 3성인(묘청·백수한·정지상) 이외에 정치를 같이 해야 할 인물은 없습니다.[12]

라고까지 잘라 말하며 거리낌이 없었다.

이런 최봉심의 언동을 보면, 묘청과 백수한, 정지상 등의 이른바 서경

---

11 又大言: "國家與我壯士千人則, 可入金國, 虜其主來獻." 其狂妄, 如此. 《高麗史節要》仁宗 9年 (1131년) 9月.
12 "陛下欲平治三韓則, 舍西京三聖人, 無與共之." 卽指妙淸, 壽翰, 知常也. 앞의 책.

천도운동이 단순히 풍수론에 의거한 왕기의 회복을 지목했던 것뿐만은 아니고, 그 왕기로 금나라를 억누르는 것(술법에 의해 상대의 힘을 가두는 것)을 지목했던 것을 나타내고 있다. 무엇보다 그 왕기가 제구실을 하기 위해 우선 서경 천도가 필요하고 또 칭제와 건원이 필요했다.

묘청의 난

묘청 일파는 서경의 '임원역(林原驛)'의 땅이 이른바 '대화(大花)'의 기운(풍수의 기가 가장 차고 넘치는 곳)에 해당하므로, 그곳에 왕궁을 건립할 것을 건의하고

> 만약 궁궐을 세워서 여기로 옮기면 천하를 병합할 수 있습니다. 금나라는 진상품을 들어 스스로 복속하고, [천하의] 36국이 모두 [고려의] 신첩이 될 것입니다.[13]

등으로 위세 좋게 말하고 있다.

이러한 묘청의 건의를 받아 임원역 지역에 '대화궁(大花宮)'이 창건되었으며 국왕은 이 '신궁'에 행행했던 것인데, 이때 묘청 등은 국왕에게 '칭제건원'을 권하거나 혹은 화북의 '유제(劉齊)'와 연결하여 금나라를 공략하자고 하는 등의 말을 꺼냈다. 모두 새 궁궐의 왕기에 기대어 여진의 금나라를 억누르고자 하는 발상으로부터 나타난 이야기임은 말할 나위도 없다.

그런데 막상 '신궁'에 행행해서 보니, 때 아닌 바람과 낙뢰에 휩쓸리

---

13 若立宮闕御之,則可幷天下,金國執贄自降.三十六國,皆爲臣妾.《高麗史》〈妙淸傳〉.

고 매우 불길한 분위기가 풍겨왔다. 이 때문에 국왕 쪽에서도 점점 묘청을 멀리하게 되었지만, 이에 위기감을 느낀 묘청은 단숨에 서경 천도를 단행하고 기정사실로 만들어 억지로라도 국왕을 서경에 맞아들이자고 생각하게 되었다. 그리하여 1135년(인종 13년), 묘청은 서경에 근거해서 반기를 들고 스스로 '대위국(大爲國)'을 건국하여 '천개(天開)'라는 독자 연호를 외쳤던 것인데, 여기에서 대위라고 하는 국호를 정했던 것은 틀림없이 황제의 칭호를 채용하는 것과 표리일체의 관계를 가지고 있었을 것이다.

원래 국호의 글자 수에는 규칙이 있는데, 예를 들면 '신라'·'고려'와 같은 이민족의 제후(외신)는 그 국호를 두 글자로 하지만, 중국의 제후(내신)의 국호는 한 글자(또는 두 글자)이고, 또 그 위에 군림한 황제의 '천하를 가진 이름'은 반드시 한 글자로 한다.(제7장에 후술) 묘청 일파가 종래로부터 황제호의 채용을 주장했던 것을 감안하면, 이때 '대위'('大'자는 단지 수식어)라고 하는 한 글자의 국호를 정했던 것은 그와 동시에 '황제'라고 칭하는 것을 전제로 하고 있었다고 생각해야 한다.

그러면 누가 '황제'가 되었을까? 이 점이 〈묘청전〉에는 명확하게는 기록되어 있지 않지만, 아마도 국왕 인종을 서경에 맞아들였던 단계에서 인종을 정식으로 '황제'로 추대할 예정이었을 것이다.

그러나 중요한 인종은 개경에 눌러 앉은 채로 조금도 서경파에 동조하고자 하지 않았다. 묘청의 의도로서는 서경 천도를 기정사실로 만들어 버리면 우유부단한 국왕 인종도 스스로 서경파에 따를 것이라고 낙관적으로 생각했을 것이다. 그러나 김부식 등 개경파 관료들은 정지상 등 서경파를 처단하고 문공인 등 기회주의자를 물리치는 등 의외로 기민하게 대응했고, 서경파에 대해서는 단호하게 배격하는 자세를 취했기 때문에 국왕 인종도 더 이상 서경파를 상대하지 않았고, 결국 개경파 지지로 돌아서고 말았다.

이리하여 도움을 받을 줄 알았더니 배신을 당해 곤경에 빠지게 된 서경 사람들은 일단 묘청 등을 포박해서 귀순을 요청했지만, 개경 정부가 그 선후 처리를 그르쳤기 때문에 다시 서경에서 반란이 일어났고, 결국 서경의 난은 다음해까지 오래 지속되게 되었다.

1136년(인종 14년), 서경의 난을 평정했던 국왕 인종은 다시 서경에 행행하고, 그 땅에 '유신의 조'를 발표해서 국정 개혁을 약속했다. 그러나 개경파와 서경파로 양분되어 맞선 내란의 후유증은 가볍지 않았고, 그 즈음부터 고려의 문벌귀족사회는 분열·쇠퇴의 길을 가기 시작했다.

묘청의 난의 잔영

묘청 일파의 서경천도운동은 결국 실패로 끝났다. 그러나 그 운동을 배후에서 지탱했던 풍수사상과 반여진사상은 여전히 고려 군신의 마음을 붙들고 있었다.

예를 들면 인종의 장자인 의종(재위 1146~70)은 향락적인 생활로 후에 무신의 난(1170년)을 불러 일으켜 신하에게 시해되기도 했던 비행이 많은 군주였는데, 그 또한 풍수사상에 의거해서 개경의 서쪽 백주(지금의 황해도 백천)에 중흥궐(重興闕)이라고 하는 이궁을 짓고 이 땅에 행행해서 조하의 의례를 행하였다. 이 이궁의 조영을 진언했던 일관(태사감후) 유원도는

> 백주의 토산(兎山) 반월강(半月岡)은 실로 우리나라의 '중흥'의 땅입니다. 만약 이 땅에 궁궐을 조영하면, 7년 이내에 북로(北虜)를 병탄

할 수 있습니다.[14]

라고 하는 등 위세 좋은 말을 함부로 했다. 이른바 북로가 여진의 금나라를 의미하는 것은 말할 나위도 없다. 풍수사상과 풍수의 '기'로 여진을 억누르고자 하는 사상은 여전히 고려 군신의 마음을 계속해서 붙잡고 있었던 것이다.

---

14 太史監候劉元度奏: "白州兎山牛月岡, 實我國重興之地, 若營宮闕, 七年之內, 可呑北虜." 於是, 遣平章事崔允儀等, 相風水, 還奏曰: "山朝水順, 可營宮闕." 王然之. 《高麗史》〈毅宗世家〉12年 (1158년) 8月 甲寅.

3.
단군신화의 탄생

단군과 팔성

묘청의 난으로 하나의 정점에 도달했던 고려의 반여진 의식(그 한편에서의 극단적인 자존의식)은 반란이 평정된 후에도 하나의 저류가 되어 고려인들에게 계승되어 갔다. 이민족 왕조, 게다가 스스로 속민시했던 여진의 금나라에 대해서 사대의 예를 취하지 않으면 안 되었던 현실은 고려에서 민족자존 의식(일종의 내셔널리즘)을 강하게 자극했다. 이는 금나라와 '군신' 관계, 나중에는 '숙질' 관계로 화의를 맺었던 남송시대에 한족의 내셔널리즘이 두드러지게 고양되었던 사실과 짝이 되는 현상으로서 파악할 수도 있을 것이다.

다만 남송시대 한족의 내셔널리즘이 《춘추》에 의거한 대의명분론을 축으로 주자학을 창출했던 데 비해 고려의 내셔널리즘은 토속적인 불교 신앙과 풍수사상이 뒤섞인 가운데 이민족(여진, 몽골)에 대치하는 민족 시조로서의 '단군신화'를 창출하는 것으로 나타났다.

단군신화가 명확하게 그 모습을 나타내기까지는 고려가 원나라에 복속했던 시기에 편찬된 《삼국유사》와 《제왕운기》의 성립을 기다려야 했다. 전자는 일연(보각국존, 1206~1289)에 의해, 후자는 이승휴

(1224~1300)에 의해 각각 고려 충렬왕(재위 1274~1308) 때에 찬술되었다. 그렇다고 하더라도 단군으로서 구체화되는 각종 신격(神格)은 앞에서 언급한 '묘청의 난'을 야기했던 묘청 일파에 의해 이미 제사의 대상으로서 받아들여지고 있었다.

《고려사》〈묘청전〉에 의하면, 묘청은 앞에서 언급한 대화궁에서 팔성을 제사지냈는데, 이른바 팔성이라 함은 불교와 도교가 뒤섞인 다음의 여러 신을 말한다.[15]

1. 호국백두악태백선인, 즉 문수사리보살
2. 용위악육통존자, 즉 석가불
3. 월성악천선, 즉 대변천신
4. 구려평양선인, 즉 연등불
5. 구려목멱선인, 즉 비파시불
6. 송악운주거사, 즉 금강삭보살
7. 증성악선인, 즉 늑차천왕
8. 두악천녀, 즉 부동우파이

이른바 '팔성' 중에 백두악은 단군의 아버지인 환웅이 강림했던 태백산, 즉 묘향산을 가리킨다고 생각된다.(당시 백두산은 고려 국경 밖이었다.) 또한 구려평양은 고구려의 수도인 평양, 구려목멱은 평양의 목멱산을[16]

---

15 妙淸又說王, 築林原宮城, 置八聖堂于宮中. 八聖, 一曰護國白頭嶽太白仙人, 實德文殊師利菩薩, 二曰龍圍嶽六通尊者, 實德釋迦佛, 三曰月城嶽天仙, 實德大辨天神, 四曰駒麗平壤仙人, 實德燃燈佛, 五曰駒麗木覓仙人, 實德毗婆尸佛, 六曰松嶽震主居士, 實德金剛索菩薩, 七曰甑城嶽神人, 實德勒叉天王, 八曰頭嶽天女, 實德不動優婆夷, 皆繪像.《高麗史》〈妙淸傳〉.

말하지만, 동시에 남평양(서울)의 목멱산(남산)도 함의하고 있다고 생각된다. 이른바 남평양(서울)은 일설에는 단군이 은둔했던 아사달에 비정되기 때문이다.

내시 이백전을 보내어 국왕의 어의를 남경(서울)의 임시 궁전(가궐)에 봉안했습니다. 어느 승려가 예언서에 의거해서 말하기를 "부소산(송악)에서 나뉘어 좌소(左蘇)로 삼는 곳을 아사달이라고 합니다. 이것은 고양주(서울)의 땅입니다. 만약 이 땅에 궁전을 조영해서 살게 되면 나라의 명운은 800년 연장하게 됩니다."라고 해서 이 명령이 내려진 것입니다.[17]

이른바 '아사달'이라는 이름은 석가의 장래를 예언했던 성선(聖仙) '아사타(阿私陀, 阿私仙)'에 부회해서 창작된 것이겠지만, 일설에 의하면 서울은 '아사달'의 땅으로 비정되고, 후세에 단군신화와 밀접하게 연결될 지역 중의 하나로 자리매김하였던 것을 알 수 있다.

다음에 '송악'은 고려의 수도인 개경의 진산을 말하고, '증성악'은 증산 즉 이미 단군이 은둔했던 아사달의 비정지 중 하나가 되었던 구월산을 말한다. '두악'은 단군 제사로 유명한 강화도 마니산('두'는 '마니'와 통한다)이지만, 이 마니산에 대해서는 강화 천도 후에 특별하게 그 신격화가 이루어지고 '이 산에 별궁을 지으면 왕조의 기업(基業)을 연장하

---

16 《新增東國輿地勝覽》〈平壤府〉'古跡'.
17 遣內侍李白全, 奉安御衣于南京假闕. 有僧據讖云: "自扶疎山, 分爲左蘇, 曰阿思達, 是古楊州之地. 若於此地, 營宮闕而御之, 則國祚可延八百年." 故有是命. 《高麗史》〈高宗世家〉 21년(1234년) 秋七月 甲子.

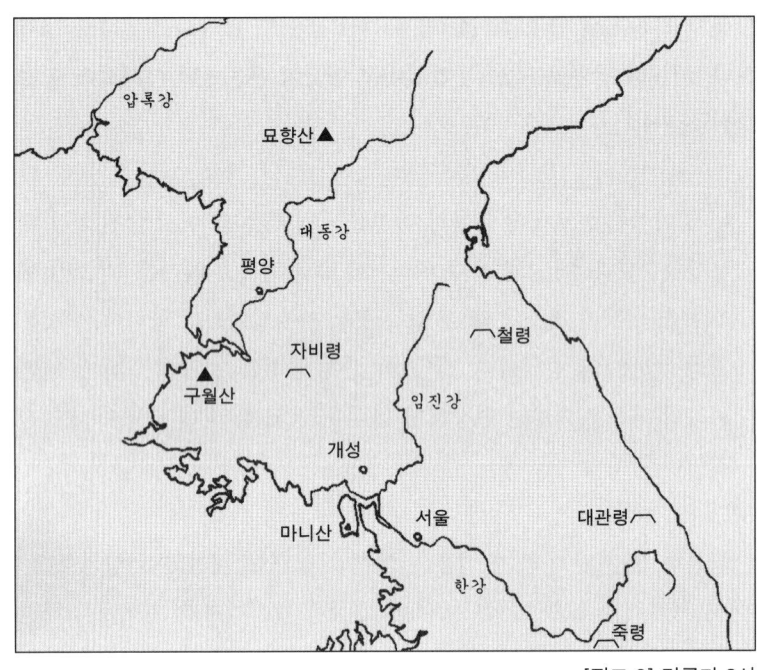

[지도 8] 단군과 8성

는 것이 가능하다.'는[18] 풍수사의 진언에 의해 국왕 고종이 마니산 남쪽에 이궁을 조영했던 사실에도 주목하지 않으면 안 된다. 이 외에 용위악, 월성악에 대해서는 여러 설이 있지만 잘 모르기 때문에 보류해 둔다.[지도 8]

　이처럼 이른바 팔성의 땅은 모두 후세 단군신화와 밀접하게 연결되는

18　創離宮于摩利山南. 先是, 校書郎景瑜請: "於是山, 創闕則可延基業", 從之. 《高麗史》〈高宗世家〉 46年(1259년) 2月 甲午.

일종의 성지로 자리매김해 갔던 것을 알 수 있다. 그 중심이 평양이었던 것은 '서경천도운동'의 논리로 말하면 당연한 것이지만, 동시에 단군의 전승이 주로 이 지역의 토속 신앙을 모체로 창출되었던 것이라는 점에 주목해 보자.

그것은 평양 주변에서 예로부터 제사지내왔던 토속적 산악신이 불교 및 신선도를 절충한 8성으로서 구체화되어 갔던 것이 틀림없다. 과연 그것은 묘청의 난 단계에서는 단군이라고 하는 이름을 가지지는 않았지만 이윽고 그것의 여러 신격이 절충, 통일되어 가는 과정으로 이른바 8성의 본산으로서 단군이 구체화되었고, 하나의 신화로서 집대성되어 갔던 것이다. 그러니 이 때 이미 단군은 탄생하고 있었다고 해도 과언은 아니다.

단군은 '태백산(묘향산)'에서 탄생하고, '평양'에 도읍을 두고, 백악산의 '아사달', 다음에 '장당경(臧唐京)'으로 천도해서 최후에는 다시 '아사달'에 은둔하여 산신이 되었다고 하는데, 이처럼 '단군'이 여기저기로 이동하는 것도 사실은 각지의 산악신 전승을 모순 없이 통일하기 위해 전승의 같고 다름을 '단군'의 이주로 설명했던 것에 지나지 않는다. 단군은 기자에게 도읍을 선양했다고 하지만, 이 점에 대해서도 기자의 도읍이 평양에 있었다고 하는 전승을 기반으로 해서 단군의 도읍을 평양으로 삼는 이야기가 거슬러 창작되었다고 생각하는 편이 좋을 것이다.

삼한이 변해 진단이 되다.

단군신화는 이민족(여진과 몽골)의 압박을 받았던 고려인들이 민족의 자존의식을 극단적으로까지 고양시켜 가는 중에서 탄생했던 것이다. 그리고 그 자존의식의 핵심에는 평양 또는 고려 자체가 세계의 중심에 위치하고, 따라서 이민족(여진과 몽골)은 고려의 덕을 앙모해서 적극적으로 조공을 바친다고 하는 일종의 중화사상적인 발상이 있었던 점에도 주목해야 한다.

정지상이 찬술한 '8성'을 제사하는 축문에는,

> 오직 천명(天命)만이 만물을 제어할 수 있고, 오직 토덕(土德)만이 천하의 왕이 될 수 있다. 이제 평양의 중앙에서 이 대화(大華)의 세를 선택하여 궁궐을 신축하고 음양에 순응한다.[19]

라고 하는 구절이 있지만, 여기에서 토덕이라고 하는 것은 오행사상에서 중앙의 방위를 가리키고, 따라서 '평양' 그곳이 바로 '세계의 중심'이라고 하는 발상을 나타내고 있다. 또 같은 내용이 《동문선》에 보이는 이지저의 글에

> 드디어 평양 지역에서 점쳐 대화의 형세를 얻으시오니, 홀로 위국(魏國) 산하(山河)의 보배뿐 아니라, 바로 천하의 중심인 낙읍을 얻으신 것이옵니다.[20]

라고 읊고 있는 것에 의해서도 확인할 수 있다. 이지저는 《사기》〈오기전(吳起傳)〉에 "아 훌륭하구나, 산과 강의 견고함이여, 이는 위나라의 보배

---

19 惟天命, 可以制萬物, 惟土德, 可以王四方. 肆於平壤之中, 卜此大華之勢, 創開宮闕, 祇若陰陽. _《高麗史》〈妙淸傳〉.
20 遂於平壤之區, 卜得大花之勢, 非獨魏國山河之寶, 是爲洛邑天地之中. 《東文選》卷104〈西京大花宮大宴致語〉(李之氐).

로다."라는 구절과 《서경》〈소고〉에 "왕께서 오셔서 상제의 뜻을 받들어, 천하의 중심(낙읍)에서 다스리시옵소서." 하는 이야기에 입각하여 평양을 천하의 중심인 '위국(魏國)'과 '낙읍(洛邑)'에 견주고 있다. 덧붙여 말하자면, 정지상과 이지저가 평양을 토덕(土德)의 땅 '위국'에 견주는 것을 보면, 묘청 등이 건국했던 '대위(大爲)'라고 하는 국호는 혹 '대위(大魏)'의 와전일지도 모른다.

다음으로 시대가 조금 내려와 몽골 항쟁기가 되면, 몽골로부터 입조의 명을 받은 국왕 원종(재위 1259~1274)에 대해서 풍수사인 백승현은 권신인 김준을 소개해서 다음처럼 상주하고 있다.

만약 마리산(마니산)의 참성(참성단)에서 친히 천지의 제사를 행하고, 또 삼랑성과 신니동에 가짜 궁전(가궐)을 조영해서 친히 '대불정오성도량'을 설치하게 되면, 8월 이전에 반드시 감응이 있고 국왕의 (몽골) 입조도 그만두게 될 것입니다. 삼한은 변하여 진단이 되고 대국(몽골) 쪽에서 [고려에] 내조해 올 것입니다.[21]

이른바 '진단'은 '지나 스타나', 즉 불교 경전에서 말하는 중국(지나)을 뜻하지만, 원래 '지나 스타나'란 동방의 토지를 뜻하기 때문에 반드시 중국(지나)을 가리키는 것은 아니다. 따라서 각종 의례를 행하면 동방에서 가장 불법이 번성한 고려가 진단이 되고, 그 위덕에 의해 이민족(여진, 몽골)이 나아와서 내조한다는 것이다.

---

21 若於摩利山塹城, 親醮, 又於三郞城神泥洞, 造假闕, 親設大佛頂五星道場, 則未八月, 必有應, 而可寢親朝. 三韓變爲震旦, 大國來朝矣. 《高麗史》〈白勝賢傳〉.

이러한 논리의 전개는 앞 절에서 검토했던 묘청 일파의 서경천도운동의 논리(이른바 대화궐에 이어하면 천하를 병합하는 것도 가능하고, '금국은 제물을 가지고 스스로 복속하고 천하의 36국이 모두 고려의 신첩이 된다.'고 했던 논리)와 똑같다는 점에 주목하자.

고려시대 사람들은 중국에 대해서 전통적인 모화사상과 사대사상을 가지면서도 그 한편으로는 평양, 나아가서는 고려 자체가 세계의 중심이라고 하는 강렬한 자존의식을 지니고 있었다. 이러한 자존의식의 기반 위에 이윽고 단군신화가 명확하게 그 모습을 나타낸 것이다.

해모수와 단군

이민족(여진·몽골)에 대한 적개심으로부터 발전했던 '단군'의 신격은 지금까지 보아 왔던 대로 그 원초적인 단계에서는 비역사적 내지는 범역사적인 존재였고, 반드시 역대 왕조의 건국설화와 직접적으로 연결된 것은 아니었다.

그 증거로 이규보(1168~1241)의 고율시 〈동명왕편〉의 주에 인용된 《구삼국사》의 〈동명왕본기〉에는[22] 고구려 시조 주몽의 아버지로 '해모수'라는 인격이 창작되어 있지만, 그곳에는 '단군'이라는 이름은 아직 보이지 않는다.

본래 주몽(동명왕) 설화는 '일광(日光)에 비취어' 탄생했다고 하는 것이 기본 모티브이므로 그곳에는 '부친'의 존재를 반드시 필요로 하지는 않는다. 그러나 왕조의 시조인 주몽(동명왕)이 사생아였다고 하면 상황

---

22 《東國李相國集》卷3 古律詩〈東明王篇〉의 註에 인용된《舊三國史》〈東明王本紀〉. 제2장 각주 5번 참조.

이 나쁘다. 그래서 후세의 현명한 척하는 사람들에 의해 주몽의 아버지로서 해모수라고 하는 인격이 창작되었을 것이다.

《구삼국사》의 〈동명왕본기〉에 의하면, 주몽(동명왕)의 어머니 유화는 천제의 아들 해모수와 연결되고, 그 후 '일광에 비취어' 주몽을 낳았던 것이었다. 그곳에서 해모수는 '천제의 아들'로 되어 있을 뿐이고, 아직은 '단군' 신화와 직접적으로 이어지지는 않았다.

한편 《삼국유사》 '북부여'조에 인용된 《고기》에 의하면, '천제'가 강림해서 북부여왕인 해모수로 칭하고 그 아들을 '부루(扶婁)'라 불렀다고 한다. 또 같은 책의 '동부여'조에 의하면, 북부여의 왕 해부루(解夫婁)는 '천제의 자손'을 피해 가섭원(迦葉原)으로 천도하고 '동부여'라 칭하였는데, 그 땅에서 금와를 거두어 길러 그에게 나라를 주었다고 한다. 이에 의하면, '해모수'는 동부여의 '해부루'의 부친이지만, 동시에 유화(柳花)와 관계를 맺어 주몽을 낳은 셈이 된다. 따라서 부루와 주몽은 배다른 형제라고[23] 하는 해석을 낳게 된다.

부루와 주몽이 배다른 형제라고 하면, 저마다의 부친인 단군과 해모수는 당연히 동일한 신격이 된다. 이 때문에 《삼국유사》 《왕력》에서는 고려(고구려)의 시조인 동명왕을 단군의 아들로 기록하고, 단군을 고구려 시조 주몽의 부친인 해모수로 완전히 동일시하고 있다. 또 조선의 서거정이 쓴 《필원잡기》 권1에 인용된 《고기》의 기술에 의하면, 단군은 '비서갑(非西岬)의 하백의 딸'을 취해 부루를 낳고 그 부루가 후에 동부여의 왕이 되었다고 하며, 또 우(禹)임금이 제후들을 도산(塗山)에 모았을

---

23 壇君記云, 君與西河河伯之女要親, 有産子名曰夫婁. 今拠此記, 則解慕漱私河伯之女, 而後産朱蒙. 壇君記云, 産子名曰, 夫婁. 夫婁與朱蒙, 異母兄弟也. 《三國遺事》《紀異》'高句麗' 註.

때[24] 단군은 아들 부루를 보내 우를 찾아뵙도록 하였다고도 기록되어 있다. 이른바 부루는 해모수의 아들인 부루이기 때문에 여기서도 단군은 주몽의 부친인 해모수와 완전히 동일시되고 있음을 알 수 있다.

이처럼 본래는 별개로 창작되었던 해모수와 단군의 신화는 양자에 공통되는 천제의 아들이라는 속성을 매개로 이윽고 동일한 신격으로 결부되기에 이르렀다. 이에 따라 부여와 고구려, 백제의 건국설화가 통합되고, 단군(해모수)의 아들인 부루가 부여를 건국하고, 그 위에 한 사람의 아들인 주몽이 고구려를 건국하고 마지막으로 주몽의 진짜 아들(혹은 양자)인 온조가 백제를 건국했다고 하는 일련의 계보가 성립하게 되었다.

분열의 위기

그렇다면 부여·고구려·백제의 건국설화가 왜 통합되지 않으면 안 되었을까? 거기에는 단군신화 성립 당시에 있었던 삼한 분열의 위기가 크게 영향을 미쳤다.

위에서 서술한 바와 같이, 묘청의 난(서경의 난)을 평정했던 즈음으로부터 고려의 문벌귀족사회는 분열·쇠퇴의 경향을 보이게 되었지만, 그 후 1170년(의종 24년)에는 정중부의 난(무신의 난)이 일어나 종래 문신귀족이 독점하고 있던 재신·추밀 등의 재상직에 중하급의 귀족 가문 및 잡성 서인의 문벌 출신인 무신들이 대거 진출하게 되었다.

중앙 정계의 권력 쟁탈에 매달려 온 무신들에 대항하여 귀족사회의

---

24 《古記》云. (……) 檀君生子扶婁, 是爲東扶餘王. 至禹會諸侯於塗山, 檀君遣扶婁朝焉. 其說無據. _
《筆苑雜記》卷之一.

사치에 의해 피폐해 갔던 지방 향촌사회는 일련의 민란을 일으켜 반항했지만, 최씨 무신정권은 이를 강권으로 억압했고 동시에 신구 문벌 귀족과 협조를 도모하여 중앙 정계에 나름대로 안정을 회복하는 데에도 성공하였다. 무신정권에 대한 반발은 이 시기 백제와 신라의 부흥운동을 불러 일으켰지만, 이러한 지방사회의 동요는 '삼한'의 통일에 대한 최초의 분열 위기였다.

공교롭게도 그 때, 중국 대륙에서는 몽골의 발흥으로 금나라가 쇠퇴하고 요동을 제압했던 몽골군이 다음으로 한반도에 정복의 걸음을 내디뎠다. 이 때문에 최씨정권은 강화도로 천도하고(1232년), 항몽전쟁을 주도함으로써 더욱 권력의 집중과 독점을 이루어 갔다. 그러나 장래 전망을 결여한 항몽전쟁의 장기화는 차츰 강화론의 대두를 촉진했고, 다음에는 주전파 최씨정권이 그 내부로부터 붕괴하기에 이르렀다.(1258년) 그 후 국왕 원종의 주도 아래 몽골과의 강화가 이루어졌고, 1270년에는 강화도로부터 개성으로 도읍을 천도하는 이른바 '출륙환도'가 단행되었다. 그러나 이에 반발했던 무신세력의 일부는 유명한 '삼별초의 난'을 야기해서 고려 정부로부터 이반했고, 진도와 제주도에 독립정권을 수립해서 몽골과 고려에 저항했다. 이러한 삼별초의 난은 몽골과 고려 정부군에 의해 평정되었고, 긴 세월에 걸친 몽골과의 항쟁도 종식되었다.

그러나 그러한 일련의 과정에서 전쟁의 진두에 섰던 고려의 변민들 중에서는 부패했던 중앙의 정권을 가망이 없다고 여겨 스스로 몽골군에 투항하는 자가 적지 않았다. 예를 들면 1232년(고종 19년)에 고려 정부가 강화천도(개경으로부터 강화도로 천도)를 단행하자, 다음해인 1233년(고종 20년)에는 종래로부터 몽골군에 내통하고 있던 홍복원 등 서북 변경 토호들이 서경(평양)에서 반란을 일으켰고, 정부군의 반격을 받았던

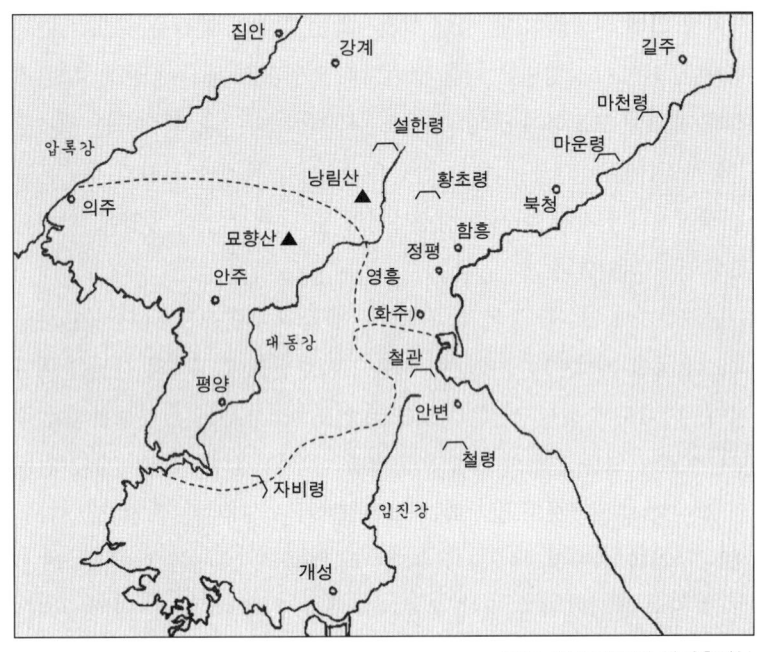

[지도 9] 동녕부와 쌍성총관부

홍복원 등은 몽골군과 함께 요동 방면으로 철수하여 요양·심양에 유망 고려인 집단 거주지를 형성하였다.

또한 1258년(고종 45년)의 최씨정권 붕괴에 즈음해서도 조휘 등 동북 변경의 토호들이 몽골군에 투항하고, 몽골 측에서는 화주(영흥, 지금의 금야)에 '쌍성총관부'를 설치하여 이 지역(화주 이북)을 몽골의 직할령으로 삼았다.

더욱 1270년(원종 11년)의 '출륙환도'(강화도에서 개경으로 재천도)에 이르는 혼란 속에도 최탄 등 서북변경의 토호들이 다시 반란을 일으켜 몽골군에 투항하고, 몽골에서는 서경(평양)에 동녕부(東寧府)를 설치해

서 이 지역(자비령 이북)을 몽골의 직할령으로 삼았다.[지도 9]

이처럼 장기간에 걸친 항몽전쟁은 한편으로는 고려인들의 단결을 촉진하고 민족의식을 고양한 반면 다른 한편으로는 변민들의 이반을 불러오고 변민들의 몽골 투항을 촉진하고 있었다. 이러한 변민들의 동향이야말로 삼한의 통일에 대한 두번째의 분열 위기였다.

이처럼 단군신화가 창출된 시대는 고려가 내부 분열 위기로 위험한 상태에 있었던 시대였다. 그러니까 몽골과의 강화가 실현되어 나름대로 평화를 회복했던 원간섭기[事元期] 이후 고려에서는 부여와 고구려, 백제의 건국설화를 단군신화를 토대로 재편성하고 다시 삼한 통일의 이념을 구체화하는 작업이 이루어지게 되었다.

공통 시조의 창조

'지정(至正) 20년(1360), 동경개판(東京開板)'이라는 간기가 있는 《제왕운기》(중간본)의 주기에는 단군을 한반도에서 활동했던 여러 민족의 공통 시조로 자리매김하여 다음과 같이 말한다.

> [웅녀는] 단수신(환웅)과 결혼해서 아들을 낳았다. 이름은 단군이다. [그가] 조선의 영역을 지배해서 왕이 되었다. 따라서 시라(尸羅, 신라), 고례(高禮, 고구려), 남북옥저, 동북부여, 예·맥 등은 모두 단군의 무리이다.[25]

---

25 令孫女飮藥成人身, 與檀樹神婚而生男, 名檀君, 據朝鮮之域, 爲王. 故尸羅·高禮·南北沃沮·東北扶餘·穢與貊, 皆檀君之壽也.《帝王韻紀》〈東國君王開國年代〉註.

이 기술에 의하면, '조선'의 영역에서 성립했던 '시라(신라), 고례(고구려), 남북옥저, 동북부여, 예·맥' 등은 모두 단군의 교화에 복속했던 동포 민족으로서 자리매김되는 것을 알 수 있다. 본래 비역사적 내지는 범역사적인 존재였던 '단군'은 이에 이르러 조선 여러 민족의 공통 시조로서 뚜렷하게 그 모습을 보이게 되었다.

단군을 동방 여러 민족의 공통 시조로 하는 것은 구체적으로는 단군신화를 '삼한'의 건국설화와 결부시킴으로써 달성되었다. 고구려 시조 주몽의 아버지 해모수와 단군이 동일시되었던 것은 앞에서 설명한 바와 같지만, 이러한 창작에 의해 고구려 시조 주몽과 백제의 시조 온조는 모두 단군의 혈통을 직접적으로 잇는 단군의 자손으로 자리매김하게 되었던 것이다.

한편 신라의 시조 혁거세는 하늘로부터 '계림'으로 내려와 '알'에서 태어났으므로 이것도 일종의 천손신화지만, 반드시 단군신화와 직접적으로 이어진다고 할 수는 없다. 그러나 혁거세에 의해 통솔되었던 '6촌'의 사람들은 본래 '조선'으로부터의 망명인이었다고 한다. 여기에서 '조선'이라고 하는 것은 구체적으로는 '위만조선'의 난을 피해 '삼한'의 땅에 도망쳤던 '기자조선' 사람들을 가리킨다고 생각되지만, 그 '기자조선' 사람들도 본래는 '단군'의 교화에 복속했던 '조선'의 백성들이었기 때문에 당연히 그 후예인 시라(尸羅, 신라)도 단군의 무리 중 하나로 편입하게 되었을 것이다.

그 밖에 옥저에 대해서는 고구려의 속민이었던 것이 《삼국지》〈동이전〉에 명기되어 있고, 또 예·맥에 대해서는 본래 부여와 고구려의 동일계통 민족이며 중국의 문헌에서는 부여를 예, 고구려를 맥이라고 부르는 경우가 많았다. 따라서 이들도 당연히 단군의 무리 중 하나로 편입되게 되었다.

삼한과 구한

이러한 단군의 영역관은 고구려·백제·신라의 삼한을 통일했던 신라 내지 고려가 다음에 그 주변의 여러 민족들을 통합하고 구한(九韓)의 세계에 군림한다고 하고, 이것도 일종의 중화사상적인 세계관과도 밀접하게 연결되고 있었다.

예를 들면 신라의 도읍인 경주의 고찰 황룡사 9층탑은 "주변 나라가 항복하고, 구한(九韓)이 와서 조공을 바치고 왕조가 영원히 안녕하기를" 기원해서 세웠다고 하지만,[26] 이른바 '구한'은 일본·중화·오월·탁라(탐라)·응유·말갈·란국(거란)·여적(여진)·예맥을 의미한다고 한다.[27]

여기에 기록된 '구한'의 영역은 《제왕운기》의 주에 기록된 '단군의 무리'의 영역[시라(신라), 고례(고구려), 남북옥저, 동북부여, 예, 맥]과 거의 합치되고 있다. 결국 고구려·백제·신라의 '삼한'을 통합했던 통일신라 내지는 고려시대 사람들의 영역의식은 더욱 그 주변의 여러 민족(특히 말갈·여진)에 대한 패권의식을 수반한 '구한'의 세계로 확대되었고, 그 '구한' 세계에 군림하는 지배자로서 자화상을 그려내기에 이르렀다고 생각할 수 있다.

황룡사 9층탑은 다름 아닌 몽골군의 침략에 의해 1236년(고종 25년)에 소실되어 버리고 말았다. 그러나 그 9층탑에서 상징되는 '구한'의 지

---

26 隣國降伏, 九韓來貢, 王祚永安. 《三國遺事》〈塔像〉'皇龍寺九層塔'.
27 日本·中華·吳越·乇羅(耽羅)·鷹遊·靺鞨·丹國(契丹)·女狄(女眞)·穢貊(濊貊). 《三國遺事》〈塔像〉'皇龍寺九層塔'; 《三國遺事》〈紀異〉'四夷·九夷·九韓·穢貊'조에 인용된 《東都成立記》(安弘 撰).

배자로서의 자의식은 거듭된 외적의 침입과 외압을 발판으로 해서 발달했던 고려시대 사람들의 내셔널리즘에 의해 이후에 단군신화로서 구체적으로 형상화되었던 것이다.

5

고조선 계승
: 조선시대(I)

1392년, 고려의 무장 이성계(1335~1408)는 백관의 추대를 받아 왕위에 오르고 '권지고려국사(權知高麗國事)'라는 호칭으로 중국 명나라에 즉위를 보고했다. 명나라의 홍무제는 이성계의 즉위를 승인하는 한편 새로운 왕조의 국호를 무엇으로 할지 알리라고 했다. 이에 이성계는 '조선'과 '화령' 두 가지 안을 제출했고, 홍무제의 재가를 받아 '조선'이라는 국호가 채택되었다. 조선에서는 국호 개정과 아울러서 1394년 한양(서울) 천도를 단행했는데, 이는 단군과 기자의 역사를 계승한 남평양, 즉 아사달 땅으로의 천도를 의미했다.

이 장에서는 근세 조선시대의 고조선 계승의식과 요동에 대한 영토의식, 그리고 그 영토의식에 실체를 부여한 요동 조선인 사회에 대해 고찰하고자 한다.

1.
단군과 진단

국호 개정

조선왕조(1392~1910)의 '조선'이라는 국호를 정한 것은 주지하는 바와 같이 명나라의 태조 홍무제였다. 이에 대해서 《조선왕조실록》에는 다음과 같이 기록되어 있다.

예문관 학사 한상질을 경사(남경)에 파견하고, 조선·화령[중 하나]를 골라 국호를 변경할 것을 신청했다. 그 상주문(上奏文)은 다음과 같다. "배신(陪臣) 조임이 경사로부터 삼가 예부의 자문(咨文)을 가지고 왔는데, 자문에 '삼가 황제 폐하의 성지를 받들었노라. 성지는 다음과 같다. 고려가 과연 천도에 따르고 인심에 합치해서 동이의 백성을 편안하게 하고 변경의 분란을 일으키지 않는다면, [이와 같이 조공] 사절을 왕래하게 할 것이니, 실로 그대 나라의 복이다. [이] 문서가 도착하는 날[로부터 시작해서] 국호를 어떻게 고칠 것인지 빨리 달려와서 보고하라.'라고 하였습니다. …… 신이 어리석게 생각하옵건대, 나라를 보유하고 국호를 세우는 것은 진실로 소신이 감히 마음대로 할 수가 없는 일입니다. 삼가 조선과 화령 등의 국호를 [후보로] 폐하께 보

고합니다. 삼가 황제께서 재가해 주심을 바라옵니다."라고 하였다.[1]

주문사(奏聞使) 한상질이 와서 예부에 자문을 전달하였다. 국왕은 [명]의 제궐(황제를 상징하는 궐패闕牌)를 향하여 사은의 예를 행하였다. 그 자문은 다음과 같다. "본부(本部) 우시랑(右侍郞) 장지 등이 홍무 25년 윤12월 초9일에 삼가 황제 폐하의 성지를 받들었다. 성지에 '동이의 칭호 중에서는 조선이라는 칭호야말로 아름다운 듯하고, 그 내력도 오래된 듯하다. 이것을 본받아 이어받으라. 하늘(의 도)를 본받아 백성을 다스리고, 대대로 영구히 번영하도록 하라.' [그래서] 본부(本部)에서는 지금 [이] 성지의 취지를 기록해서 보낸다."[2]

자국의 국호를 일부러 외국의 군주에게 결정해 달라고 요청한 사실은 조선의 사대주의를 나타내는 상징적인 에피소드로 근대 이후 흔히 폄하하는 뜻으로 일컬어지는 경우가 많았다. 그러나 명나라의 홍무제가 골랐던 국호는 미리 제시한 '조선'과 '화령'이라고 하는 두 개의 후보 중에서 선택한 것이었고, 그 중 홍무제가 제1후보 '조선'을 선택하리라는 것은 이윽고 그 이름으로 불린 새 왕조의 군신들로서는 거의 기정사실이

1 遣藝文館學士韓尙質如京師, 以朝鮮·和寧, 請更國號. 奏曰: "陪臣趙琳回自京師, 欽齎到禮部咨. 欽奉聖旨節該: '高麗果能順天道合人心, 以(妥)〔綏〕東夷之民, 不生邊釁, 則使命往來, 實彼國之福也. 文書到日, 國更何號, 星馳來報.' 欽此切念小邦王氏之裔瑤, 昏迷不道, 自底於亡, 一國臣民, 推戴臣權監國事. 驚惶戰栗, 措躬無地間, 欽蒙聖慈許臣權知國事, 仍問國號, 臣與國人感喜尤切. 臣竊思惟, 有國立號, 誠非小臣所敢擅便. 謹將朝鮮·和寧等號, 聞達天聰, 伏望取自聖裁."《朝鮮王朝實錄》太祖 元年 11月 丙午.
2 奏聞使韓尙質來傳禮部咨, 上向帝闕, 行謝恩禮. 其咨曰: "本部右侍郞張智等, 於洪武二十五年閏十二月初九日, 欽奉聖旨: '東夷之號, 惟朝鮮之稱美, 且其來遠, 可以本其名而祖之. 體天牧民, 永昌後嗣.' 欽此, 本部今將聖旨事意, 備云前去."《朝鮮王朝實錄》太祖 2年 2月 庚寅.

었음에 틀림없다.

제2후보로 거론되었던 '화령'은 고려시대의 화주(和州, 永興府, 지금의 金野)를 가리켰는데, 이성계의 어머니 최씨의 고향, 즉 이성계의 탄생지였다. 왕실이 처음 봉해진 지명을 국호로 한다는 중국 전통 관례에 따른 것이었지만, 그렇다 하더라도 어디까지나 '제2후보', 이른바 곁들인 물건으로 거론되는 정도에 지나지 않았고, 통상 이와 같은 경우에는 제1후보 '조선'이 채택될 줄 기대하고 있었다.

사실 새 왕조에서는 국호가 조선으로 정해지기 이전부터 이미 국호의 기원인 고조선의 재조명 작업이 이루어지고 있었다.

예조 전서(典書) 조박 등이 상서해서 말하였다. "…… 조선의 단군은 동방에서 처음으로 [하늘의] 명을 받았던 군주이며, 기자는 처음으로 교화를 일으켰던 군주입니다. 평양부에 명하여 때를 정해 제사를 드리고자 합니다. ……"[3]

1392년(태조 원년) 8월, 결국 명의 홍무제로부터 '조선'을 국호로 하라는 정식 결정이 전해지기 이전 단계에서 이미 새 왕조에서는 '조선'의 창건자인 '단군' 및 '기자'를 현창하고, 스스로가 정통을 이어받은 존재임을 과시하기 위해 예제의 정비에 착수했던 것이다.

한편 전 왕조(고려)에서 교체되어 성립했던 새 왕조에서는 전 왕조가 고려(고구려) 계승을 지배 정통성의 근거로 삼았던 이상, 고려(고구려)를

---

3 禮曹典書趙璞等上書曰: (……)朝鮮 檀君, 東方始受命之主, 箕子, 始興敎化之君, 令平壤府以時致祭. (……)《朝鮮王朝實錄》太祖 元年 8月 庚申.

더욱 거슬러 올라가는 지점에서 정통성의 연원을 구하지 않을 수 없었다. 이 때문에 새 왕조에서는 고려(고구려)의 시조인 주몽의 부친 '해모수'와 동일시하고, 고구려·부여·백제의 공통시조가 되는 '단군'에게서 정통성의 연원을 구했으며, 또한 단군의 뒤를 이어 조선에 중화의 '문명'을 가져왔다는 '기자'에게도 그 연원을 구하였다. 이와 관련하여 고조선 중에서도 기자조선을 멸하고 성립했던 위만조선은 중국 연나라의 망명인 위만이 수립했던 찬탈 정부로서 '조선'의 정통 중에서는 더하지 않는 것이 당시 조선 사람들의 일반적인 역사관이었다.

이와 같이 고조선을 계승하려는 의도는 명나라의 홍무제에 의해서도 기대한 바대로(단 부분적으로만) 받아들여졌다.

> 동이의 칭호 중에서는 조선이라는 칭호야말로 아름답고 그 내력도 오래되었다. 이것을 본받고 선인의 설을 근본으로 하여 그 뜻을 펴야 한다. 하늘[의 도]를 본받아 백성을 다스리고, 대대로 영구히 번영하도록 하라.

라고 재결을 내렸던 홍무제가 이해하기로는, 이성계의 왕조는 기자조선의 전통을 이어 충실한 속국이 되고, 또 스스로 기자를 조선에 봉했던 '주나라 무왕'처럼 위대한 군주가 되기를 바라는 마음이 있었을 것이다.

'조선'이라는 국호 개정을 계기로 이성계는 자신의 이름을 '이단(李旦)'으로 고쳤는데, '단'은 조선과 관련된 단어이자, 주나라 무왕에 의해 노나라에 봉해졌던 '주공 단'의 이름(諱)이기도 하다. 이성계, 다시 말해 태조 이단(李旦)은 마치 주나라에 대해서 노나라처럼, 조선이 명나라의 충실한 울타리가 될 결의를 강조하고자 했다.

그러나 '조선'이라는 국호에는 홍무제의 이해가 미치지 못했던 한 측면이 있다. 그것은 중화 문명을 상징하는 기자조선보다 거듭 역사를 거슬러 올라가 이른바 단군조선의 전승에까지 연결되어 있었던 것이다.

한양(서울) 천도

새 왕조의 국호를 조선으로 고쳤던 이성계(태조 이단)는 이와 병행해서 새롭게 왕조의 수도를 개경(개성)으로부터 한양(서울)으로 옮기고, 《예기》〈제의〉에 '사직을 오른쪽으로 하고, 종묘를 왼쪽으로 한다.'고 하는 평면 설계와 《주례》〈고공기〉에 이른바 '조(祖)를 좌로 하고, 사(社)를 우로 한다.'고 하는 평면 계획에 따라 왕실의 법궁(정궁)인 경복궁과, 그 오른쪽(서쪽)에 위치한 사직단(토지신과 곡물신을 제사지냄), 왼쪽(동쪽)에 위치한 종묘(조상의 영혼을 제사 지냄) 등의 조영을 추진하였다.

이처럼 새 수도 서울의 평면 플랜은 당초부터 유교 경전의 이념을 강하게 의식하여 구성되었지만, 동시에 전대로부터 내려오는 풍수사상 또한 서울 천도에 강하게 영향을 미쳤다는 점을 간과해서는 안 된다.

이보다 앞서, 1356년(공민왕 5년)에서 그 다음 해에 걸쳐 고려 공민왕은 남경(서울)의 궁궐을 수복해서 천도를 시도했고, 또 1360년(공민왕 9년)에도 다시 천도할 땅을 점쳐 일설에 '아사달'에 비정되었던 임진강(서울 북방)의 '백악'에 새 서울을 조영한 바 있다. 더욱이 공민왕의 아들인 우왕(禑王, 辛禑)의 시대에도 남경(서울)으로 천도가 시도된 적이 있었다.

이처럼 서울 방면 천도는 고려 말에도 몇 번인가 시도되었지만, 모두 어떤 의미에서는 당시 북방 정세(원명 교체)에 대응했던 것으로, 그 이면에는 단군이 은둔했던 '아사달'의 '왕기(王氣)'에 의지해 북방 세력을 억누르고자 하는 의도를 포함하고 있었음에 주의하지 않으면 안 된다. 조선왕조가 수도를 서울로 옮겼던 것도 아마 그와 같은 의도를 포함하였을 것이다.

물론 새 왕조의 창건에 수반하여 인심의 일신할 것, 그리고 북방 세력의 변동에 대비하여 전략거점으로서의 수도 기능을 남방으로 후퇴시킬 것 등 서울 천도에는 여러 가지 의도가 작용했을 것으로 예상할 수 있다. 그러나 그러한 합리적인 측면과는 별개로, 전통적인 풍수사상이 사람들의 사고방식에 강하게 얽혀 있었다는 측면도 결코 경시할 수 없다.

새로운 평양

처음 서울 땅은 '평양'으로 불렸고, 본래의 평양과 구별하는 경우에는 '남평양'으로도 불렸다.(제3장 제1절) 게다가 남평양으로서의 서울은 이른바 '아사달'에 비정된 단군신화와도 이어져 있었다.

전승에 의하면 태백산(묘향산)에서 탄생했던 단군은 평양에 도읍을 두고 '조선'을 개국했고 이어서 백악산 '아사달'로 천도하였지만, 그 후 기자가 동쪽으로 오자 도읍을 '장당경'으로 옮겼고, 최후에는 다시 '아사달'에 숨어서 산신이 되었다. 이처럼 단군의 도읍은 본래 왕기의 성쇠에 의해 이동하는 성질을 가지고 있었던 것인데, 특히 최후에 은둔했던 '아사달'은 단군이 '신'으로 되어서 그 '왕기'를 내재한 땅으로 되었을 정도로 평양 이상으로 풍수의 기가 흘러넘친 곳으로 주목되었다.

이른바 '아사달'의 이름은 석가의 장래를 예언했던 성선(聖仙) '아사타(阿私陀, 阿私仙)'에 견준 창작이었을 것이다. 그런데 그 '아사달'이 어디인가 하면, 풍수사의 말은 가지각색으로, 혹은 황해도 문화현(文化縣)의 '구월산'이라고도 하고, 혹은 임진현(臨津縣)의 '백악(白岳)'이라고도

[그림 8] 경복궁과 북악산(저자 촬영)
경복궁은 임진왜란 당시 화재로 소실되었다가 19세기 후반에 재건되었다.

한다.

이 중 구월산을 아사달로 보는 견해는 '9월'의 글자 뜻 '아홉 달'이 '아사달'과 유사하다고 하는 간단한 풀이를 바탕으로 하는데, 이러한 해석은 조선시대에는 넓게 받아들여졌지만, 아마 가장 후에 나타난 속설에 지나지 않을 것이다.

이에 대해서 임진현의 '백악'을 아사달로 보는 견해는 앞에서 언급한 바와 같이 고려말(공민왕 9년)의 임진현 천도운동의 이론적인 근거 중 하나가 되었다. 아사달의 '달'은 각종의 사례로부터 '산(山)', '구(丘)', '악(岳)'을 뜻하는 것으로 알려졌지만, 이른바 '아사달'을 '백악'에 비정하는 것에서 보면 아사달의 '아사'는 '아사선'의 '아사'인 동시에 본래 '흰백

(白)'의 의미가 담겨 있었을지도 모른다.

그런데 조선왕조의 새로운 법궁(경복궁)은 '백악(白岳)의 양(陽)'(지금 북악산의 남쪽)에 조영되었지만, 이 '백악'이라는 명칭은 그 땅이 단군 이래 '아사달'의 땅으로서 인식되었을 가능성을 강하게 시사하고 있다.

실제로 고려시대의 남경(서울)은 수도인 개경의 '부소산(송악)'에 대한 '좌소(左蘇)'의 땅에 비정되고, 더욱이 '아사달'로도 불렸다.(제4장 제3절) 따라서 조선왕조의 새로운 법궁(정궁)인 '경복궁'은 단군 및 기자의 정통을 이어 받아 새로운 '조선'의 상징으로서 확실히 '남평양'의 '아사달'의 땅에 조영되었다고 할 수 있다.[그림 8]

단군시대의 예언

서울 천도에 단군조선 계승 의도가 포함되어 있었음은 다른 각도에서도 확인할 수 있다.

조선초기의 문인 권근(1352~1409)이 쓴 〈건원릉신도비명〉(건원릉은 조선 태조의 능묘) 원문의 한 귀절에,

> 구변도국에서 '십팔자' 설은 단군시대로부터 이미 존재했지만, 그 예언은 수천 년을 지나 지금 비로소 실현되었다.[4]

라고 하고, 이를 첨삭해서 실제로 새긴 비문(석각본)에는,

---

4 九變圖之局, 十八子之說, 自檀君之世而已有, 歷數千載, 由今乃驗. 《陽村先生文集》卷36 〈健元陵神道碑銘〉.

[고려의] 서운관에는 예전부터 소장되어 내려오는 비기에 '구변진단'의 그림에 '건목득자, 조선즉진단'이라고 하는 설이 있었다. [이는] 수천 년 이전의 예언인데, 이제야 비로소 특별히 증험되었다.[5]

라고 기록되어 있다. 이 중에 '구변도(국)'에 대해서는 《용비어천가》 제15장의 시가 소주(小注)에,

'구변도국'은 신지가 쓴 도참(예언)의 이름이다. 동국의 역대 수도가 무릇 9회에 걸쳐 그 국(局, 위치)을[6] 바꾸는 것을 말하고, 아울러 본조가 천명을 받아 새로운 도읍을 건설하는 것을 서술하고 있다.[7]

라고 한 대목이 참고가 된다.(신지神誌에 대해서는 후에 서술한다.) 요컨대 이성계가 새로운 왕조를 세우고 서울에 천도한다는 예언이다. 또 '십팔자(十八子)'와 '건목득자(建木得子)'[모두 '이(李)'자의 글자 수수께끼]가 이성계에 의한 '혁명'을 예언한 것임은 물론이다. 이처럼 각종 예언이 고려 말에 넓게 유포되었던 것, 그것을 이성계 일파가 혁명의 정당화에 이용했던 것 등은 쉽게 상상할 수 있을 것이다.

문제는 그것이 '단군시대의 예언'과 어떻게 연결되었는가 하는 점인데, 이 점에 대해서는 같은 《용비어천가》 제16장의 주해에,

---

[5] 書雲觀舊藏秘記, 有九變震檀之圖. 建木得子, 朝鮮即震檀之說. 出自數千載之前, 由今乃驗. 〈健元陵神道碑銘〉.
[6] 풍수사상에서는 풍수의 '기'가 모이는 곳을 '혈'이라 하고, 혈 사방의 형세를 '국'이라고 한다. '국'에는 그 형세에 따라 여러가지 이름이 붙여져 있다.(村山智順,《朝鮮の風水》, 東京 : 国書刊行会, 1979).
[7] 局, 圖局也. 九變圖局, 神誌所撰圖讖之名也. 言東國歷代定都, 凡九變其局並言本朝受命建都之事. 《龍飛御天歌》卷 3 第15章 歌詩 小注.

고려 숙종 때, 위위승(衛尉丞) 동정(同正) 김위제가 상서하여 한양(서울) 천도를 요청했다. 신지·도선의 도참(예언)을 이용했다.[8]

라고 하고, 그 소주(小注)에

신지는 단군시대의 사람으로, 대대로 신지 선인이라고 칭한다. ……
도선은 삼국시대 말의 술승(術僧)인 옥룡선사이다.[9]

라는 기록이 참고할 만하다.

무엇보다도 이 기사의 근본이 되는 《고려사》〈김위제전〉에는 도선의 글과 아울러 간단하게 '신지비사(神誌秘詞)'라고 하는 도참의 책 제목이 거론될 뿐인데, 이것을 '신지의 비사'라고 해석한다 하더라도 이른바 '신지'가 '단군시대의 사람'이었다고 하는 보증은 되지 않는다.

말할 것도 없이 도선은 고려 태조(왕건)의 즉위를 예언했던 전설적인 풍수승이지만, 이성계 일파는 이 도선을 넘어서는 권위로서 새로이 '신지'라는 인물을 창출하고, 이를 '단군시대의 사람'으로 권위를 부여하였으며, 그 '신지'의 예언에 의해 이성계에 의한 혁명을 정당화하고자 했다.

이른바 '신지'에 대해서는 매우 유사한 이름의 인물로 중국 남조의 양나라 때에 '보지(寶誌)'라고[10] 하는 유명한 신승이 존재했다고 알려져 있

8　高麗肅宗時, 衛尉丞同正金謂磾, 上書請遷都漢陽, 用神誌·道詵圖讖也. 《龍飛御天歌》卷3 第15章 註解.
9　神誌, 檀君時人, 世號神誌仙人. (……) 道詵, 三國末術僧, 玉龍禪師也. 《龍飛御天歌》卷3 第15章 歌詩 小注.

다.¹¹ 그가 예언한 시(詩)를 받아서 당시 사람들은 "소씨는 틀림없이 망하고 이씨가 대신하여 흥한다."고 노래했다고 한다.¹² 아마 이 '보지(寶誌)'의 사적에 빌려 고려 말에 '신지'라고 하는 예언자가 창작되었고, 그것이 나아가 단군의 아버지 환웅이 열었던 신시(神市)에 견주어 '신지'는 '단군시대 사람'이라고 하는 인식이 생겨나게 되었을 것이다.

이성계 일파는 이 '신지'의 예언에 의해 '이씨'의 혁명을 정당화했지만, 그것은 물론 후세 사람들에 의해 거슬러 창작되었던 이야기에 지나지 않는다.

진단의 예언

'십팔자'·'건목득자'의 예언에 대해서는 이미 설명한 바이지만, 또 하나 간과해서는 안 되는 것은 '진단'의 예언이다.

위에서 서술한 〈건원신도비명〉(석각본)에 의하면, 고려의 서운관(易과 天文 담당)에서는 '구변진단'의 그림과 '건목득자·조선즉진단' 설 등을 기록했던 '비기'가 보관되어 있었다고 하지만, 여기서 이른바 '진단(震檀)'은 곧 '진단(震旦)'이다.¹³

이미 앞 장에서도 소개한 바와 같이, 고려시대의 백승현이라는 풍수사는

> 만약 마리산(마니산)의 참성(참성단)에서 친히 천지의 제사를 행하고,

---

10 《高僧傳》卷10에는 '保誌'라고 함.
11 《南史》卷 76 〈神僧傳〉卷4.
12 太歲龍, 將無理, 蕭經霜, 草應死, 餘人散, 十八子 _《資治通鑑》梁紀 元帝 承聖 2年 2月 庚子 胡注.
13 李丙燾, 〈震檀辨〉《震檀學報》創刊号, 京城: 震檀學會, 1934.

또 삼랑성(三郎城)과 신니동(神泥洞)에 가짜 궁전(가궐)을 조영해서 친히 '대불정오성도량(大佛頂五星道場)'을 설치하게 되면 8월 이전에 반드시 감응이 있고 국왕의 [몽골] 입조도 그만두게 될 것입니다. 삼한은 변하여 진단(震旦)이 되고, 대국(몽골) 쪽에서 [고려에] 내조해 올 것입니다.[14]

라고 해서 적극적으로 '대일왕(大日王:大日如來)'에 귀의할 것을 권하고 있다.

대일왕(대일여래)은 이윽고 단군으로 구상화되고, 대일왕(대일여래)의 불국토로서의 진단은 새롭게 단군 왕국으로서의 진단으로 인식되었던 것이다.

이처럼 '구변진단'과 '건목득자·조선즉진단' 등의 예언은 이성계가 열었던 새로운 조선이 동국에 있어 수도의 아홉 번의 변천(구변도국)의 마지막에서 단군조선을 계승하는 동방세계의 중심의 땅, 즉 진단이 된다는 것을 제창하였다.

조선왕조의 성립은 일반적으로는 개혁파 관료층이 신봉하는 주자학 이데올로기에 의해 달성되었다고 하지만, 그에 못지않게 풍수사상과 '진단' 신화도 또한 이성계의 혁명운동을 이끄는 사상적 원동력 중 하나가 되었다.

단군 제사의 정비

조선왕조의 성립은 단군시대의 예언에 의해 '수천 년 이전'에 이미 약속

---

14 《高麗史》〈白勝賢傳〉. 제4장 각주 21번 참조.

되었던 것이었다. 따라서 그 예언이 실현되었던 조선시대에 들어서면 단군에 대한 계승의식은 한층 더 고조되었고, 단군에 대한 국가 제사가 단계적으로 정비되었다.

구체적으로는 먼저 1429년(세종 11년)에 평양의 기자묘 남쪽에 단군묘가 신설되었고, 단군과 고구려의 시조 동명왕이 합사되었다. 원래 평양부 안의 인리방(仁理坊)에는 동명왕의 사우가 있고 고려시대에는 국가 제사의 대상이 되었지만, 새롭게 건국되었던 단군묘는 이 동명왕 사우를 재편했던 것으로, 말하자면 단군(해모수)은 아들인 동명왕(주몽)의 묘에 방을 빌어서 들어갔던 형편이었다.

이와 같은 단군에 대한 국가 제사가 평양에서 정식으로 행해지게 되자 그보다 이전에 행해졌던 구월산(황해도 문화현) 삼성당의[15] 토속적인 제사는 중복을 피해서 폐지되었다. 이 때문인지는 잘 모르겠지만 황해도에서는 역병이 유행했고, 삼성당 제사를 부활시키고자 하는 사람들의 요구가 많았다.[16] 그래서 1472년(성종 3년)에는 황해도 관찰사 이예의 건의에 의해 구월산에 '삼성묘'가 건립되었고, 평양의 단군묘를 본따 매년 국가 제사가 행해지게 되었다.[17]

이 '삼성묘'에서는 환인·환웅·단군 삼신을 제사지낸다. 이로써《삼국유사》에서 보이는 단군의 조부와 부친도 비로소 국가 제사의 대상으로 공인되었다.

---

15 삼성당(三聖堂)_ 檀因(桓因)·檀雄(桓雄)·檀君의 제사를 모심. 삼신(三神)을 단씨(檀氏)라 했던 것은 유가사상에 의한 조정.
16 《朝鮮王朝實錄》端宗 卽位年 6月 己丑, 李先齊 上書.
17 本朝 成宗三年, 因黃海道觀察使李芮之言, 立三聖廟于九月山, 依平壤檀君廟例, 每歲送香, 祝以祭之._《增補文獻備考》卷64 諸廟〈三聖祠〉.

단군과 역사서술

그러나 민족사의 원점으로서 단군에 대한 유교 지식인들의 평가는 조선 전기에는 그다지 높지 않았다.

무릇 전근대 역사서의 역할은 사실을 후세에 전해서 역대 왕조의 정통을 명확하게 하는 데 있었다. 그 전형은 사마광(1019~1086)의 《자치통감》 및 주희(1130~1200)의 《자치통감강목》인데, 조선 전기에는 이러한 역사서의 전통에 따라서 성종조에 《동국통감》이라고 하는 본격적인 통사가 편찬되었다.

《동국통감》은 서거정(1420~1488) 등에 의해 1485년(성종 16년)에 찬진되었던 편년체의 통사로, 말하자면 사마광의 《자치통감》의 동국판이지만, 동시에 역사평가(사론)에 뜻을 두어 주희의 《자치통감강목》의 필법을 답습하고 있다. 《동국통감》에서는 고조선(단군조선과 기자조선)으로부터 붓을 들고 있지만, 삼국 이전은 '사료가 흩어져 전해지지 않는다.'고 했기 때문에 '외기(外紀)'로 처리하였다. 사실 이 점이 조선후기의 지식인들에게는 불만의 대상이 되었다.

《동국통감》이 고조선(단군조선과 기자조선) 기사를 외기로 처리하고, 이를 본기로부터 제외한 것은 이 시대의 내용이 거의 객관성을 결여한 '전승'에 지나지 않았고, 편년체 기사로서 '본기'에 편입하는 것은 곤란하다고 판단했기 때문일 것이다. 예를 들면 《동국통감》의 찬자 중 한 사람인 서거정은 그의 수필집 《필원잡기》 권1에서 단군신화를 소개하고, 단군이 '1048년'의 수명을 향유했던 것에 대해서 "그 설은 허위(엉터리)인 것을 알 수 있다."는 등으로 혹평하고 있지만, 그 한편에서는 "단씨가 이어져 나라를 유지했던 운수가 1048년인 것은 의심할 수 없다."라고 하며 단군과 그 자손의 왕조가 '1048년'에 걸쳐 존속했던 것 그 자체는 시인하고 있다. 결국 전승의 내용에 대해서는 반신반의했던 것이 조선 전기 지식인들에게서 공통되는 태도라 할 수 있다.

이에 대해 조선 후기 지식인들은 단군신화에 보다 적극적인 관심을 보였다. 물론 남구만(1629~1693)처럼 단군신화의 허구성을 실증주의적인 관점에서 상세하게 비판한 이도 있었지만,[18] 그 한편에서는 단군의 역사를 '본기'로 받아들여 민족사의 기원으로 높게 평가하고자 하는 사람도 많이 나타났다. 구체적으로는 이종휘(1731~1797)라고 하는 인물이 사찬서《동사》에[19] 〈단군본기〉를 둔 것 등이 그 사례이다.

이종휘는 서거정의《동국통감》이 단군의 사적을 '외기'로 처리한 것, 그리고《필원잡기》에서 단군신화의 '불경(不經, 엉터리)'을 비판한 것 등을 일단 인식하면서도 마니산의 참성단과 구월산의 삼성당(모두 단군신화의 전승지)을 들어 왕조의 존재 자체에 대해서는 확신을 표하고, "요컨대 [전승의 내용을 비판하면서 왕조의 존재 자체는 인정한다는] 사가(四佳, 서거정)의 논의를 벗어나지 않는 태도가 정확한 해답에 가깝다."고 했다. 그 위에서《고기》중에서도 그 문의(文意)가 몹시 아름다운 부분을 골라〈본기〉를 만들고《동사》의 권두에 쓴다.'고 글을 맺고 있다. '외기'가 아니고 '본기'로 자리매김할 바에는 보다 적극적인 평가를 시도한 것이다.

다음에 안정복(1712~1791)도 또한《동국통감》이 고조선(단군조선과 기자조선)의 사적을 '외기'로 처리했던 것을 비판했다. 안정복의 사찬서《동사강목》의 '범례'에 의하면, 무릇 '외기'는 "여와가 하늘을 보수하고,

---

18《藥泉集》《東史辨證》.
19《東史》《修山集》卷11).

예(羿)가 열 개의 태양을 쏘아 떨어뜨렸다."는 류의 설화를 모았던 유서인《자치통감외기》의 범례를 취한 것이지만, "단군과 기자의 사적을 여와와 예의 [엉터리] 사적과 동일하게 논할 수는 없다." 그래서《동사강목》에서는 그 '본기'를 '기자조선'부터 시작하여 서술했고, 동시에 '단군조선'에 대해서는 '기자동래'의 기사에 붙이는 형식으로 이를 간접적으로 '본기' 중에서 다루고 있다.

  1636~1637년의 '병자호란' 이후 조선후기 지식인들은 전통적으로 속민시해 왔던 여진인의 후신인 만주인의 청나라에 대해 신하로서 '사대'의 예를 취해야 했다. 이 불쾌한 현실에 대한 굴절된 자의식이야말로 조선후기의 '단군' 인식에 일정한 변화를 가져왔고, 그것이 단군신화를 '외기'에서 '본기'로 격상시키는 결과를 가져온 것이었다.

2. 기자와 평양

단군에서 기자로

단군조선 계승 의식은 고려말·조선초기에 이르러 혁명운동을 주도하는 사상적인 원동력 중 하나가 되었고, 또 조선후기에는 만주인의 청나라에 대항하는 민족의식과 자존의식의 기둥이 되었다. 그러나 왕조 지배의 안정기에 있어서는 토속적이며 불교적 색채가 강한 단군신화가 반드시 절대적 존숭을 받지는 않았다.

이에 대해서 한반도에 중화 문명을 가져왔다고 하는 기자조선 전승은 유불겸수로부터 주자학 유일 존숭으로 변모하던 조선시대 지식인들에게 갈수록 중요도가 높은 역사적 사실로서 존중되었다.

무릇 기자는 주나라 무왕에 의한 혁명 당시에 '조선으로 갔고', 조선 백성에게 8개 조항의 교화를 시행했다는 전설상의 인물로 한반도에서 성립하여 평양을 지배했던 역대 왕조는 모두 그 문명의 기원을 기자에게서 구하였다.

예를 들면 고구려에서도 '자못 기자의 유풍'이 있었다고 하고, 영성신·해신·가한신 등과 함께 '기자신' 제사가 있었다고 한다.[20] 또한 고려에서도 '우리나라는 기자의 나라를 이어받았다.'고 했고,[21] '우리나라에서 교화의 예법은 기자로부터 시작되었다.'고 했다.[22] 그리고 조선왕조에서도 기자가 '처음으로 교화를 일으킨 군주'로 국초부터 존숭되어 왔던 것은 이미 소개한 바와 같다.(제5장 제1절)

이처럼 기자는 평양을 지배했던 역대 왕조에 의해 그 문명의 기원으로 일관되게 존숭의 대상이 되어 왔다. 따라서 평양을 중심으로 하는 기자조선의 영역은 고구려, 고려, 조선 모두에게 자국의 영역으로 인식되었다고 할 수 있다.

그렇다면 평양에 도읍했던 기자조선의 영역은 구체적으로 어디까지 펼쳐졌던 것일까?

기자조선의 영역

우선 기자조선의 도읍이라고 하는 평양에 대해서 말하자면, 기자의 후예라고 하는 기준으로부터 연나라 사람 위만이 나라를 찬탈했고 그 위만조선을 한나라 무제가 멸망시켜서 낙랑군을 설치한 경위를 감안해 보면, 낙랑군의 군치(정청 소재지)인 왕검성, 즉 현재 평양의 변두리(정확하게 말하면 대동강 북쪽 기슭에 위치한 평양에 대해서 그 건너편 기슭)를 기자조선의 도읍에 비정하는 것이 정설로 되어 있다.

거꾸로 기자조선의 도읍을 평양으로 생각하는 인식에서 거슬러 올라가 단군의 도읍도 평양이었다는 설명이 파생되었던 것도 앞 장에서 살

---

20 其俗多淫祀, 事靈星神·日神·可汗神·箕子神. 《舊唐書》〈高麗傳(高句麗傳)〉.
21 於是, 致書東京留守曰: "當國, 襲箕子之國, 以鴨江爲疆." 《高麗史》〈文宗世家〉 9年(1055년) 7月 丁巳朔.
22 十月壬子朔, 禮部奏: "我國敎化禮義, 自箕子始, 而不載祀典. 乞求其墳塋, 立祠以祭." 從之. 《高麗史》〈禮志〉'吉禮小祀'.

펴본 바와 같다.

다만 위만조선의 도읍이며 낙랑군의 치소이기도 했던 왕검성에 대해서는 후한시대의 학자 응소(? ~ 204?)가 이를 요동군의 검독현(험독현)으로 잘못 비정한 바 있다. 응소의 설은 아마 '왕검성'과 '검독현'에서 검(險)자가 공통되는 데 착안했던 단순한 착상에 지나지 않았고, 이미 신찬과 안사고의 주석에서[23] 명확하게 부정되었다.

그리고 평양에 도읍했던 기자조선의 영역에 대해서는 당연히 위만조선을 멸망시키고 설치했던 낙랑군을 비롯한 한사군의 영역과 그것이 거의 합치되는 것으로 생각했을 것이다. 그러나 《삼국지》〈위서〉 '한전'의 배송지 주에 인용된 어환의 《위략》에 의하면, 전국시대의 '연'과 '조선'은 원래 영역을 접하고 있었고, 그 후 연나라의 부장인 진개가 조선을 침입하여 "취한 땅이 2천여 리, 만번한에 이르러 경계를 삼았다."는 전승이 기록되어 있다.[24] 이른바 만번한에 대해서는 《한서》〈지리지〉에 보이는 요동군 관내의 번한현(番汗縣)과 관련이 있을 것으로 생각되므로, 아마 요동군 동쪽 변경의 압록강 또는 청천강을 가리키는 것으로 추정된다. 이 때문에 전국시대의 연나라와 조선의 국경은 본래 '만번한'보다 서쪽으로 '2천여 리' 되는 곳에 있었다고 하는 과대한 인식이 생기기도 하였다.

그러나 《사기》〈흉노전〉에 나타나는 진개의 사적에 의하면, 요서회랑을 개척했던 진개는 '기습 격파하여 동호를 달아나게 하였다.' 이에 의해

---

23 險瀆【應劭曰：朝鮮王滿都也. 依水險·故曰險瀆. 臣[王贊]曰：王險城在樂浪郡[浿]水之東. 此自是險瀆也. 師古曰：[王贊]說是也. [浿]音普大反.】_《漢書》〈地理志〉 '遼東郡'의 註.
24 後子孫稍驕虐, 燕乃遣將秦開攻其西方, 取地二千餘里, 至滿潘汗爲界, 朝鮮遂弱. 《三國志》〈魏書〉 '韓傳' 裵松之 註에 인용된 《魏略》.

'동호는 1천여 리를 퇴각'하였다고 한다.[25] 이것을 위에서 말한《위략》의 기술과 대조하면《위략》에 보이는 기자조선의 사적은 실제로는 흉노의 일종인 '동호'와 '연' 사이 항쟁의 기록에 견주어 후세에 만들어진 전승에 지나지 않음이 명확하다. 따라서 기자조선의 본래 영역이 이른바 만번한을 넘어 요동·요서지방까지 펼쳐졌고, 전국시대 연나라와 국경을 접하고 있었다고 하는《위략》의 기술은 반드시 신뢰할 수는 없다.

그럼에도 불구하고 기자조선이 요동과 요서지방에서 연나라와 항쟁하고 이들에게 격파되어 한반도의 평양 방면까지 단계적으로 후퇴했다는 인식은 위에서 서술한 응소의 주에서의 오류, 즉 위만조선의 도읍이고 따라서 낙랑군의 치소이기도 했던 '왕검성'을 요동군 관내의 '검독현'에 잘못 비정했던 설과도 서로 어울려 조선시대 지식인들에게 폭넓게 수용되었던 것이다.

예를 들면 윤근수(1537~1616)의 수필《월정만필(만록)》에서는 조공사절의 일원으로서 요동과 요서 지역을 실제로 여행했을 때, 그는 다음과 같은 견문을 기록하였다.

광녕성(북진) 북쪽으로 5리쯤 가면 기자의 우물이 있다. 그 부근에는 원래 기자의 묘가 있어서 사각의 두건(방건)을 두른 기자의 형상에 제사를 지내왔다. 그러나 가정 연간에 몽골이 태워버려서 지금은 없어졌다. 광녕이 기자의 봉역(封域) 안에 위치했기에, 혹은 기자가 가끔 그곳에 주유했기 때문에 그곳에 이와 같은 우물과 묘가 존재했던 것은 아닐까?[26]

---

25 歸而襲破走東胡, 東胡卻千餘里.《史記》〈匈奴傳〉.

기자의 우물과 기자의 묘가 있었다고 하는 광녕성(지금의 요녕성 북진)은 정확하게 말하면 요하의 서쪽 요서지역에 위치하지만, 넓은 의미에서는 요동 지역을 포함하여 일컬어지는 경우가 많았다. 명나라 때 요동 지배의 거점은 요양의 요동도사(遼東都司, 遼東都指揮使司)지만, 이와는 별개로 중앙으로부터 '진수요동총병관(鎭守遼東總兵官)'이라고 하는 군 사령관이 파견되었고, 대몽골 전선인 광녕성에 주재하였기 때문에 광녕성은 명나라 때에는 요동 지배에서 또 하나의 거점이 되었다. 한반도의 평양으로부터 멀리 떨어졌던 이 요서의 땅에 '기자'의 유적이 실제로 존재하고 있었다는 것이다.

기자동천설

윤근수의 이러한 견문으로부터 발전하여 조선후기에는 이른바 '기자동천설'이 왕성히 제창되었다. 이런 종류의 논의 중 전형적인 글로, 연행록의 압권이었던 명저 《열하일기》에 보이는 박지원(1737~1805)의 설에 귀를 기울여 보자.

> 《당서》〈배구전〉에서 "고려(고구려)는 본래 고죽국으로 주나라는 그곳에 기자를 봉했고, 한나라는 [그 옛 땅을] 4군(〈배구전〉에서는 3군)으로 나누었다."고 한다. 이른바 고죽의 땅은 지금의 영평부(하북성 노룡)이다. 또 광녕현(요녕성 북진)에서는 예로부터 기자묘가 있었고, [기자가] 은나라 때의 관[冔冠]을 두른 소상(塑像)이 있었지만, 황명(皇明)

26　廣寧城北五里許, 有箕子井. 傍近舊有箕子廟, 中有箕子戴方巾塑像. 嘉靖間, 爲豬子所燒, 今廢. 廣寧在箕子封內, 無亦箕子留駐此地, 而有井及廟耶.＿〈月汀漫筆(漫錄)〉《月汀先生別集》卷之四).

가정 연간에 병화로 소실되어 버렸다.(윤근수,《월정만필》) 이 광녕을 사람들은 때로는 '평양'이라고도 부른다.《금사》(정확하게는《원사》〈지리지〉) 및《문헌통고》(명나라 왕기의《속문헌통고》〈여지고〉)에서 광녕과 함평(정확하게는 함평만)은 모두 기자가 봉해졌던 토지라고 기록되어 있지만, 이로부터 추측하면 영평과 광녕 사이에도 하나의 '평양'이 있었을 것이다.

《요사》에 "발해의 현덕부는 본래 조선 땅으로 기자가 봉해진 평양성이다. 요나라는 발해를 격파하여 동경으로 했다."고 하는데, 즉 지금의 요양현(요녕성 요양)이 이것이었다. 이로부터 추측하면 요양현은 또 하나의 평양이다.

생각건대 기자는 최초로 영평과 광녕 사이에 도읍을 두었지만, 후에 연나라의 부장 진개에게 쫓겨 영지 2천 리를 잃고 차츰차츰 동방으로 이동하였다. 예를 들면 중국의 진(晋)나라와 송(宋)나라가 강남으로 건너갔던 것과 같은 것이다. 이동지의 도읍은 모두 '평양성'으로 칭했던 것이고, 지금 우리의 대동강변에 위치하는 '평양'은 즉 그 중의 하나였다.[27]

박지원의 이러한 논의는 중국의 역사서나 현지의 전승에 보이는 다양한 '평양'을 '기자의 동천'이라고 하는 관점에서 하나의 계통으로 통합시

---

27 唐書裴矩傳言, 高麗本孤竹國, 周以封箕子, 漢分四郡, 所謂孤竹地在今永平府. 又廣寧縣舊有箕子廟, 戴冔冠塑像, 皇明嘉靖時燬於兵火. 廣寧人或稱平壤. 金史及文獻通考, 俱言廣寧·咸平皆箕子封地. 以此推之, 永平·廣寧之間, 爲一平壤也. 遼史, 渤海顯德府本朝鮮地, 箕子所封平壤城, 遼破渤海, 改爲東京. 即今之遼陽縣是也. 以此推之, 遼陽縣爲一平壤也. 愚以爲箕氏初居永廣之間, 後爲燕將秦開所逐, 失地二千里, 漸東益徙. 如中國晉宋之南渡. 所止皆稱平壤, 今我大同江上平壤卽其一也. _《熱河日記》卷 1〈渡江錄〉 6月 28日 乙亥. 괄호 안은 인용자.

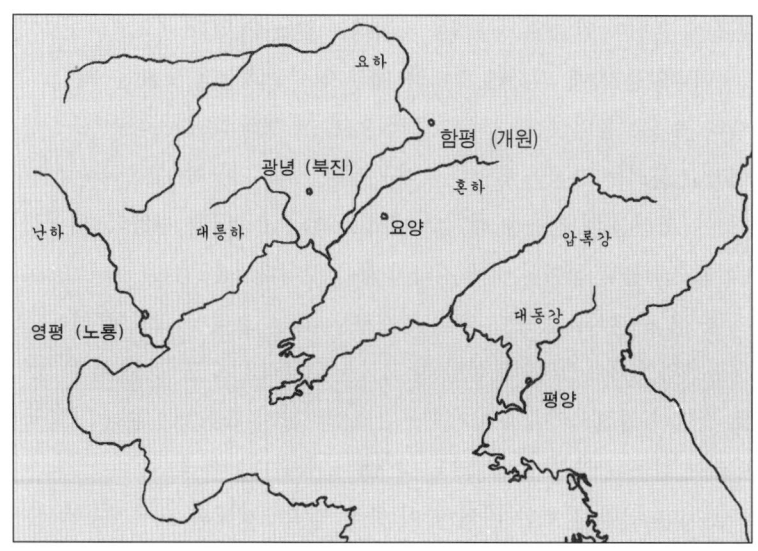

[지도 10] 기자동천설

킨 것으로, 언뜻 보면 훌륭한 논리적 명석함을 보이고 있다. 본래 기자의 도읍은 요서에 있었고, 그것이 중국인(연나라) 세력에 밀려 요동으로, 다음에는 한반도로 후퇴했다고 하는 것이다.[지도 10]

동천설 비판

그러나 이러한 동천설의 전제가 되는 여러 사료에 대해서는 사실은 다른 방향으로 해석할 수도 있다.

먼저 〈배구전〉(《수서》,《북사》,《신당서》,《구당서》)에 "고려(고구려)는 본래 고죽국으로 주나라는 그곳에 기자를 봉했고, 한나라는 [그 옛 땅을] 3군(정확하게는 4군)으로 나누었다."고 한 것을 살펴보면, 의미상 무언가 전승에 혼선이 있었을 가능성을 지적하지 않을 수 없다.

《대명일통지》에 의하면 명나라 때의 영평부(하북성 노룡)는 백이·숙제의 고사로 유명한 고대의 '고죽국'으로, 그 영역 내에는 따로 '조선성'이라고 불리는 고적이 있었다. 〈배구전〉에서의 '고구려·고죽국설'은 아마 이 '조선성'의 전승을 매개로 해서 노룡의 고죽국과 평양의 '낙랑군'(즉 고구려)을 혼동했던 것에 지나지 않을 것이다.

좀 더 구체적으로 말하자면, 영평부(노룡)는 고대의 '고죽국'인데 그 영평부의 영내에 있던 '조선성'의 고적을 고구려의 수도 '평양'의 유적으로 간단히 연결시키다 보니, 〈배구전〉처럼 '고려(고구려)는 본래 고죽국'이라는 잘못된 인식이 생겨났을 것으로 추측된다.

그러나 이미 검토한 바와 같이 중국 남북조시대의 요서지방에서는 '낙랑군'의 유민을 모은 '낙랑군', '조선현' 등의 교군·교현이 존재했다.(제1장 제3절) 이러한 교군·교현에 거주했던 낙랑군 유민들은 그 이주지에서도 '기자'의 후예로서 자의식을 계속 가지고 있었다. 따라서 명나라 때의 영평부(노룡)에 있었다고 하는 '조선성'의 고적은 실제로는 '기자조선' 그것이 아니고, 한반도로부터 요서지방으로 철퇴했던 '낙랑교군'의 잔영에 지나지 않을 것이다.

《요사》〈지리지〉의 평양

다음으로 지금의 요녕성 요양을 평양으로 보는 설이지만, 이것에 대해서는 먼저 그 논거가 되었던《요사》〈지리지〉기재의 신빙성을 검토하지 않을 수 없다.

요나라의 동경 요양부는 본래 조선의 땅으로, 주나라 무왕이 이 땅에 기자를 봉건했다. 한나라 초에는 연나라 사람 위만의 조선국으로 되었고, 무제가 이를 평정하여 진번·임둔·낙랑·현도의 4군으로 삼았지만, 진(晉)나라 때 고려(고구려)에 병탄되었다. 북위의 태무제는 사자를 보내서 그 도읍인 평양성에 이르렀다. 요나라의 동경은 이 평양성을 기초로 한다. 당나라의 고종이 고려(고구려)를 평정하고 이 땅에 안동도호부를 설치했지만, 그 후 발해의 대씨에게 병탄되었다. 당나라의 중종은 그 도읍에 홀한주라는 이름을 주었고, 그 왕을 발해군왕에 봉했다. 홀한주는 즉 본래 평양성이고, 이것을 중경 현덕부라고 불렀다. 요나라의 태조가 건국하면서 발해를 공격하여 홀한성을 빼앗고 그 왕 대인선을 포로로 잡았다. 그 옛 땅은 동란왕국으로 하고 태자 도욕(돌욕)을 세워 인황왕으로 삼아 이를 통치하게 하였다. 그 후 신책 4년(919)에 요양 옛 성을 수리하고, 발해와 한호(漢戶)로써 동평군을 세워 방어주(防禦州)로 하였다. 천현 3년(928)에 동란국의 백성을 옮겨 요양에 거주시키고, 남경으로 격상하였다.[28]

이에 의하면 요나라 때의 동경요양부(지금의 요녕성 요양)는 즉 고구려의 도읍인 평양(지금 북한의 평양)이었고, 발해의 도읍 홀한성(흑룡강성 영안의 동경성)이었으며, 또한 요대 초기의 남경(요양)이었다고 한다. 지리

---

28 東京遼陽府, 本朝鮮之地. 周武王釋箕子囚, 去之朝鮮, 因以封之. (······) 漢初, 燕人滿王故空地. 武帝元封三年, 定朝鮮爲眞番·臨屯·樂浪·玄菟四郡. (······) 晉陷高麗, 後歸慕容垂 ; 子寶, 以勾麗王安爲平州牧居之. 元魏太武遣使至其所居平壤城, 遼東京本此. (······) 唐高宗平高麗, 於此置安東都護府 ; 後爲渤海大氏所有. (······) 中宗賜所都曰忽汗州, 封渤海郡王. (······) 忽汗州即故平壤城也, 號中京顯德府. 太祖建國, 攻渤海, 拔忽汗城, 俘其王大諲譔, 以爲東丹王國, 立太子圖欲爲人皇王以主之. 神冊四年, 葺遼陽故城, 以渤海·漢戶建東平郡, 爲防禦州. 天顯三年, 遷東丹國民居之, 升爲南京. (······) _《遼史》卷38〈地理志〉2 '東京都 東京遼陽府'.

적으로는 완전히 지리멸렬하지만, 그러나 견해를 바꾸면 그 나름대로 줄거리가 통하는 멋진 역사기술이 되었던 것을 알 수 있다.

무릇 요나라 때에는 주현의 이동이 자주 일어났고, 주현을 구성하는 사람들이 사민정책(강제 이주 정책)에 의해 별개의 지역에 이주하면 그 이주지에 원래의 주현명도 그대로 이전하는 일이 일상다반사였다. 이 때문에 평양의 지명에 대해서도《요사》〈지리지〉의 찬자는 고구려 유민의 이주를 뒤쫓아 그 이주지를 '평양'으로 기술했던 것이다.

좀 더 구체적으로 검토해 보자. 우선 고구려(및 그 지배 하의 속말말갈)의 유민은 당나라의 사민정책에 의해 요서회랑의 영주(조양) 부근으로 이주했고, 다음에 대조영의 반란에 따라 모란강 상류 지역의 홀한성(길림성 돈화 또는 화룡시의 서고성), 다음에 중류지역의 홀한성(흑룡강성 영안의 동경성)으로 이주했다. 그리하여 최후로 발해를 멸망시켰던 거란(요)은 발해의 유민인 동란국 백성을 요양으로 이주시키고, 이것을 남경이라 했다가, 뒤에는 동경으로 바꾸었다.

따라서 지금의 요녕성 요양을 평양으로 간주하는 박지원의 동천설은《요사》〈지리지〉의 기술을 무비판적으로 받아들인 잘못된 설이라고 하지 않을 수 없다. 기타 금나라의 함평부(지금의 개원)를 '기자가 봉해졌던 땅'이라 하는《금사》(정확하게는《원사》〈지리지〉) 및《문헌통고》(명나라 왕기의《속문헌통고》〈여지고〉)의 설도, 요점은 함평의 군호(軍號, 안동군)를 평양의 '안동도호부'로 간단히 연결시킨 잘못된 설에 지나지 않는 것이다.

박지원은 중국의 역사서에 보이는 다양한 '평양' 기술에서 '기자의 동천'이라고 하는 장대한 체계를 묘사하였고, 이 '동천설'을 기초로 해서 '조선'의 영역을 한반도만이 아니고 본래 요동과 요서지방에까지 펼쳐졌음을 논증하고자 했다. 그렇지만 중국의 역사서에 남아있는 다양한 '평양'의 존재가 반드시 기자 '동천'이라는 사실을 나타내는 것은 아니다. 그것은 물론 기자의 후예로서의 자의식을 가졌던 낙랑 유민과 고구려 유민의 이동의 자취[이른바 전승의 '서천(西遷)']을 나타냈던 것에 지나지 않는다.

3.
요동과 삼한

요동의 조선인

조선시대 사람들은 요동을 조선의 고지로 간주하고 있었지만, 그 인식은 대개 사실의 오해에 기초하는 공상적이고 관념적인 데 지나지 않았다. 그러나 요동지방에 실제로 '고려인(조선인)'이 거주하고 있었다는 사실은 그 지역을 '조선'의 고지로 간주하는 한반도 사람들의 영역관을 한층 더 확실한 것으로 강화시켰다.

한반도, 특히 그 서북부로부터 요동지역으로의 인구 이동은 옛날에는 낙랑군 멸망에 따른 낙랑 유민의 철수, 또한 고구려 멸망에 따른 고구려 유민의 강제이주, 그리고 거란의 침공에 따라 고려 변민의 '삼한현(三韓縣)' 강제이주로 역사상 기록이 남아 있다.

1018년, 고려에 친정했던 거란의 성종은 삼한의 백성을 포로로 연행하고 내몽골 방면의 대정부·고주에 '삼한현'을 설치했지만,《요사》〈지리지〉및《금사》〈지리지〉의 기술에 의하면 여기에서 말하는 '삼한'은 '진한' 즉 부여(백제), '변한' 즉 신라, '마한' 즉 고려(고구려)를 가리키는 것이었다. 이른바 고구려-마한설의 일종이다.

그런데 이러한 것들은 전란에 따른 일시적인 현상이지 반드시 한반도 사람들의 지속적인 이주 현상이라고 할 수는 없다. 이에 대해 고려 후기, 특히 몽골 침공 이후에는 한반도의 서북부로부터 요동지역으로 향하는 사람들의 유망 현상이 본격화되었고, 요양과 심양에서는 요동 고려인들의 대규모 집단사회가 형성되고 있었다.

이미 언급한 바와 같이(제4장 제3절) 그 직접적 계기는 1233년(고종 20년)에 서경(평양)에서 일어났던 홍복원 등의 반란이었다.[29] 이 반란 자체는 정부군의 반격으로 평정되었지만, 홍복원이 인솔한 변민들은 요동지역으로 물러나 요양과 심양에 고려인 사회를 형성했고, 그 땅에서 몽골의 직접 지배에 복속하게 되었다. 원나라 때의 심양에 세워졌던 〈심양로 성황묘비〉의 음각에는 이 지역 고려계 사람들의 존재가 분명하게 새겨져 있다.[그림 9]

또 1270년(원종 11년)의 '출륙환도'(강화도로부터 개경으로 재천도)에 즈음하여 야기되었던 서경(평양) 변민들의 반란에 의해 해당 지역(자비령 이북)은 일시적으로 몽골의 직할령이 되었고, 몽골은 서경에 '동녕부'를 설치하여 고려의 변민들을 직접 지배했다. 그 후 1290년에 '동녕부'가 폐지되면서 이 지역이 고려에 반환될 즈음에도 요동방면(요양)으로 물러났던 동녕부(후의 동녕위)에는 다수의 고려인이 호적에 편입되었다.

이처럼 고려 말의 요동지역(특히 요양과 심양)에서는 유망 고려인들이 일종의 집단사회를 형성해서 가볍게 볼 수만은 없는 세력을 떨쳤고, 몽골(원나라)의 권세를 빌어 누차 고려 본국의 내정까지 간섭하고 있었다. 이 때문에 고려 정부는 압록강의 국경선을 넘어 고려 말에 수 차례 요동 원정을 결행하기도 했다. 그러나 그것은 요동을 차지하기 위한 영토적

---

29 《高麗史》〈洪福源傳〉.

[그림 9] 심양로 성황묘비 음기(탁본, 부분)
심양로 성황묘 건립에 공덕을 세운 관원의 이름을 새긴 제명비. '총관고려여직한군도만호부(總管高麗女直漢軍都萬戶府)'라는 관원의 명칭이 여러 차례 보인다.(경도대학 인문과학연구소 소장)

야심에 기초한 원정이었다기보다는 오히려 본국에 간섭을 반복하는 요동 고려인들의 군사적·경제적 기반을 파괴하기 위한 전략적인 원정이었다.

우리나라는 [중국의] 요임금과 같은 시기에 있었고 [그때 건국되었던 단군조선의 정통을 이어받아] 주나라의 무왕은 [단군의 뒤를 계승한] 기자를 조선에 봉하고, 기자에게 그 디딘 곳의 땅을 주어, 서쪽으로 요하에 이르기까지 대대로 영토로 지켜왔다. …… 대개 요하 이동 우리나라의 영역 내 인민, 크고 작은 두령 등은 신속히 내조해서 함께 [우리나라의] 작록을 누릴 일이다. 만약 반항하고자 한다면 동경(요양)처럼 [우리나라의] 공략을 받게 될 것이다.[30]

이는 1370년(공민왕 19년)에 고려군이 요동의 동녕부를 공략했을 즈음, 요동반도의 금주·복주 등에 거주하는 요동 고려인에 대해 고려군이 공표한 방문의 일부분이다. 여기서는 고려가 '요임금과 병립'했다는 단군조선을 계승하고, 또 기자조선을 계승해서 요하 이동을 역사적으로 영유해 왔다는 관념이 단적으로 드러나 있음에 주목하고자 한다.

고려가 일련의 요동 원정을 결행했던 목적은 본래 본국에서 도망쳤던 요동 고려인들의 군사·경제적 기반을 파괴하고, 그들의 본국에 대한 간섭 행위를 차단하는 데 있었다. 그럼에도 불구하고 그것은 결코 중국(원나라)에 대한 반역 행위는 아니고, 어디까지나 '우리 집의 청전'인 요동

---

30 本國與堯並立, 周武王封箕子于朝鮮, 而賜之履, 西至于遼河, 世守疆域.(……)凡遼河以東, 本國疆內之民, 大小頭目等, 速自來朝, 共享爵祿. 如有不庭, 鑑在東京. 《高麗史》〈池龍壽傳〉.

지역에서의 '영역 내' 행동에 지나지 않았다.

 그러한 명분을 내세움으로써 고려는 요동 고려인들의 본국 간섭 행위를 차단함과 동시에 중국(원나라)으로부터의 문책을 사전에 회피하고자 했을 것이다.

최부의 《표해록》

서북 변민의 요동지역 유망은 조선시대에 들어서까지도 잇따라 수면 위로 진행되고 있었다. 특히 조선전기(태종·세종 시기)에 걸친 요동 유민 집단의 조선 유입과, 그들의 요동 송환에 따른 인구 이동, 또 조선중기(인조 시기)에 걸친 후금과 청나라의 침공 및 그에 따른 조선 인구의 약탈 등을 주요 요인으로 해서 한반도의 서북부(평안도)로부터 요동지역으로 대량의 인구 유출이 있었던 것으로 알려져 있다.

 1488년(조선 성종 19년), 집안에 상을 당하여 제주도의 임지에서 귀향하는 도중 태풍을 만나 표류했다가 중국 강남지방(절강성 台州府 臨海縣)에 도착했던 조선 문인 최부(1454~1504)는 그곳에서 중국 관헌의 보호를 받아 항주와 진강·양주·북경·요양을 경유하여 서울로 귀환했다. 그 사이 요동지역에서 보고 들었던 요동 조선인 사회에 대해 그는 다음과 같은 대단히 흥미로운 기록을 남기고 있다.

> 해주와 요동(요양) 등지의 인민은 3분의 1은 중국인이고 3분의 1은 우리 조선인이며 3분의 1은 여진인이다. [요양의 동남 삼십오리의] 석문령에서 이남 압록강에 이르기까지[의 지역에 거주하는 자]는 대체로 우리 조선에서 이주해 왔던 자이다. 그 관과 의상, 말씨와 여성의 머리 장식 등은 대개 우리나라와 같다.[31]

이 기록에 의하면 요동지역 주민의 약 3분의 1은 조선계이고, 또 석문령에서 압록강에 이르는 이른바 '동팔참(東八站)'의 지역 주민은 모두 조선 유망민이었다고 한다.

또 최부가 요양에 있을 때 '계면(戒勉)'이라는 조선어를 하는 승려가 최부를 방문했다. 그의 말에 의하면 그는 스스로를 포함한 요동 조선인을 '고구려'의 역사를 이은 고려인(조선인)으로 인식하고 있었던 것을 알 수 있다.

이 지역(요양)은 본래 본국(조선)의 경계에 가까워서 본국인의 왕래가 매우 많습니다. …… 이 지역은 고대에 우리 고구려의 도읍이었고[32] 빼앗겨 중국의 영역이 되고 나서 이미 천년 이상 되었습니다만, 우리 고구려의 유풍 유속은 여전히 없어지지 않았습니다.[33]

위에서 서술한 바와 같이 요동 조선인 사회의 성립은 직접적으로는 몽골 침략기 이래 고려 변민의 유망에서 기원하는 것으로, 그것을 통일신라 이전 고구려의 '유풍 유속'과 직접 결부시킬 수는 없다. 계면 자신은 기껏해야 3세대 전에 요동지역에 유망해 왔던 고려인(조선인)의 자손에 지나지 않는 것이다.

그렇다고는 하지만 본국으로부터 다른 나라의 땅에 유망하고 한인 ·

---

31 海州 · 遼東等處人, 半是中國, 半是我國, 半是女眞. 石門嶺以南, 至鴨綠江, 都是我國人移住者. 其冠裳語音及女首飾, 類與我國同. 《漂海錄》弘治 元年 6月 初4日.
32 요양을 '고구려의 수도'로 부르는 것은 물론 잘못이다. 그러나 《요사》《지리지》에도 보이는 대로 요양도 어떤 의미에서는 고구려의 수도 평양의 전통을 이어받은 도시인 것도 확실하다.
33 此方地近本國界, 故本國人來住者甚夥, (……) 此方卽古我高句麗之都, 奪屬中國千有餘載. 我高句麗流風遺俗, 猶有未殄. 《漂海錄》弘治 元年 5月 24日.

여진인들과 더불어 살아가지 않으면 안 되었던 요동 조선인들이 고려인(조선인)으로서의 정체성을 가지고 있었던 것은 그 땅이 '고구려'의 옛 땅이라고 하는 것, 따라서 스스로가 고려인(조선인) 즉 고구려의 '유풍유속'을 이어받은 그 땅의 본래의 소유자라는 숨겨진 자부심이었을 것이다.

이러한 요동 조선인들의 역사관은 압록강 이남의 '본국' 사람들에 의해서도 공유되고 있었고, 요동지역을 '우리 집의 청전'으로 간주하는 조선인들의 전통적인 영역관에 한층 확실한 '증거'를 부여하는 근거가 되었다. 단군조선과 기자조선, 그리고 고구려에 의한 요동지배 전통이라고 하는, 그 자체로는 공상적·관념적인 영역관은 이제 요동 조선인 사회라고 하는 확고한 '실체'를 갖추게 되었던 것이다.

요동을 '삼한'이라고 지칭한 데 대하여

요동지역을 '조선'의 옛 땅으로 간주하는 조선시대 사람들의 영역관은 같은 시대의 중국인이 요동 지역을 '삼한'이라고 지칭한 것에 의해서도 전혀 다른 각도에서 보강되었다.

명말청초의 고증학자 고염무(1613~1682)는 '삼한'에 관한 역사서의 기술을 상세하게 검토한 위에, 요동지역을 '삼한'이라고 부른 명말청초의 관례에 대해서 다음과 같이 통렬하게 비판하고 있다.

지금 사람들은 요동을 삼한으로 부르는데, 이것은 [중국의] 내지를 외국으로 간주하는 것이다. 그 기원을 찾아보면, 천계 초년(1621년)에 [후금의 침략에 의해] 요양을 잃은 이후의 장주(章奏, 장계)에서 마침내 '요동'의 사람들을 '삼한'이라 칭한 바 있었던 일에 기초하고 있지만, [이것은 상실했던 자국의 영토를] 외국으로 간주하는 것이다. 지금 요동 사람들은 스스로 '삼한'인이라 부르고 있지만, 이것도 또한 스스로를 외국인이라 하고 있는 것이다.[34]

청나라에서 주는 벼슬을 거절했던 민족주의자 고염무는 본래 명나라 영토였던 '요동'을 마치 이민족의 영역이 아닌가 하여 삼한이라고 부르던 명말청초의 관례에 대해서 강하게 이의를 주장하였다.

무엇보다 요동지역을 삼한으로 부른 것이 반드시 천계 연간의 장주(章奏)의 글에서 시작된 것은 아니다. 예를 들어 1537년(가정 16년) 중수한 《요동지》〈건치지〉의 기술에 의하면 명나라 때 요동 지배 거점인 요양성의 '도사(都司, 요동도지휘사사)'의 문앞에는 '삼한곤기(三韓閫寄)'라는 편액이 걸려 있었고, 또 하나의 거점인 광녕성(북진)의 '총진부(總鎭府, 진수요동총병관의 아문)'의 동쪽 문에는 '삼한사령(三韓司令)'이라는 편액이 걸려 있었다고 한다. 따라서 요동을 삼한이라고 부른 것이 반드시 그 지역을 '외국'으로 간주하여 포기해 버린 데 따른 것이라고는 생각할 수 없다.

오히려 명나라 당시 중국인의 입장에서 보면, 일시적으로나마 '삼한'의 전부(고구려·백제·신라의 옛 땅인 요동 및 한반도의 전역)를 지배했던 당나라 안동도호부의 영역을 명나라가 계승한다는 의식의 표출로 이용되었던 것 같다.

---

[34] 今人乃謂遼東爲三韓, 是以內地而目之爲外國也. 原其故, 本於天啓初失遼陽, 以後章奏之文遂有謂遼人爲三韓者, 外之也. 今遼人乃以之自稱, 夫亦自外也已. 《日知錄》卷 29 〈三韓〉.

청나라 건륭제의 삼한설

이에 대해서 청나라의 건륭제(재위 1735~1795)는 더욱 독특한 삼한설을 전개하였다.

> 삼한 건국의 처음과 끝에 대해서는 역사서에 기술이 저마다 다르게 되어 있지만, 대략의 방향에서 기준을 구하면 아마 지금의 봉천(심양)의 동북방 길림 일대에 위치하고, 그 영역은 조선과 접하고 있어 우리나라가 창건했던 곳(인 영고탑)에서 가깝다.[35]
>
> 삼한의 이름에 대해서는 오로지 '진한·마한·변한'으로 열기되었을 뿐, 그 말뜻은 자세하지 않다. 생각건대 당시의 삼국에서는 반드시 3인의 '한(汗, 칸)'이 있었고, 저마다 일국을 통치하였을 것이다. [그런데] 역사가들은 '한(汗, 칸)'이 군장의 칭호인 것을 알지 못하고, 결국 같은 음인 '한(韓)'자로 오역해 버리고 말았다. …… 당나라 때의 이른바 '계림'도 틀림없이 지금의 '길림'을 잘못 표기한 것일 것이다. 그래서 신라나 백제 등의 여러 나라도 모두 [길림] 부근의 땅에 있었다. 오로지 옛 사람은 [이 점을] 고증할 수 없었기 때문에 명나라 말기의 광탄한 무리가 [역사서에서 관련되는] 글귀를 찾아내 마음대로 [삼한의 역사를] 왜곡하였다. 이런 것은 미친개가 짓는 것과 같아 일부러 상대할 필요도 없지만, 오류가 심한 잘못에 대해서는 비판을 올바르게 해야 한다.[36]

---

35 考三韓建國本末, 諸史率多牴牾, 以方位準之, 盖在今奉天東北吉林一帶, 壤接朝鮮與, 我國朝始基之地相近. 《欽定滿洲原流考》卷 2 〈部族門〉 '御製三韓訂謬'.

건륭제는 '삼한' 땅을 '길림' 주변으로 비정하고, 이것을 '만주'의 원류 중 하나로 자리매김하고 있다. 신라의 별칭인 '계림'을 '길림'에 결부하는 등은 자못 견강부회한 망설이지만, 거기에는 '삼한'의 흐름을 이어받은 고구려·부여·백제 및 특히 신라를 만주(여진)의 동족으로 생각하는 인식(실제로 조선을 속국으로 지배하고 있던 만주 중심의 역사의식)이 작용하고 있었을 것이다.

이 경우, 요동을 삼한으로 지칭했던 명청시대의 관례는 틀림없이 '삼한'을 만주의 원류 중 하나로 간주했던 역사를 답습하였던 것으로, 결코 명말의 '광탄의 무리', 즉 고염무가 말하는 천계 연간의 장주(章奏)의 문장에서 비롯된 것은 아니라고 하는 말이 된다. 말하자면 건륭제의 이른바 '삼한'은 한반도를 포함한 광의의 요동을 가리키는 말로서 사용되었다.

그렇지만 '삼한'의 역사를 자국의 원류로 간주하는 한반도의 사람들로서는 '삼한'은 말할 필요도 없이 '한반도'를 의미했다. 이 때문에 명청시대의 중국인들이 요동지역을 '삼한'이라고 부른 것은 한반도 사람들의 전통적인 영역관(이른바 요동 지역이 '우리 집의 청전'이며, 그것은 한반도에 속한다는 관념)을 한층 더 강화해 갔다.

---

36 若夫三韓命名第列辰韓馬韓弁韓, 而不詳其義意當時三國必有三汗, 各統其一, 史家不知汗爲君長之稱, 遂以音同誤譯(……)若唐時所稱雞林, 應即今吉林之訛, 而新羅百濟諸國亦皆其附近之地, 顧昔人無能考証者致明季狂誕之徒尋摘字句肆爲詆毀, 此如桀犬之吠無庸深較, 而舛誤之甚者則不可以不辨. 《欽定滿洲原流考》卷首〈諭旨〉.

6

간도로 가는 길
: 조선시대(Ⅱ)

앞 장에서는 근세 조선시대의 고조선(단군조선·기자조선) 계승의식과 요동지역에 대한 영토의식을 검토했지만, 그 시대 한반도 사람들의 민족의식과 영역의식에 결정적인 변화를 가져왔던 또 하나의 중요한 사건을 결코 잊어서는 안 된다. 바로 고구려의 옛 땅이자 조선왕조의 발상지이기도 했던 동북면(함경도)의 개척이다.

조선시대 함경도 개척에 의해 동북면의 조선 국경선은 처음으로 두만강 하류지역에까지 도달했다. 말할 필요도 없이 그것은 지금의 중국과 한반도 사이의 국경선이다. 그러나 한반도 사람들의 영역의식은 두만강 라인에 머물지 않고 그 북방의 간도지역으로까지 펼쳐져 갔다.

1. 동북 방면의 개척

쌍성총관부 공략

조선시대 동북 방면 개척을 검토하기 위해서는 잠시 고려말까지 소급해서 그 지역 개척의 역사를 복습해야 한다.

1356년(공민왕 5년), 고려 정부는 이른바 '반원운동'을 개시하고 동북 방면에 군사를 보내 중국 원나라의 '쌍성총관부'를 공략했다. 이보다 앞서 1258년(고종 45년) 최씨 무신정권 붕괴에 즈음하여 화주(영흥) 이북, 정주(정평) 이남의 동북 변민이 반란을 일으키고 몽골에 투항하자, 몽골 정부는 이 지역에 쌍성총관부를 설치하고 망명 고려인을 총관에 임명하여 직접 지배를 실시하였다. 그런데 중국 본토에서 몽골(원나라) 세력이 쇠망하자 고려는 이 기회를 틈타 쌍성총관부를 공략하고 약 100년만에 화주 이북의 옛 영토를 회수하는 데 성공하였다.

이 때 고려에 내응했던 현지의 토호 세력 중에 이자춘이라는 사람이 있었는데, 그의 아들이 후에 조선왕조를 창건하는 이성계(태조 李旦)였다.

화주 이북의 옛 영토를 회수했던 고려는 그 기세를 틈타 다음에는 '합란·홍헌·삼철' 지역(본래 여진의 영역이었던 함흥·홍원·북청 지역)도 병합하였다. 이들 지역이 어렵지 않게 고려의 영역으로 편입되었던 것은 본래 이들 지역이 쌍성총관부 토호들의 세력권 내에 포함되어 있었기 때문일 것이다. 이리하여 고려 말 동북 방면은 대강 이판령(마천령磨天嶺, 지금은 摩天嶺이라고도 표기) 이남 지금의 함경남도 일대까지 확대되었다.

그런데 원나라를 몰아내고 중국을 통일했던 명나라는 원나라의 옛 영역을 접수한다는 명목으로 철령 이북에 새로이 '철령위'를 설치한다는 방침을 명확히 내세웠다. 이른바 철령은 지금의 강원도 회양 북쪽에 위치한 분수령으로 조선시대에는 강원도와 함경도의 경계였다. 철령 이북의 함경도에 상당하는 지역을 명나라가 통째로 접수하고자 했던 것이다.[1]

이러한 움직임에 반발했던 고려는 명나라의 동북 방면 간섭을 차단하기 위해 요동 원정을 결행했지만, 도중에 이성계 등의 쿠데타(위화도 회군)가 일어났다. 이 사건이 이성계에 의한 혁명의 전주곡이었던 것은 이미 기술한 바와 같다.(제4장 제3절)

이후에 조선왕조가 성립하자 동북 변경 개척은 명나라의 간섭 배제를 목적으로 더욱 정력적으로 추진되었다. 이판령 이북의 길주 지역에서는 이미 위화도 회군 이후 1390년(공양왕 2년)에 만호부가 설치되었는데, 이어서 1398년(태조 7년)에는 경성(鏡城) 지역에도 만호부를 설치했고, 또 왕실의 발상지로 간주되던 공주(孔州) 지역에도 경원부(경흥의 옛 경원부)가 설치되었다. 이리하여 이판령[2] 이북 지금의 함경북도의 일대 개

---

[1] 명나라는 철령 이남 지방에 철령위를 설치하고자 했지만, 이 계획은 결국 실패로 끝나고 철령위는 요동지방으로 철수하였다. 오늘날의 요녕성 철령이 바로 그곳이다.

척이 진행되었고, 다음에는 그 영역이 두만강 하류지역까지 도달하였다.

그러나 태종조에 들어서면서 조선 세력은 다소 후퇴했고, 경성 이북 지역은 여진인들에게 빼앗겨 버렸다. 이 때문에 왕실의 발상지로 간주되는 공주의 경원부는 1411년(태종 10년)에 폐지되어 경성 지역으로 물러나고, 동시에 이성계의 고조부인 목조(이안사)의 분묘(덕릉)도 공주에서 함흥으로 이전되었다.

이리하여 조선 왕실의 발상지는 일단은 방기되었다. 그러나 그 공주 지역에 명나라가 여진인의 기미위(羈縻衛)를 설치한다고 하는 풍문이 전해져 오자 이에 위기감을 느낀 조선왕조는 다시 동북면의 개척에 힘을 쏟았고, 세종대에는 유명한 김종서(1390~1453)의 활약으로 이른바 '6진'의 개척에 성공한다. 구체적으로는 1417년(태종 17년)에 경성 북쪽의 부거(富居) 지역에 경원부를 다시 설치하고, 1428년(세종 10년)에는 경원부를 지금의 경원 지역으로 이설하였다. 또 1434년(세종 16년)에 회령진을 설치하였고, 다음 1435년(세종 17년)에 지금의 행영 지역에 종성진을 설치했다. 더욱이 1437년(세종 19년)에 경흥진을 설치하였고, 1440년(세종 22년)에는 종성진을 지금의 종성 지역으로 옮겼으며, 1440년(세종 22년)에 은성진을 설치하였고, 1449년(세종 31년)에 부령진을 설치해서 이른바 '6진' 체제가 완성되었다.[다만 1735년(영조 11년) 이후는 부령진 대신에 무산진을 더하여 6진이라 하였다.]

이처럼 6진 개척의 성공으로 조선왕조는 두만강 라인의 국경선을 점차로 확고히 할 수 있었다.[지도 11]

---

2 이판(Iham)은 여진어로 '소(牛)'를 뜻한다.(《신증동국여지승》《함경도》 단천 '산천'조) 함경도에는 여진어(만주어)에서 유래하는 지명이 많다.

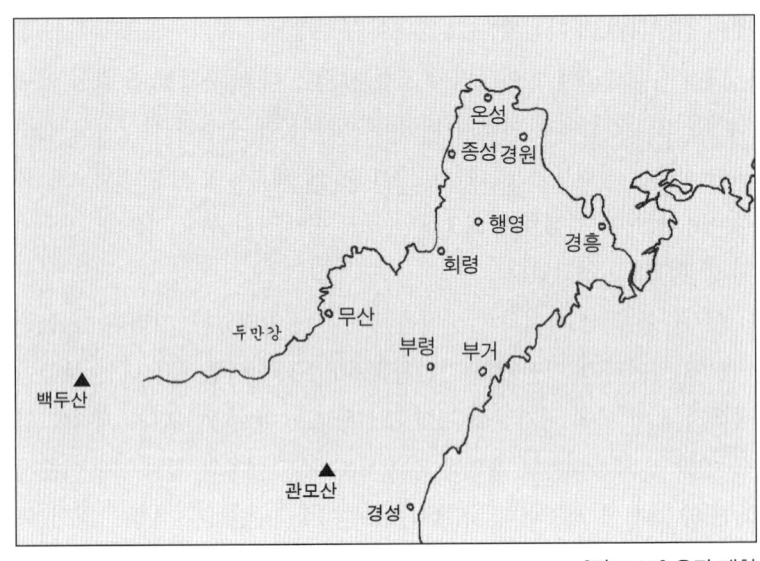

[지도 11] 육진 개척

개척을 지탱한 영역관

조선시대의 함경도 개척은 일면에서는 여진 세력의 복속과 동화의 역사이기도 했다. 본래 함경도 방면은 말갈과 여진의 영역이었지만, 조선인들은 그곳을 고구려의 옛 영역으로 간주했고, 또한 고려시대에 윤관이 개척했던 9성의 영역으로 간주해서 그 땅을 여진 세력으로부터 '회수'했던 것이다.

이보다 앞서 고려시대에 윤관이 9성을 개척했을 때에도 고구려의 옛 영역 회수라는 명분을 내걸었다. 또한 쌍성총관부의 옛 영역을 회수했던 고려가 다음에 이판령 이남의 함흥·홍원·북청 지역을 공략했을 때에도 고려 정부는 원나라에 대해 "이 땅이 본국의 옛 땅이었다."고 주장했다.[3] 본래는 윤관이 개척했던 9성 영역 내에 포함되어 있었다는 주장이다. 이후에 명나라가 철령위 설치 방침을 명확하게 내세우자, 이에 대해서도 고려는 그 지역이 윤관이 개척했던 9성 영역에 속한다고 하여 고려측의 영유권을 강하게 주장하였다.

이와 같이 함경도 방면의 개척에 대해서는 그것이 고구려의 옛 영역이며, 윤관이 개척했던 9성의 영역에 속한다는 것이 당시에 내걸었던 명분이었다. 그렇다면 윤관이 개척했던 9성의 영역은 구체적으로 어디까지였을까?

이미 제4장 제1절에서 소개한 바와 같이, 이른바 9성 영역을 함흥평야 일대로 간주하는 이케우치 히로시(1878~1952)의 설이 현재 통설로 널리 받아들여지고 있다. 물론 그 자체에 이견은 없다. 그러나 고려 말·조선초기 사람들의 인식에 의하면, 이판령 이남의 함흥·홍원·북청 지역은 본래 9성의 영역에 속하고, 또 두만강 내외(이남, 이북)의 넓은 지역도 본래는 9성의 영역에 속하는 것으로 간주되고 있었다.

1391년(공양왕 3년), 고려 정부는 사신을 보내서 두만강 유역의 여진인을 불러 타이르고, 이에 응해서 동년 내에 오도리(斡都里), 올량합(兀良哈) 등의 여진 수장이 고려의 수도 개경에 내조했다. 그 다음해(공양왕 4년), 고려는 다시 사신을 보내 두만강 이북의 여진인에게 다시 내조할 것을 다그치는 문서를 보냈는데, 그 한 귀절에는,

그곳에 있는 속빈, 실적멱, 몽골, 개양, 실련, 팔린, 안돈, 압란, 희날올,

---

3   都堂呈行省書曰, "照得雙城·三撒等處, 元是本國地面, 北至伊板爲界. (……)"《高麗史》恭愍王世家》6年(1357년) 8月.

올리인, 고리한, 노별, 올적개 등의 지역은 본디 우리나라 공험진의 경내에 속하므로 일찍이 불러서 유시하였다.[4]

라고 하는 이야기가 있다. 여기에는 9성의 영역을 두만강 내외에까지 확대해서 파악하고 있던 당시 사람들의 영역관이 단적으로 나타나고 있다.

이른바 '공험진'은 《고려사》〈지리지〉에 의하면 '선춘령 동남, 백두산 동북'의 '소하강 근처'에 위치했다고 하지만, 이 중 '선춘령'은 《용비어천가》(권7 제53장)의 주석에 속평강 근처의 '길주'(현재 흑룡강성 영안 동경성)에서 보이며, 서쪽으로 걸어서 4일 거리에 위치했다고 하므로 대강 지금의 장광재령에서 산으로 이어진 곳에 비정될 수 있다.

이 장광재령의 동남에 '공험진의 경내'가 있었다고 하지만, 이 중 '속빈(速頻)'이라고 하는 곳은 현재 중국과 러시아(연해주)의 경계를 걸쳐서 흐르는 수분하를 가리키는 것으로, 그 유역에는 발해 및 요나라 때에 솔빈부가 설치되어 있었다. 또 금나라 때에는 이것을 '소빈수(蘇濱水)'라 했고, 그 유역에 '속빈로(速頻路, 恤品路)'가 설치되어 있었다. 이들 중국 사료에 나타나는 솔빈(率濱)·소빈(蘇濱)·속빈(速頻)·휼품(恤品)은 모두 같은 음을 다르게 표기한 것에 지나지 않는다.

또한 '개양(改陽)'은 '개양(開陽)', 즉 '거양성(巨陽城)'을 가리키는 것으로, 이는 원나라 때의 개원만호부(開元萬戶府, 東寧의 옛 開元站)에 비정된다. 그 밖의 지명에 대해서는 선학의 고증으로[5] 미루지만, 어쨌든

---

4 所有速頻·失的覓·蒙骨·改陽·實憐·八隣·安頓·押蘭·喜刺兀·兀里因·古里罕·魯別·兀的改 地面, 原係本國公嶮鎭境內, 旣已曾經招諭, 至今未見歸附, 於理不順. 《高麗史》〈恭讓王世家〉4年 (1392) 3月 庚子.

윤관이 개척했던 9성의 영역(그 북단에 위치한 공험진의 경내)은 고려말·조선초기 사람들의 과대한 인식으로는 대강 장광재령으로부터 수분하 유역, 나아가 연해주 남부에까지 펼쳐져 있었다. 그것은 나중에 '간도성(間島省)'이라고 불렸던 지역인데, 현재 '연변조선족자치주'라고 불리는 지역과 대체로 중첩된다는 점도 주목할 만하다.

알동일언

물론 이러한 과장된 인식은 이케우치 히로시 등의 고증에 의해 지금은 완전히 부정되고 있다. 그렇다면 그 이야기는 아무런 근거도 없는 엉터리였던 것일까 하면, 반드시 그렇다고는 단언할 수 없다. 고려말·조선초기의 사람들이 주장해 왔던 '공험진' 영역관은 일면 그것을 받아들여 조선 왕조에 복속·동화되었던 여진인들의 존재에 의해 어느 정도까지 실체화되고 지지되었기 때문이다.

전승에 의하면, 이성계의 고조부인 목조(이안사)는 쌍성(화주, 영흥)에서 두만강 이북의 남경(지금의 길림성 연길)으로 이주했고, 또한 알동으로 이주해서 그곳에서 죽었다고 한다. 이른바 알동은 경흥(옛 孔州) 동쪽 30리, 즉 두만강의 하류지역(동안)에 위치하고 있다. 목조의 릉(덕릉)이 경흥에 있었던 것은 이 때문이다.

다음으로 증조부 익조(이행리)는 알동으로부터 두만강을 내려와 '적도(赤島)'로 이주했고, 그곳에서 해로로 남하하여 의주(덕원)로 이주했으며, 등주(안변), 화주(영흥), 함주(함흥)을 왕래하며 토호로서의 기초를 다졌다고 한다. 조부 도조(이춘), 아버지 환조(이자춘)가 그 방면의 토호로

---

5 和田清,〈滿洲を三韓といふことについて〉《亞史研究》滿洲篇, 東京: 東洋文庫, 1955, p. 375.

활약했던 것도 그 때문이다. 그리고 태조(이성계)는 어머니 최씨의 향리인 화주(영흥, 지금의 금야)에서 태어났고, 아들인 정종(이방과), 태종(이방원)도 어머니 한씨(신의왕후)의 향리인 함주(함흥)에서 출생했다. 이 또한 이씨 가문이 화주와 함흥 방면에서 착실하게 토호로서의 기반을 쌓았던 사실을 보여준다.

그런데 이씨 가문은 '알동일언(斡東逸彦)'이라고 하는 여진 유민 집단을 그 지배 아래에 거두었다. '일언(逸彦, irgen)'은 여진어와 만주어로 백성이라는 뜻인데, 이들은 익조(이행리)의 덕을 그리워해서 두만강 하류지역 알동에서 함흥평야로 남하해 왔던 여진 유민 집단이라고 한다.[6] 이씨 가문, 특히 이성계의 군사기반은 틀림없이 이 여진 유민 집단에 두고 있었지만, 거꾸로 이 유민 집단을 지배하에 거두었던 것은 목조와 익조가 옮겨다닌 이야기를 만들게 된 가장 직접적인 요인 중 하나가 되었을 것이다. 그 이야기가 바로 여진 유민 지배의 유래와 정통성을 설명하는 이야기였기 때문이다.

이 경우 윤관의 '공험진 경내'가 대체적으로 장광재령에서 수분하 유역, 나아가 연해주 남부까지 펼쳐져 있었다고 하는 고려말·조선초기 사람들의 영역관은 직접적으로는 이씨 가문으로 대표되는 쌍성총관부 토호세력의 인식을 반영한 것이며, 또한 그 토호세력에 복속했던 '알동일언' 등의 여진인의 인식도 반영한 것으로 생각해도 좋을 것이다.

쌍성총관부의 토호들은 오랫동안 몽골 지배 하에서 여진인들과 잡거하고 있었다. 그들이 '고려인'으로서의 정체성을 유지하고 또한 여진인들에 대한 민족적 우위를 유지하기 위해서는 그 지역이 본래 고구려의

---

6 《朝鮮王朝實錄》〈太祖實錄〉'總序'.

옛 영역이며 윤관이 개척했던 9성의 영역이라는 것, 따라서 그들 스스로가 그 땅의 주인이라는 것을 계속 주장하지 않으면 안 되었다.

역으로 쌍성총관부의 토호세력에게 복속했던 '알동일언' 등의 여진인 집단은 일찍이 그들 스스로가 거주해 왔던 두만강 유역의 내외(이남, 이북)를 윤관의 '공험진' 경내로 간주하는 고려말·조선초기 사람들의 영역관을 받아들여 적극적으로 영합함으로써 한반도 사람들과 일체화하여 그 지방을 경략하고, 일찍이 귀순했던 스스로의 입장을 한층 강화하고자 했다고 볼 수 있다.

이러한 쌍성총관부의 토호들 및 고려말·조선초기 사람들의 영역관, 그리고 그 영역관을 받아들이고 그것을 실체화했던 '알동일언' 등의 여진인 집단의 존재야말로 여말선초에 걸친 동북면(함경도) 개척을 추진하는 가장 근원적인 힘 중의 하나가 되었다.

소하강의 환영(幻影)

이리하여 여말선초에 성립했던 '공험진' 영역관은 조선전기에 편찬된 각종 지리서에 활용되었고, 점점 움직이기 어려운 '사실'로 인식되게 되었다.

《고려사》〈지리지〉(1451년 찬진)의 '공험진'조에 의하면, 이른바 '공험진'은 '선춘령 동남, 백두산 동북'의 '소하강 유역'에 위치한다고 한다. 또한 《세종실록지리지》(1454년 찬진)에 의하면, 이른바 공험진의 위치는 '수빈강'이라고 하는 하천의 설명 가운데 다음과 같이 표시되어 있다.

> [수빈강은] 두만강 북쪽에 있다. 근원은 백두산 아래에서 나와 북쪽으로 흘러 소하강이 되고, 공험진·선춘령을 지나 거양성에 도달하여

동쪽으로 120리를 흘러 수빈강으로 되고, 아민에 이르러 바다로 흐른다.[7]

자못 복잡하게 뒤얽혀 이해하기 어렵지만, 어쨌든 '공험진'이 두만강 이북의 수빈강 상류, 이른바 소하강 유역에 위치하는 것으로 간주되었던 것만은 확인할 수 있다. 같은 기사는 《신증동국여지승람》(1530년 찬진) 〈경원〉의 '산천'조에도 이어지고 있는데, 거기에 '소하강은 속평강이라고도 한다.'는[8] 새로운 정보가 보충된 것도 주목할 만하다.

《신증동국여지승람》〈회령〉'산천'조의 기술에 의하면, 백두산에서 근원이 출발하는 하천은 대충 다음과 같다.

백두산은 곧 장백산으로 회령부 서쪽으로 걸어서 7~8일 거리에 위치한다. …… 그 산 꼭대기에는 둘레가 80리인 연못이 있고, 그곳에서 남으로 흘러 압록강이 되고, 북으로 흘러 송화강·혼동강이 되며, 동북으로 흘러 소하강·속평강이 되고, 동으로 흘러 두만강이 된다.[9]

이에 의하면 백두산으로부터 북류하는 하천에 해당하는 것이 '송화강·혼동강', 즉 제2송화강~송화강~흑룡강의 수류인데, 이것과는 별개

---

7 愁濱江【在豆滿江北, 源出白頭山下, 北流爲蘇下江, 歷公險鎭·先春嶺, 至巨陽城, 東流一百二十里, 爲愁濱江, 至阿敏入于海.】《朝鮮王朝實錄》〈世宗實錄·地理志〉吉州牧 '舊慶源都護府'.
8 愁濱江【源出白頭山, 北流爲蘇下江, 一作速平江. 歷公險鎭·先春嶺, 至巨陽, 東流一百二十里, 至阿敏入于海.《新增東國輿地勝覽》卷50 咸鏡道〈慶源都護府〉'山川'.
9 白頭山【卽長白山也. 在府西七八日. (……)其顚有潭周八十里. 南流爲鴨綠江, 北流爲松花江爲混同江, 東北流爲蘇下江爲速平江, 東流爲豆滿江.《新增東國輿地勝覽》卷50 咸鏡道〈會寧都護府〉'山川'.

로 백두산 천지로부터 '동북류'하는 수류로서 이른바 '소하강·속평강'이 거론되는 점이 주목할 만하다. 아마도 그것은 송화강 상류의 현재 오도백하 수류를 말하는 것으로 추정된다. 물론 실제 오도백하는 송화강으로 들어가지만, 여말선초 사람들은 그것이 선춘령 근처의 소하강에서 이어지는 수류라고 잘못 믿었던 것이다.

백두산에서 동북으로 흐른다고 하는 '소하강'은 이미 검토한 바와 같이 지금의 장광재령의 산이 이어지는 곳으로 비정되는 선춘령 근처를 흐르고 있다. 이른바 '소하강'이 또한 '속평강'이라고도 불렸다고 한다면, 그것은 솔빈·소빈·속빈·휼품 등과 마찬가지로 수분하의 같은 음 다른 표기인 것이 명확하다.[초서체의 '하(下)'자는 '품(品)'자와 혼동하기 쉬우므로 혹시 '소하강'은 '소품강'의 와전일지도 모른다.] 그리고 '소하강' 유역의 '거양성'은 '개양(改陽)', '개양(開陽)'과 마찬가지로 '개원(開元)'의 같은 음 다른 표기로 추정되기 때문에, 그것은 수분하 근처의 원나라 때의 '개원만호부(開元萬戶府, 東寧의 옛 開元堡)', 명나라 때의 '속평강위(速平江衛)'의 위치를 나타내고 있다고 생각하는 편이 좋을 것이다.

따라서 이른바 '소하강'은 '수분하'를 가리킨다는 결론이 되는데, 물론 현실적으로 수분하가 '백두산 아래에서 원류가 시작'하는 것은 아니다. 그러나 백두산 북쪽 산기슭 삼림지대의 지리는 지금처럼 명확하게 알려지지 않았기 때문에 당시 사람들이 '백두산 아래에서 원류가 시작'하는 송화강 상류의 한 지류, 즉 지금의 오도백하 수류를 수분하에 연속하는 수류로 잘못 인식했을 수도 있다.

《조선왕조실록》에서는 이러한 지리 정보의 혼란을 반영했다고 생각되는 다음과 같은 매우 흥미로운 기사를 볼 수 있다.

여직(여진)의 도사(都事) 야라개가 중원의 많은 군사를 거느리고 작년 정월에 운둔은(길림 부근)에 와서 정월부터 4월까지 큰 배 및 급수 소선 각각 230척을 건조하고, 송갈강에 띄우고 수하강을 경유해서 수빈강으로 향하고, 지금 거양성과 경원·훈춘에서 성을 쌓아 이곳에 오도리, 올량합 [등의 여진인]을 이주시키고자 하였습니다.[10]

이것은 1414년(태종 14년)에 여진인으로부터 전해들은 명나라의 동북경영(기미위 설치)에 관한 풍문 중의 하나였다. 이러한 풍문에 위기감을 느낀 조선왕조가 다시 동북면 개척에 힘을 기울였고, 이어서 6진 개척에 성공했던 것은 전술한 바와 같다. 그 내용은 풍문이므로 부정확한 점도 많지만, 송갈강(송화강, Sunggari ula)에서 수하강을 경유해서 수빈강(수분하)로 향했다고 하는 기술에 우선 주목해 보자.

수하강(愁下江)은 이른바 소하강(蘇河江)의 같은 음 다른 표기로 즉 수분하인데, 여기서는 수빈강(수분하)과 구별되고 있기 때문에 수분하 상류의 별개의 수류를 가리킨다고 생각해야 한다. 이는 위에서 서술한 것처럼 '백두산 아래에서 수원이 시작'되는 송화강 상류의 한 지류, 즉 지금의 오도백하의 수류를 수분하로 연속되는 수류로 잘못 인식하고 있었던 그 중간 부분을 가리키는 것으로 추정된다. 구체적으로는 쓰다 소기치가 상정했던 것처럼 모란강 상류가 이에 해당한다고 생각하면 좋을 것이다.[11]

---

10 女直都事也羅介率中原數多軍人, 於前年正月, 云屯隱出來, 自正月至四月造大船及汲水小船, 各二百三十艘, 載軍人泛自松渴江, 歷愁下江, 向愁濱江, 將築巨陽城·慶源·薰春城, 實之以吾都里兀良哈.《朝鮮王朝實錄》〈太宗實錄〉14年 2月 庚戌.
11 津田左右吉,《朝鮮歷史地理》, 津田左右吉全集 第11卷, 東京: 岩波書店, 1964, pp. 427~430.

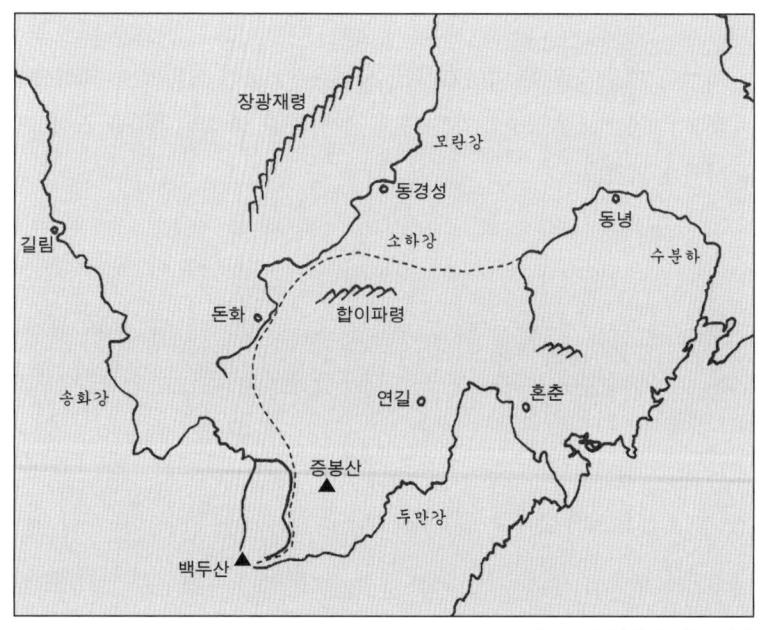

[지도 12] 환상 속의 소하강

  이 경우 수하강(소하강)은 '모란강'의 잘못이고, 이것이 수빈강(수분하)에 이어진다고 생각하는 것도 가능하다. 물론 송화강·모란강·수분하가 하나의 연속된 수류를 이룰 도리는 없지만, 그래도 엄동기 하천의 결빙 등을 고려하면 이들 수류가 하나의 연속된 교통로를 형성하는 일이 절대로 일어날 수 없는 것은 아닐 것이다.

  이 때문에 풍문을 잘못 해석했던 조선시대 사람들은 이윽고 백두산에서 수원이 시작되는 송갈강(송화강)(그 지류인 오도백하)이 '수하강(모란강/수분하)'를 경유해서 '추빈강(수분하)'에 이르고, 이들이 하나로 연속하는 수류(이른바 '분계강')을 형성한다고 잘못 인식하기에 이르렀다.[지도

12]
 이상은 매우 산만한 이야기지만, 사실은 이 환상 속의 하천(조선시대 사람들이 만들어냈던 공상의 하천)은 후세에 중한 양국의 역사를 크게 요동시키게 되었다.

2. 정계비와 분계강

만주의 봉금

6진 개척으로 확립되었던 두만강 라인의 국경선은 여말선초 사람들이 갖고 있던 '공험진' 영역관으로 보면 상당히 후퇴했다고 볼 수도 있다. 그렇지만 왕실 발상지인 공주(경흥) 등은 한때는 여진 세력에 압도되어 유지할 수 없었기 때문에, 더욱이 선춘령(장광재령) 및 소하강(모란강/수분하) 유역, 연해주 남부까지 지배를 넓히는 것은 조선왕조의 실력으로는 도무지 이룰 수 없는 일이었다.

게다가 두만강 이북의 여진은 대부분이 명나라에 조공해서 명나라의 '기미위'에 조직되어 있었다. 따라서 명나라에 대한 '사대'를 국시로 하는 조선왕조로서는 두만강 이북의 여진에 대해서 노골적으로 지배의 손길을 뻗칠 수는 없었다.

두만강 이북의 여진은 이윽고 17세기 초두에 청나라가 일어섬에 따라 다수가 산해관 이남 중국 본토로 이주[入關]했고, 여진인, 아니 만주인의 고향인 중국 동북부(구 만주)는 일종의 '공지(空地)'가 되어 버렸다. 그러나 청나라는 이곳을 왕조의 발상지로 중시하여 산해관 이북으로 중국인이 들어가는 것을 원칙적으로 금지했고, 이른바 '봉금책(封禁策)'에 의해 그곳에 남아 있던 만주인들의 생계를 보호했다. 압록강과 두만강 라인의 국경선은 이러한 청나라의 봉금책이 시작되자 오히려 이전보다 더 엄격하게 관리되었다.

이 시대에는 중국과 조선 양국의 외교 사절 이외에는 민간인의 국경 출입이 금지되어 있었다. 예외로 압록강 하류 중주의 중강과 두만강 하류의 회령, 경원에서는 만주인의 생계를 유지하기 위해 정기적으로 국제시장이 열렸지만, 이외에는 중국과 조선 국경 지대는 완전한 '쇄국'의 상태에 놓여 있었다고 해도 결코 과언이 아니다.

정계비

그런데 중국과 조선 양국의 변민들은 양국 정부에 의한 엄중한 국경관리에도 불구하고 몰래 나라의 금지령을 어기고 국경선을 넘어 압록강과 두만강의 내외에서 인삼 채굴과 담비 수렵, 목재 벌채 등을 행하는 사례가 끊이지 않았다.

이러한 종류의 국경침범 행위를 '범월(犯越)'이라고 했다. 그 실태는 조선후기에 외교문서를 집성했던 《동문휘고》의 '범월'조에 자세하게 기록되어 있다. 특히 1710년(청 강희 49년, 조선 숙종 36년)에 압록강 유역의 위원에서 일어났던 이만건과 이만지 등의 범월사건은[12] 정계비 설립의 직접의 계기가 되었던 사건으로 특히 유명하다.

이 때 청나라에서는 《대청일통지》 편찬에 따라 지리적 탐사의 필요도 있어서 압록강과 두만강 상류지역에 대한 관심이 높았다. 그곳에서 이만건과 이만지 등의 범월사건이 일어나 중국과 조선 양국의 국경선을

---

12 《同文彙考》原編 卷53 〈犯越〉 5 我國人 '馳報渭原民犯殺咨'.

획정할 필요성이 재인식되었다. 그로부터 강희제의 칙명으로 청나라에서 오라총관(길림성 타생오라打牲烏喇의 사냥 감독관) 목극등이 파견되어 양국의 국경에 정계비를 세우게 되었다.

  오라총관 목극등은 명령을 받들어 주변을 조사하고 여기에 이르러 깊이 살피니 서쪽은 압록으로 하고 동쪽은 토문으로 한다. 고로 분수령 상에 돌로 새겨 기록으로 삼는다. 강희 51년 5월 15일.[13]

  1712년(청 강희 51년, 조선 숙종 38년)에 설치되었던 이 정계비의 기록, 특히 '동은 토문으로 한다.'는 기록은 그 후 중국과 조선 양국 사이에 중대한 논쟁을 야기하게 되었다. 이른바 토문강은 바로 두만강이며, 토문과 두만은 모두 만주어의 '투멘(萬을 뜻함)'의 같은 음 다른 표기에 지나지 않는다. 그럼에도 불구하고 토문강과 두만강이 별개의 하천이라고 하는 인식(토문 두만 2강설)을 이윽고 조선의 변민들이 제기하게 되었다.
  다만 이 토문강(두만강)을 중국과 조선의 국경선으로 하는 것은 당시에는 쌍방이 서로 만족한 조치로서 그다지 문제가 되지 않았다. 실제로 정계비 설립의 목적은 어디까지나 국경의 표식을 설치하는 것이었고, 압록강과 두만강 라인을 중국과 조선의 국경선으로 하는 것 그 자체는 당시는 거의 명백한 일로 간주되었다.

  내가 친히 백산(白山:백두산)에 이르러 압록·토문 두 강을 살펴보니

---

13 烏喇摠管穆克登, 奉旨查邊, 至此審視, 西爲鴨綠, 東爲土門. 故於分水嶺上, 勒石爲記. 康熙五十一年 五月十五日 _(白頭山定界碑).

모두 백산의 근저를 따라 발원하여 동서 양변으로 나뉘어 흐르고 있었다. 원래 강북을 대국(청나라)의 경계로 삼고, 강남을 조선의 경계로 삼은 것은, 역사가 이미 오래되어 논의할 것이 못된다. 두 강이 발원하는 분수령 가운데에 비를 세웠다. 토문강의 원류로부터 물길을 따라 내려와서 살펴보니 물이 수십 리를 흐르다가 흔적이 보이지 않고 (물길이) 바위틈을 따라 지하로 흐르다가 백 리쯤 지나서 비로소 큰 물줄기가 드러나 무산으로 흘렀다. 물이 흐르는 양쪽 기슭에는 수풀이 별로 없고 땅이 평평해 사람들이 경계를 알지 못한다. 그래서 왕래를 하거나 월경을 하거나 집을 짓거나 해서 길이 혼잡하다.[14]

이상의 목극등의 제안에 의하면, 정계비 및 그 관련 설비로서의 '변책(邊柵)'은 어디까지나 국경의 표식으로 설치되었던 것으로 압록강 및 두만강(토문강) 라인을 국경선으로 한다는 그 자체는 당시 양국 공통의 인식이었음을 알 수 있다. 또 '토문강'과 '두만강'의 표기 차이에 대해서도, 그것이 단순히 같음 음의 다른 표기에 지나지 않는다는 것은 중국 측의 조회에 대한 조선 측의 회답에서 이미 설명되었다. 《동문휘고》에 '여러 포로의 수행원들이 두만강으로 칭하는 것은 즉 대국에서의 이른바 토문강이다.'는[15] 기록이 그 증거이다.

따라서 정계비 및 변책 설치는 종래부터 인식되어 왔던 압록강과 두

---

14 我親至白山, 審視鴨綠·土門兩江, 俱從白山根底發源, 東西兩邊分流. 原定江北爲大國之境, 江南爲朝鮮之境, 歷年已久, 不議外在, 兩江發源分水嶺之中立碑, 從土門江之源, 順流而下, 審視流至數十里, 不見水痕. 從石縫暗流, 至百里方, 現巨水流於茂山, 兩岸草稀地平, 人不知邊界. 所以往返·越境·結舍, 路徑交雜. 《同文彙考》原編 卷 48〈疆界〉'勅使問議立柵便否咨'.
15 諸囚之共稱豆滿江者, 卽大國所稱土門江也. 《同文彙考》原編 卷 57〈犯越〉9 我國人 '禮部知會供辭互異再行査明咨 / 回咨'.

만강 라인의 국경선을 '가시화'하기 위한 작업에 지나지 않았다. 다만 목극등의 지시로 세워졌던 경계의 적석(積石 혹은 石堆·土堆)은 실제로는 송화강으로 들어가는 건천(마른 하천)을 따라서 잘못 세워졌다. 그래서 이 석퇴(石堆) 혹은 토퇴(土堆)와 두만강 상류를 잇는 목책 설치 공사가 다시 행해졌지만, 공사가 흐지부지되다가 끝나버려서 후대에 분규를 낳는 원인이 되었다.

정계비에 대한 반발

목극등에 의한 국경선의 획정은 당초 범월 사건의 분규를 막는 조치로서 조선왕조의 입장에서도 환영한 바였다. 무릇 압록강과 두만강 하류 지역(남쪽 기슭)은 이미 조선의 영역에 편입된 지 오래되었지만, 각각의 상류지역(남쪽 기슭)은 반드시 조선의 영역으로 확정된 것은 아니었다. 세종조(15세기 전반)에 개척되었던 압록강 상류지역의 자성, 우예, 여연, 무창의 4군은 모두 세조조(15세기 후반)까지는 폐지되었고(폐4군), 여진인과 만주인이 누차 이 지역을 출입해서 국경 분쟁을 야기해 왔다. 이 점을 고려하면 압록강과 두만강 라인을 국경선으로 하는 것은 당시의 조선왕조로서는 오히려 대단히 유리한 계약이었다고 할 수 있다. 그래서 국왕 숙종(재위 1674~1720)도 〈백두산정계비 시(詩)〉에서,

예전에는 국경의 분쟁을 걱정했지만	向時爭界慮
이제는 걱정할 일이 모두 사라졌네.	至此尽消磨

라고 솔직하게 기뻐하고 있다.[16]

그런데 이러한 정계비 설치에 대해서 조선후기 지식인들은 크게 불만을 가졌던 것 같다. 그러한 불만의 근저에는 조선의 동북 영역이 본래 두만강 이북의 분계강 유역까지 펼쳐져 있었다고 하는 그들의 독특한 영역관이 있었다.

이른바 병자호란으로 청나라에 굴복하고 남한산성에서 굴욕적인 '성하지맹(城下之盟)'를 맺어야 했던 조선후기 지식인들은 만주인이 지배한 중국에 대해서 굴절된 감정을 가졌고, 당장에라도 만주인의 지배로 인해 더렵혀진 중국 본토에 대해 조선이야말로 '중화' 문명의 유일한 수호자가 되었다고 하는 이른바 '조선 중화사상'을 형성하는 데 이르렀다.

이 때문에 조선후기 지식인들로서는 일찍이 여진을 그 속민으로 지배했던 고려시대의 역사, 특히 윤관에 의한 9성 개척의 역사는 조선인이 여진인과 만주인에 비해 '우월'했다는 역사적인 근거로 다시 주목의 대상이 되었다. 이러한 그들의 영역관에 의하면, 중국과 조선의 본래 국경선은 '정계비'에 기록된 곳이 아니라 이른바 '선춘령' 근처의 '분계강'에 존재하지 않으면 안 되었다.

이른바 '분계강'은 앞 절에서 기술했던 '수빈강'의 속칭이다.[17] 수빈강은 "백두산에서 수원이 시작되고, 북류해서 소하강이 되며, 공험진·선춘령을 지나 거양에 이르러 동쪽으로 120리를 흘러 아민에 이르러 바다로 간다."는 하천이지만, 이러한 하천이 실제로는 존재하지 않았던 것은 말할 필요도 없다. 그러나 이 환상 속의 하천(윤관이 개척했던 '공험진' 근처를 흐르는 가상의 하천)을 조선후기 사람들은 '분계강'으로 칭하고, 그

---

16 《增補文獻備考》《輿地考》'北間島疆界'.
17 후에 인용할 《研經齋全集》(成海應) 卷15〈公險鎭辨〉. 각주 23번 참조.

존재를 확신하여 각종 지도에까지 그려 넣었다.

《신증동국여지승람》의 기술에 의하면, 이 '분계강' 근처에 위치하는 '선춘령'은 '두만강 북쪽 700리'에 위치한다고 한다.

> 선춘령은 두만강의 북쪽 700리에 있다. 윤관이 토지를 개발해 이 땅에 공험진을 축성하고, 그 위에서 고개의 정상에 비를 세워 '고려의 국경'이라고 새겼다. 비의 사면에 문자가 있는데, 모두 호인(胡人, 여진인)이 깎아버려 지워졌다.[18]

따라서 본래의 국경선인 '분계강'은 '두만강 북쪽 7백리'의 '선춘령' 근처를 흐르고 있다. 이러한 이중 삼중의 오해에 기초한 분계강설은 조선후기의 지식인들에게 널리 수용되었고, 당시에는 일반적인 상식이 되었다. 따라서 그들은 많든 적든 '정계비'에서 정한 두만강 라인의 국경선에 불만을 품었고, 그 북방에 펼쳐진 '분계강' 영역의 상실을 한탄하였다.

일찍이 다음과 같이 들었다. 숙종 38년(1712), 목극등이 국경을 정하러 왔을 때, [우리나라로서는] 당연히 '분계강'을 국경선으로 정했어야 했다. 분계강은 두만강 북쪽에 있지만, 그것을 분계강으로 이름 지은 것은 생각건대 그것이 양국의 경계를 이루었기 때문일 것이다. 그렇기 때문에 [실태를] 잘 조사하지도 않고, 수백 리의 땅을 공연히 방

---

18 先春嶺【在豆滿江北七百里. 尹瓘拓地至此. 城公嶮鎭, 遂立碑於嶺上, 刻曰高麗之境. 碑之四面有書, 皆爲胡人剝去. 《新增東國輿地勝覽》卷50〈會寧都護府〉'古跡'.

기해 버렸다. 지금에 이르기까지 함경도 사람들은 그것을 매우 아쉽게 생각하고 있다. 당시의 담당자는 그 책임을 면할 수 없다.[19]

위는 안정복(1712~1791)의 〈동국지계설〉에 인용된 당시의 일반적인 이야기로, 안정복은 '그러나 왕이 된 자의 정치는 덕에 힘쓰고 땅에 힘쓰지 않는다. 즉 이는 작은 일이다.'라고 하며 비판하고 있지만, 그와 같은 냉정한 태도('주나라를 존숭하는[尊周] 대의'에 냉담한 남인계 지식인의 태도)는 오히려 소수파였다. 안정복 자신은 무릇 윤관이 개척했던 9성의 영역이 두만강 내외에까지 펼쳐져 있었다고는 생각하지 않았기 때문에[20] 당연히 '두만강 북쪽 7백리'의 영토 상실설에 대해서도 비교적 냉담한 태도를 가졌지만, 당시 사람들의 일반적인 태도는 그와는 반대였다.

예를 들면 정조가 만든 《군려대성》에서

〈여지도〉를 보면 분계강이라고 하는 하천이 토문강(두만강) 북쪽을 흐르고 있다. 분계강이라고 한 이상, 정계비는 여기에 세웠어야 했다.[21]

라고 하는 의론이 보이는데, 이것이야말로 당시 다수파의 의견이었고,

---

19 嘗聞, 肅廟壬辰, 穆克登來定疆界時, 當以分界江爲限. 分界在豆滿之北, 其名分界, 蓋爲彼此之界. 而不能審覈, 公然棄數百里之地. 至今北方之人, 多以爲恨. 當時主事者, 不得辭其責云. 《順菴先生文集》卷 19 〈東國地界說〉.
20 《東史綱目》〈九城考〉.
21 輿地圖, 分界江在土門江之北. 江名分界則定界碑當堅於此.《軍旅大成》《萬機要覽》〈軍政篇〉'白頭山定界'에서 인용).

그와 같은 논조는 대체로 자국의 역사지리에 관심을 가진 조선후기 지식인들에 의해 끊임없이 재생산되어 갔던 것이다.

분계강과 해란강

조선후기의 지식인들에게 본래의 국경선인 '분계강'의 존재는 자명한 것이었지만, 그러나 그 실체에 대해서는 확실한 것은 아무것도 알 수 없었다.

이른바 분계강은 "백두산에서 수원이 시작되고, 북으로 흘러 소하강이 되고, 공험진·선춘령을 거쳐 거양에 이르러 동으로 120리를 흘러 아민에 이르러 바다로 들어간다."는 하천이다. 그것은 송화강 지류의 오도백하 및 모란강 상류로부터 이어지는 수류로 잘못 인식되었던 '수분하'지만, 그러나 현실 속의 수분하는 물론 '백두산에서 수원이 시작'되지는 않는다. 이 때문에 조선후기 사람들은 이른바 '소하강'을 수분하에 이어졌다고 할 수 없기에, 그들에게 견문이 직접 미치는 범위 안에서 거꾸로 두만강 북방의 가까운 수류라고 하는 소하강의 환영을(결국에는 분계강의 환영을) 추구하려 하였다.

이 경우 많은 논자들이 '분계강'으로 비정했던 강은 해란강이다. 해란강은 증봉산(甑峰山, 北甑山)에서 동쪽으로 흘러 포이합통하(布爾哈通河, 布爾哈圖河, burhatu bira)와 합류하고 또 갈하하(嘎呀河, 噶哈哩河, gahari bira)와 합류하여 최후에는 은성 부근에서 두만강으로 흘러 들어간다. 그 강은 두만강 북쪽을 흐르는 대표적인 하천으로서 조선시대 월경자들에게는 일찍부터 그 존재가 알려져 있었다.

예를 들면 은성의 백성인 김시종과 김성백 등의 월경사건 관련 자백조서에서는 "[김성백이] 분계와 두만 두 강의 사이에서 우리가 국경에서 30여 리 떨어진 함지박동으로 이주해 와서 초막을 지어 거주"했다고 하는 증언이 보인다.²² 여기에서 "분계와 두만 두 강의 사이"라고 하는 것은 구체적으로는 해란강과 두만강 사이의 이른바 간도 지역을 가리키는 것으로 추정된다.

이러한 현지 정보를 기초로 조선 후기 지식인들은 '분계강'에 관한 다양한 기록을 남겼다. 예를 들면 홍양호(1724~1802)는 그의 저서《북새기략》중에서 두만강 이북의 중국 동북부(옛 만주)의 수류를 열거하고 있는데, 그 중에 다음과 같은 기술이 있다.

> 북경·심양에서 회령으로 향하는 강은 북강·삼한강·후춘강(혼춘하)·동가강(혼강)·벌가토강(포이합도하)·분계강(해란강)을 건너 두만강에 이른다.²³

이 중 '삼한강', '후춘강(혼춘하)'은 두만강의 지류이며, '벌가토강'은 '포이합도하' 즉 포이합통하의 같은 음 다른 표기이므로, 여기서 말하는 '분계강'은 '포이합통하'와 '두만강' 중간의 '해란강'을 가리키는 것이 명확하다. 홍양호는《북새기략》중 다른 곳에서도 '분계강'을 언급하고 있지만, 거기에서는 그 수류를 또 자세하게 설명하여 다음과 같이 서술하였다.

---

22 至今年三月, 與成白移來于分界豆滿兩江間, 距我境三十餘里, 咸之朴洞結幕居住. 《同文彙考》原編 卷55〈報穩城民投附上國奸民咨〉.
23 自北京瀋陽, 向會寧, 渡北江·三漢江·後春江(琿春河)·佟家江(渾江)·伐加土江(布爾哈圖河), 分界江(海蘭江), 抵豆滿江. 《耳溪集》外集 卷12〈北塞記略〉'交市雜錄'. 괄호 안은 저자.

분계강의 근원은 백두산의 술해(戌亥, 북서쪽) 사이에서 나와, 흘러 북증산(증봉산) 뒤쪽의 할란(해란) 지역에 이르고 남해로 들어간다. 한 가지는 은성의 경계에 이르고, 두강(두만강)에 달한다고 한다. 토문강(두만강)과 분계강 사이는 110여 리이다.[24]

이에 의하면, 이른바 '분계강'은 백두산에서 북증산(증봉산)의 뒤쪽으로 돌아 할란(해란) 지역에 이르고 '남해'로 흘러 들어간다.(이른바 할란은 함흥평야의 갈라전과 발음은 같지만 물론 별개의 지역으로, 지금의 길림성 연길의 변두리를 말한다.) 이는 실제로는 있을 수 없는 기술이지만, 이 수류는 이른바 '소하하(蘇下河, 송화강 지류인 오도백하에서 모란강에 연속하고, 또 수분하에 연속하는 수류로 잘못 인식되었던 수분하)를 가리킬 것이다.

이에 대해서 그 하나의 지류(같은 이름의 別流)는 '할란(해란)' 유역에서 "온성 경계에 이르고, 두강(두만강)에 도달한다"고 하지만, 이른바 할란은 해란의 같은 음 다른 표기이기 때문에 이것이야말로 해란강을 말하는 것이다.

다음에 홍양호보다 조금 뒷세대인 성해응(1760~1839)도 두만강 이북의 분계강에 대해서 기록하고 있다.

《동국여지승람》(《신증동국여지승람》)에서 "수빈강은 백두산에서 수원이 시작되어 북쪽으로 흘러 하나로 소하강이라 하고, …… 공험진과 선춘령을 지나 거양에 이르러 동쪽으로 120리를 흘러 아민에 이르러

---

24 分界江, 源出白頭山戌亥間, 流至北甑山後割難地, 入南海. 一支至穩城界, 達于豆江云. 土門分界之間, 爲一百十餘里. 《耳溪集》外集 卷12 〈北塞記略〉 '白頭山考'.

바다로 들어간다."고 하는데, 이것은 지금 사람들이 말하는 바의 분계강이다.[25]

《세종실록지리지》나 《신증동국여지승람》에서 말하는 '수빈강'이 여기에서는 '분계강'으로 불리고 있다. 분계강과 두만강의 관계에 대해서 성해응은 또 다음처럼 기록하고 있다.

두만강 밖에 분계강이 있고, 이것도 두만강이라 칭한다. 이 두 강 사이에 해란의 땅이 있다.[26]

두만강과 분계강 사이에 '해란(海蘭, 海蘭)'의 땅이 있다고 하는 이상, 그들이 생각하는 '분계강'이 해란강을 가리키는 것은 명확하다. 더욱 성해응의 설명에 의하면 그 분계강은 일명 두만강이라고도 불린다고 한다.

또한 《증보문헌비고》〈여지고〉(신경준의 《강역지》에 의거한)에서 두만강의 기술을 보면,

두만강 : 근원이 백두산의 양지쪽과 갑산의 천평에서 나와 동쪽으로 흘러 …… 왼쪽으로 토문강(지금은 저쪽 땅에 속해 있다._원주)을 지나 동쪽으로 흘러 온성부의 북쪽을 경유하여 …… 경흥부의 동쪽에 이르

---

25 東國輿地勝覽云, 愁濱江源出白頭山北流, 一稱蘇下江, 一作涑水江, 歷公險鎭, 先春嶺至巨陽, 東流一百二十里至阿敏入海. 此今人所稱分界江. 《研經齋全集》卷 15 〈公險鎭辨〉.
26 豆滿江之外, 有分界江, 亦稱豆滿江. 兩江之間, 有海蘭地. 《研經齋全集》外集 卷46 〈地理類〉 '六鎭開拓記'.

러 적지를 경유하여 수빈강이 된다. 또 동쪽으로 흘러 조산을 경유하여 녹둔도에 이르러 바다에 들어간다.[27]

라고 해서, 여기서는 이른바 분계강이 뚜렷하게 토문강으로 불리는 점에도 주목해야 한다.

《증보문헌비고》는 두만강 북쪽을 흘러 온성 부근에서 두만강으로 흘러 들어가는 하천을 '토문강'으로 기술하고 있지만, 그럼에도 불구하고 그 하류는 '수빈강'이 되고, '아민'에 이르러 바다로 흘러 들어가기 때문에 결국 그것은 "백두산에서 근원이 출발하여 북으로 흘러 소하강이 되고, 공험진·선춘령을 지나 거양에 이르러 동쪽으로 120리를 흘러 아민에 이르러 바다로 들어간다."는 하천, 즉 분계강을 의미하는 것이 명확하다.

그런데 본래 수분하의 같은 음 다른 표기로 추정되는 수빈강이, 그 흐름이 굽어 흘러 온성 부근에서 두만강으로 흘러 들어간다는 분계강, 즉 해란강과 동일시된 이유는 무엇일까?

앞 절에서 본 1414년(태종 14년)의 풍문 기사에 의하면, 명나라가 기미위를 설치하고자 했던 '거양성'[수분하 근처의 동녕(옛 開元站)]은 두만강 하류의 '경원'이나 '훈춘성(혼춘)'과 나란히 거론되고 있다. 어쩌면 이런 종류의 풍문을 잘못 해석해서 조선시대 사람들은 '거양성'을 두만강 하류의 경원과 혼춘 인근에 위치하는 것으로 간주하고, 이어서 '거양성' 근처를 흐르는 '수빈강' 그 자체도 온성 부근에서 두만강으로 흘러

---

27 豆滿江: 源出白豆山之陽, 甲山天坪, 東流……左過土門江(今屬彼地), 東流經穩城府北…… 至慶興府東, 經赤地爲愁濱江. 又東流經造山, 至鹿屯島入于海. 《增補文獻備考》《輿地考》8 '山川: 豆滿江'.

들어가는 해란강 수류로 잘못 동일시하는 데 이르렀을 것이다.

이리하여 '분계강'을 해란강에 비정하고, 또 그것을 '두만강', '토문강'으로도 부르기에 이르렀던 조선후기의 지식인들은 이윽고 〈정계비〉에 이른바 '토문강' 그 자체가 두만강 이외의 또 하나의 '토문강', 즉 '분계강'을 의미한다고 생각하게 되었다.

"두만강에 토문강이 흘러 들어온다. ……"고 하는 얼핏 지리멸렬해 보이는 《증보문헌비고》〈지리고〉의 기술은 조선후기에 형성되었던 '분계강'이라는 환상 위에서 성립했던 셈이다.

3.
국경 담판

유민의 무리

한편 이러한 지식인들이 미처 못다 이룬 꿈과는 별개로, 부패했던 왕조 권력의 압정에 고달팠던 변경의 백성들은 하루하루를 살아갈 양식을 구해서 독자적으로 '꿈'을 추구하였다.

  조선시대, 국경선을 낀 중국과 조선 양국의 민간인 왕래는 금지되어 있었지만, 이러한 쌍방합의에 기초한 쇄국정책으로 19세기 중반까지 중국과 조선 국경 지역 안정을 불완전하게나마 유지할 수 있었던 것만은 틀림없다. 그런데 극동방면에 러시아 세력이 남하하면서, 1860년 〈북경조약〉에 의해 우수리강 동쪽의 연해주는 러시아령이 되었고, 조선은 새롭게 러시아와 국경을 접하게 되었다.

  새로운 이웃 러시아는 청나라와는 달리 조선의 쇄국으로 자국의 이익을 보지는 못했다. 오히려 음으로 양으로 조선 유망민을 불러 모았고, 그들을 연해주 개간을 위한 노동력으로 투입함으로써 자국의 이익을 보고 있었다. 이 때문에 19세기 후반에는 함경도에서 연해주로 이주하는 유민들이 급증하였고, 수천 명 규모의 유망민 동향이 조선 중앙 정부에도 빈번하게 보고되기에 이르렀다.[28]

이리하여 동북 변경의 쇄국정책이 사실상 파탄나자 유망민 무리는 함경도에서 연해주로, 또는 '간도' 방면으로 대량 유출되었다. 이 즈음 러시아의 남하에 대항해서 청나라 또한 종래의 봉금책을 철회했고, 동북부로 중국인을 보내고 개간을 적극적으로 추진하고자 했다. 1881년(광통 7년) 청나라가 간도지역 개간에 정식 착수했을 때에는 이미 조선에서 온 대량의 유망민들이 그곳에서 경작에 종사하고 있었다.

일용할 양식을 구해서 국경선을 넘었던 변경의 주민들은 압록강 및 두만강 이북의 이른바 간도 지역을 어떤 공간으로서 인식하고 있었을까? 이는 매우 흥미로운 문제지만, 지금은 그 질문에 구체적인 해답을 제출할 준비가 되어 있지 않다. 다만 여기까지 누누이 서술했던 바와 같이 조선후기 지식인 사회에서는 압록강 및 두만강 이북의 구 만주 영역이 본래 조선의 영역이었다는 인식이 널리 보급되어 있었다. 따라서 이러한 지식인들의 이야기는 그날그날의 생활에 쫓기는 일반 민중의 세계에서도 어느 정도 확산되었으리라는 것은 충분히 예상할 수 있다.

과연 압록강 및 두만강 이북은 중국 청나라의 관리 아래에 있었다. 그러나 그것은 역사적으로 보면 '고구려'의 옛 영역이고, 결국에는 '조선'의 영역이었다. …… 이러한 역사 인식이야말로 국경선을 넘었던 유망민들의 타향 생활에 정신적 지주가 되기도 했을 것이다.

본래 '분계강' 논리는 지식인들의 탁상공론에 지나지 않았고, 중국·조선의 외교 차원에서는 현실의 국경선인 압록강·두만강 라인이 쌍방간에 엄격하게 지켜져 왔다. 그러나 바야흐로 현실 세계에서 유민들의 '간도' 진출에 의해 지식인들의 몽상에는 나름대로의 '실체'가 부여되

28 《同文彙考》原編 총, 犯越 2 '我國人'.

었다.

이렇게 실체화되었던 '분계강' 논리야말로 조선왕조에서 종래의 입장을 바꾸어 청나라에 대해서 '간도' 영유권을 주장하는 가장 근원적인 힘 중의 하나가 되었다.

변경 주민들의 하소연

이른바 간도 지역으로 진출해서 중국 관헌의 압박을 받았던 조선의 변경 주민들은 이윽고 스스로의 생활 공간이 '분계강' 이남, 즉 조선의 영역임을 공연하게 주장하게 되었다.

본래 변경 주민들은 나라의 금지를 어기고 두만강 이북 지역에 진출했고, 그 땅에 정주 내지는 계절 이주해서 농경에 종사하고 있었다. 그러나 중국 관헌에 의한 감독이 점차 엄격해지자 그 압박을 피하기 위해 오히려 모국의 보호를 필요로 하게 되었다. 그렇지만 나라의 금지를 어기고 국경선을 넘었다고 하면 무릇 모국의 법률에 의한 처벌(원칙으로는 사형)을 면할 수 없었다. 그래서 변경 주민들은 스스로가 금지를 어긴 것이 아니라고, 즉 간도 지역이 본래 '분계강' 이남의 조선 영역에 속한다고 공공연하게 주장하게 되었다.

1882년(광통 8년), 청나라의 길림장군이 조선국에 공문을 보내 토문강(두만강) 이서·이북의 조선 월경민들을 본국에 송환하라는 통지가 있었고, 다음해 돈화현으로부터도 종성과 회령의 토문강(두만강) 건너편 지역에서 고시가 나와서 월경민들에게 본국 귀환 명령이 내려졌다. 그러자 이에 반발했던 변민들은 종성부사 이정래에게 중국측이 '두만강'을 '토문강'으로 오해하고 있다고 호소하였다.

마침 서북경략사로 경원에 머무르고 있던 어윤중(1848~1896)은 그 풍문을 들고 종성 사람 김우식에게 〈정계비〉 조사를 명하였고, 변경 주민들이 주장하는 바를 확인하여, 이를 근거로 1883년(광통 9년)에 종성 부사 이정래의 명의로 중국 돈화현의 지현(知縣)에 공문[照會]를 보냈다. 이 때 이른바 '간도' 지역이 조선에 속한다는 주장이 처음 공식적으로 제기되었는데, 그 내용은 대강 다음 3부분으로 요약할 수 있다.

(1) 정계비에서 '토문강'을 중국과 조선의 경계로 하고 있지만, 이는 '두만강'과는 별개의 하천이다.
(2) '두만강' 북쪽에 '분계강'이 있지만, 그 이름대로 이것이 중국·조선의 경계에 해당한다.
(3) 따라서 조선 변경 주민들이 월경했다고 하는 간도 지역은 분계강 이남의 조선 영역이다.

변경 주민 중에서는 '분계강', 즉 '해란강'이 정계비에서 이른바 '토문강'이라고 주장하는 자도 있었지만, 실제로 그것이 맞는지 어떤지에 대해서는 조선의 중앙 정부에서도 명확하게 이해하지 못했다. 그래서 논란이 제기된 '간도'의 귀속 문제를 명확히 하기 위해 중국·조선 양국은 을유·정해 두 차례에 걸쳐 유명한 국경 획정을 위한 담판[勘界]을 진행하게 되었다.

을유 담판
1885년(청 광통 11년, 조선 고종 22년 을유), 중국과 조선 양국 사신은 두만강 유역의 회령에서 회동하고 국경 획정을 위한 최초의 담판을 진행했다.(이하 '토문 담계'로 칭함)

중국 측 사신은 〈정계비〉에 이른바 토문강을 두만강(중국 명칭은 圖們江)과 동일한 하천으로 간주했고(토문·두만 일강설), 두만강의 원류를 답사하면 국경선은 자연스럽게 획정할 수 있다고 주장했다. 그러나 조선 측 사신인 이중하(1846~1917)는 토문강과 두만강과는 다른 하천으로 간주했고(토문·두만 이강설), 따라서 우선 〈정계비〉를 답사하고 나서 이를 기점으로 '토문강'의 물길을 확인해야 한다고 주장했다. 양자는 처음부터 격하게 대립했다.

우선 회령을 출발하여 두만강을 거슬러 서두수·홍단수·홍토수(홍토산수)의 합류 지점에 이르자, 양국 사신 일행은 '원류 답사가 먼저인가, 〈정계비〉 답사가 먼저인가'를 다시 문제 삼았고, 결국 일행은 서두수, 홍단수, 홍토수의 세 갈래로 나뉘어져 각각 원류 답사를 진행했다.[지도13]

이 중 홍토수의 원류를 답사했던 이중하 일행은 더 나아가 〈정계비〉에 이르러 주변 지세를 자세하게 답사하고 하산했다. 그의 보고에 의하면, 〈정계비〉로부터 동쪽으로 90리에 걸쳐 '석퇴·토퇴'가 이어져 있으며, 이것이야말로 강희 연간에 목극등의 지시로 구축했던 국경의 '경계 표시[標限]'이다. 그 중간에 계곡 양쪽 기슭을 따라서 '문(門)'처럼 보이는 곳이 있는데, 이것이 곧 정계비에서 말하는 '토문(土門)'이다. 두만강 상류에서 이 '토문'에 가장 가까이 있는 강은 홍토수지만, 그보다 40~50리 이상 떨어져 있다. 정계비에서 동쪽으로 흐르는 건천(마른 하천)은 100리 정도 동쪽에서 비로소 물길이 나타나는데, 그것은 동북으로 흐르고, 방향을 바꾸어 북쪽의 송화강으로 흘러 들어간다고 하였다.(이것이 지금의 오도백하의 수류이다).

본래 조선 측의 생각으로는 〈정계비〉의 '토문강'이 '분계강', 즉 해란강이라 주장했는데, 유감스럽게도 해란강의 물길은 〈정계비〉와 그 동쪽

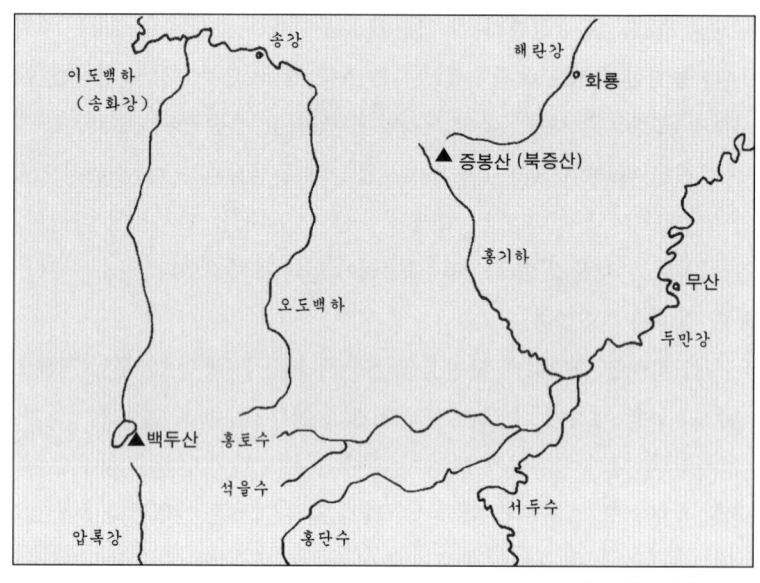

[지도 13] 두만강 상류

의 '석퇴·토퇴'에 연속되지 않았다.

이른바 '토문'의 물길이 송화강으로 흘러 들어가고 있는 이상, 그것은 중국·조선의 국경인 토문강과는 전혀 관계가 없다고 하는 중국 측에 대해서 조선 측은 한사코 비퇴(碑堆, 정계비와 그 동쪽에 펼쳐진 석퇴·토퇴)를 기준으로 국경선을 획정해야 한다고 주장했다. 그러한 경우, 두만강 원류와 〈정계비〉 지점은 너무나 멀기 때문에 두만강이 바로 '토문강'일 수는 없다는 것이 조선 측의 주장이었다.

당시 조선 측의 희망으로는 〈정계비〉와 그 동쪽에 펼쳐진 석퇴·토퇴 라인을 기준으로 어떻게든 이것을 해란강 라인에 결부시키고자 했던 것이지만, 사실 이중하의 비밀보고에 의하면 '석퇴·토퇴'와 두만강 상원을 연결하는 '목책의 자취'(일찍이 목극등의 지시로 숙종조에 구축되었던 목책의 자취)는 당시에도 관목 사이에 그 흔적이 남아 있었다고 한다.[29]

결국 양자의 주장은 평행선을 달렸고, 담판은 그대로 중지되어 버렸다.

정해 담판

조선 사람들이 널리 믿고 있었던 토문·두만 이강설은 '분계강' 인식을 공유하지 않았던 중국 측 사신으로부터 도무지 신뢰를 얻을 수 없었다. 이 때문에 1887년(청 광통 13년, 조선 고종 24년 정해)의 담판에서 조선 측은 토문·두만 이강설을 일단 보류하고, 두만강 본류를 확정하기 위한 교섭에 마지못해 응해야만 했다.

양국 사신은 다시 회령에서 회동했고, 그로부터 두만강을 거슬러 순차적으로 그 본원을 답사했는데, 그 과정에서 중국 측은 서두수를 답사해야 한다고 했고 조선 측은 홍토수를 답사해야 한다고 해서 일찌감치 양자가 대립하였다.

그렇지만 지난 답사에서 명확히 밝혀진 바와 같이, 서두수의 상원은 조선의 길주 방면에 있었고, 〈정계비〉와는 남북 40~50리 정도 떨어져 있었다. 따라서 이것은 비문에서 말하는 '동쪽을 토문으로 한다.'의 '토문강'과는 전혀 관계가 없다. 그래서 조선 측의 주장에 따라 홍토수 상원을 답사했고, 또한 〈정계비〉에 이르러 그 주변을 답사했지만, 〈정계비〉로부터 동쪽으로 펼쳐진 '석퇴·토퇴'는 홍토수의 상원에는 연결되

---

29 今則數百年間, 木柵盡朽, 雜木鬱密, 舊日標限彼我之人, 皆不能詳知, 故致有今日之爭卞. 而今番入山之行, 默察刑址, 則果有舊日標識, 尚隱隱於叢林之間. 幸不綻露於彼眼, 而事甚危悚, 其實狀裏許, 不敢不詳告.《土門勘界》〈追後別單〉).

지 않는 것이 확인되었을 뿐, 결국 그 이상의 성과는 없었다.

과연 조선 측이 주장한 대로 〈정계비〉에서 가장 가까이에 있는 발원지는 '홍토수'였지만, 본래 중국측은 〈정계비〉의 위치 자체에 의심을 갖고 있었기 때문에 쉽사리 이를 인정하지 않았다. 거꾸로 중국 측은 홍단수를 국경선으로 할 것을 제기했는데, 홍단수는 홍토수보다도 남쪽에 있었고, 게다가 〈정계비〉와는 남북 130리 정도 떨어져 있었다. 조선측으로서는 이를 도저히 인정할 수 없었다. 그래서 중국측도 다소의 양보를 표하고, 이번에는 홍단수와 홍토수의 사이의 '석을수'를 국경으로 하자는 안을 제시했다.

이른바 석을수는 현지에서 말하는 '돌앙수(乭央水)'이고, '돌앙(乭央, 도랑)'은 '소구(小溝)의 속칭'이다.[30] 이처럼 이름도 없는 물길의 상원은 조선측이 주장한 홍토수의 상원보다 다소 남쪽이고, 그만큼 〈정계비〉와도 떨어져 있었지만, 그래도 홍단수를 국경선으로 하는 것보다는 훨씬 나았다. 이 때문에 논의는 점점 '홍토수'를 국경선으로 할지 '석을수'를 국경선으로 할지로 좁혀져 갔지만, 결국 이 때의 교섭에서도 중국과 조선의 국경선을 확정하는 것이 불가능했고, 그 매듭은 대한제국기로 넘어가게 되었다.

덧붙여 말하자면, 을유(1885년)·정해(1887년)의 담판은 모두 일본이 무력으로 조선의 개국을 강요했던 강화도사건(1875년) 및 〈조일수호조규〉(1876년) 체결 이후의 사건에 속한다. 〈조일수호조규〉에는 조선이 자주국이고, 일본과는 평등한 권리를 보유하는 것이 명문화되어 있다. 그러나 1882년의 임오군란에 의해 조선에 대한 영향력을 회복했던 청

---

30 〈土門勘界〉.

나라는 같은 해에 맺었던 〈조중상민수륙무역장정〉에서 종래의 사대 관계를 재확인하고 이를 한층 강화하였다. 이 때문에 을유(1885년)·정해(1887년) 등 일련의 담판에서도 청나라는 항상 상국(上國)으로서 고압적인 태도로 임했고, 조선은 그 속국으로서 청나라 황제의 천은을 감사하게 받들어야 했다.

  이러한 청나라와 조선의 사대관계가 청산되지 않는 한, 중국과 조선 양국의 국경선은 어차피 중국 측의 주장에 따른 모양새로 획정될 수밖에 없었을 것이다.

7

대한제국의 꿈

1897년, 조선왕조는 '광무' 연호를 제정했고 국호를 '대한'으로 고쳤으며 원수의 칭호를 '대군주'에서 '황제'로 격상했다. 중국 청나라 황제로부터 '조선국왕'으로 책봉되었고, 정삭(正朔, 曆)을 받아왔던 조선국 원수는, 1876년 〈강화도조약(조일수호조규)〉에 의해 개국한 이후 여러 외국과 교섭(교린)할 즈음해서는 '대군주'로 칭했고(고종 19년) 또한 국내에서도 '대군주 폐하'라는 존칭을 정했으며(고종 31년) 차츰 그 위호를 높여갔는데, 이 때 처음으로 '황제'로 칭해서 중국 청나라로부터의 독립·자주를 내외에 과시했다.

황제 칭호를 채택함에 따라 조선의 국호는 2글자(朝鮮)에서 1글자(韓)로 격상되었지만, 이 때 채택되었던 '한(韓, 대한大韓의 대大는 단지 수식어)이라고 하는 국호에는 옛날 '삼한'에서 끊이지 않고 이어져 왔던 한반도 사람들의 민족의식·영역의식이 응축되어 들어갔다. 본장에서는 이러한 '한(韓)'이라고 하는 국호를 분석함으로써 근대의 입구에 섰던 한반도 사람들의 민족의식·영역의식을 추적해 보고자 한다.

1.
국호 개정

조선에서 대한으로

1636~1637년 병자호란의 결과, 조선은 청나라에 굴복하고 '성하지맹(城下之盟)'을 맺어 청나라에 칭신하였으며 그 번속이 되었다. 그러나 조선 국내에서는 여전히 청나라(만주인)를 오랑캐로 보는 여론이 강했다. 지식인들은 임진왜란·정유재란에서 '재조(再造)의 은혜'(거의 멸망하게 된 것을 구원하여 도와 준 은혜_역자)를 받았던 명나라의 '숭정(崇禎)' 연호를 계속 사용하였다.

물론 명나라 그 자체는 1644년에 멸망했고, 그 잔존세력인 남명(南明)의 여러 정권도 1661년에는 완전히 소멸했다. 그럼에도 불구하고 숭정 연호를 계속 사용했던 조선 지식인들은 이를 통해 중화 정통이 조선에 이어졌다는 것, 나아가 조선이 중화의 유일한 담당자가 되었다는 것을 과시하려 하였다.

조선후기 지식인들의 이러한 독특한 세계관은 근대의 입구에서 대한제국 성립에도 직접적으로 영향을 미쳤다.

군주로서의 덕이 하늘이나 땅과 흡사한 자를 황제로 부릅니다. ······

우리나라는 건국 이래 500년, 예악전상(禮樂典章)과 의복관제(衣冠制度)는 한·당·송의 황제[의 제도]를 가감하면서, 오직 명나라의 대의 제도를 기준으로 합니다. 따라서 그윽한 '중화'의 문명을 정확히 잇고 있는 나라는 오로지 우리나라뿐입니다. …… 복희·신농·요·순과 함께 성덕을 갖추고, 한·당·송·명의 정통을 이은 우리 임금께서 대황제로서 그 위호를 높이는 것은 시기로서도 예의로서도 정말로 당연한 것입니다.[1]

이른바 황제 칭호의 채용에 앞서, 조선의 대신들은 위와 같은 권진(勸進) 상소를 되풀이했는데, 여기서는 이른바 조선중화사상(만주인의 청나라가 아니라, 동방 군자의 나라인 조선이 명나라의 정통을 이은 중화의 문명을 유일하게 지니고 있다는 당시 지식인들의 자의식)이 전형적으로 나타나고 있다. 굴욕적인 '성하지맹'에 의해 강제되었던 청나라와의 '사대'관계를 버리고 지금이야말로 '칭제'의 꿈을 실현하자고 하는 것이다.

이에 대해서 국왕 고종은 일단은 사양했지만, 결국 다음과 같은 조서를 발표해서 황제 칭호를 채용하게 되었다.

짐이 생각건대 단군·기자 이래로 우리의 영토는 분열하여 각각 한 구석에 할거하고 서로 패권을 다투었는데, 고려시대에 이르러 '마한·진한·변한'의 땅은 통합되어 이것을 '삼한'의 통일이라고 일컬었다. 우

---

1 伏以《記》曰: '德侔天地者, 稱皇帝.'(……) 我邦開國五百年, 聖神相繼, 重熙累洽, 禮樂典章衣冠制度, 損益乎漢·唐·宋帝, 一以明代爲準, 則郁郁文醇禮之直接一統, 惟我邦是耳. (……) 以羲·農·堯·舜之聖, 接漢·唐·宋·明之統, 惟今日尊大皇帝位號, 準古合今, 考其時則可矣, 據於禮亦當然.《朝鮮王朝實錄》《高宗實錄》光武元年(1897년) 10月 1日(양력).

리 태조의 창업 초에는 고려시대의 판도에서 더욱더 영토를 확장하고, 북으로는 말갈의 영역까지, 남으로는 탐라의 영역까지 병합했다. …… 그래서 금년 9월 17일(舊曆)에 '백악의 남쪽'에서 천지에 제사 지내어 황제의 자리에 오르고, '천하를 가진 호'를 정해 '대한(大韓)'이라고 부르고 이 해를 '광무' 원년으로 정하였다. …… 이상 천하에 포고해서 모두 주지토록 하라.[2]

이 조서에서는 한국·조선의 역사가 집약적으로 기술되어 있다. (1) 조선의 역사가 단군·기자에서 시작된 것, (2)마한·진한·변한의 '삼한', 즉 고구려·백제·신라의 영토가 고려에 의해 통일된 것, (3)조선시대에는 그 영토가 더욱 확장되어 말갈의 땅(함경도)과 탐라(제주도)까지 병합된 것 등이 확인되고, 그 역사를 이어 '백악의 남쪽'에서 '황제'의 자리에 오른다고 선언하였다.

이미 검토한 바와 같이, 여기서 말하는 '백악(白嶽, 白岳)'은 단군이 은둔했던 '아사달'의 땅, 바로 그곳이다.(제5장 제1절) 일찍이 단군이 은둔했던 '아사달'의 땅에서 단군의 정통을 이은 '조선'의 원수가 다시 '삼한'의 통합자, 즉 '대한'의 '황제'로서 즉위한다. '대한'은 '천하를 가진 호'지만, 그 영역에서는 고구려의 속민으로 인식되었던 '말갈'의 영역이 포함된 점에도 주의해야 한다.

---

2 朕惟檀·箕以來, 疆土分張, 各據一隅, 互相爭雄, 及高麗時, 呑竝馬韓·辰韓·弁韓, 是謂統合三韓. 及我太祖龍興之初, 輿圖以外, 拓地益廣. 北盡靺鞨之界, 而齒革橐絲出焉, 南收耽羅之國, 而橘柚海錯貢焉. (……)於今年九月十七日, 告祭天地于白嶽之陽, 卽皇帝位. 定有天下之號曰'大韓', 以是年爲光武元年,(……)布告天下, 咸使聞知.《朝鮮王朝實錄》《高宗實錄》光武元年(1897년) 10月 13日(양력).

다음으로, 황제 즉위에 앞서 거행되었던 환구단 제천 의례[그림 10](이는 황제(천자)만이 행하는 의례이다. 《예기》〈왕제〉)의 축문을[3] 보면, 거기서도 (1)조선의 역사가 단군과 기자에서 시작되는 것, (2)마한·진한·변한의 삼한, 즉 고구려·백제·신라의 영토가 고려에 의해 통일된 것, (3) 조선시대에는 그 영토가 더욱 확대되어 말갈의 땅(함경도)이나 탐라(제주도)까지도 병합된 것 등이 기술되어 있다. 특히 북방 영역에 대해서는 "설산(雪山, 백두산)을 진(鎭)으로 하고, 흑강(黑江, 송화강·흑룡강)을 경계로 한다."고 해서 넌지시 말갈인(후의 여진인·만주인)의 옛 땅인 중국 동북부(특히 송화강과 흑룡강 이남)가 모두 대한의 영역에 포함되어야 함을 시사하고 있다.

또한 같은 축문에는 "지금, 천하 삼대(하·은·주)의 유풍은 오로지 우리나라에만 있다. 명나라를 잇는 정통 또한 오로지 여기에만 있다."고 해서, 명나라의 멸망으로 중국 본토에서 단절되었던 '중화'의 정통이 우리 조선에서 계승되었다고 하는 이른바 '조선중화사상'이 전형적으로 나타난다.

이리하여 "독립 기반을 수립하고 자주 권리를 행"하기 위해 '백악 남쪽'에서 황제의 자리에 오르고, '천하를 가진 호'를 정해 '대한'으로 칭했다고 하는 대목은 위에서 서술한 즉위 조서와 같다.

---

3 卽皇帝位祝曰: 惟我東方人民之君, 自檀·箕以來, 疆土分裂, 各據一方, 互相侵伐, 未定于一. 穢·貊·肅愼等, 國名稱爲多. 及高麗呑並馬韓·辰韓·弁韓, 是爲統合三韓. 迷臣先祖創業之初, 興圖以外, 闢地益廣. 北盡靺鞨之墟, 雪山爲鎭, 黑江爲界, 而齒革羽毛絲之所由出焉. 南收耽羅之國. …… 今天下三代之遺風, 惟在於我邦, 亦惟在玆矣. …… 願樹獨立之基, 行自主之權. …… 今年九月十七日, 於白嶽之陽, 設壇備儀, 昭告于上帝. ……《增補文獻備考》〈禮考〉'圜丘'.

[그림 10] 황궁우
환구단의 부대시설로, 위패를 봉안하는 곳이다.(저자 촬영)

국호 개정의 유래

일찍이 조선국의 원수는 중국의 황제로부터 책봉을 받았던 국왕이었다. 또한 〈강화도조약(조일수호조규)〉에 의해 개국한 이래, 여러 외국의 황제(Emperor)와 교제할 즈음에는 '대군주'라는 칭호를 사용한 적도 있었다. '황제'와 '국왕'은 균형이 맞지 않는다는 것이 그 이유였지만, 그렇다면 왜 거침없이 '황제'로 칭하지 않았던가 하면, 그것은 역시 중국의 '책봉체제' 하에서 중국 세력에 의뢰하여 외압을 피한다는 의식에서 여전히 완전히 벗어날 수 없었기 때문이었을 것이다.

그러한 의뢰심을 버리고, 더욱 "독립의 틀을 다지고 자주의 권리를 행"하기 위해 황제로 칭했던 것은 좋지만, 그 즈음 왜 국호에 대해서도 '조선'에서 '대한'으로 변경하지 않으면 안 되었던 것일까?

이 점에 대해서《고종실록》에는 대체로 다음과 같은 기술이 있다.

고종 : 처음으로 환구를 제사 지낼 무렵, '천하를 가진 호(有天下之號)'를 정하고자 생각했는데, 어떠한가?

심순택 : 우리나라는 기자의 옛 봉지인 조선의 이름을 이어받고 있지만 적당하지는 않습니다. '천하를 가진 호'를 정하는 것이 어울립니다.

조병세 : 새로이 황제호를 사용하는 것에서 '천하를 가진 호'에 대해서도 새롭게 정해야 합니다.

고종 : 우리나라는 '삼한'의 땅에 있고, 국초에 천명을 받아 이를 통일하였다. 천하를 가진 호를 정해 '대한'으로 하는 것이 좋을 것이다. 그리고 외국의 문서를 보면 '조선'이라고 하지 않고 '한'으로 부르고 있는 것도 있는데, 마치 지금의 일을 예고하는 것 같다. 천하에 선언하기 이전부터 천하가 모두 대한의 호를 알고 있는 것이다.[4]

위의 군신간의 대화에 의하면, 조선의 국호를 고친 이유는 그것이 '천하를 가진 호'로서 어울리지 않는다고 판단했기 때문이었다. 그런데 왜

---

4   上曰: "欲與卿等有所議定者矣. 今於一初之政, 百禮俱新, 自今肇禋圜丘之時, 宜用定有天下之號也. 大臣之意何如?" 舜澤曰: "國家, 因箕子舊封朝鮮之名, 仍以爲號, 未始爲切當. 今於邦舊命新之日, 定有天下之號, 應合典則矣." 秉世曰: "天命維新, 百度皆新, 有天下之號, 亦宜新定. 自今伊始, 萬億年卜世祈永之本, 實在於此矣." 上曰: "我邦乃三韓之地, 而國初受命, 統合爲一. 今定有天下之號曰'大韓', 未爲不可. 且每嘗見各國文字, 不曰'朝鮮', 而曰韓者, 抑有符驗於前, 而有竢於今日, 無待聲明於天下, 而天下皆知大韓之號矣."《朝鮮王朝實錄》《高宗實錄》光武元年(1897년) 10月 11日(양력).

어울리지 않는가 하면, 그것은 기자의 옛 봉토인 조선이라는 이름이 중국의 책봉을 받은 제후국으로서의 이미지와 구분하기 어렵게 결부되어 있기 때문일 것이다.

그렇지만 조선의 국호는 기자가 독자적으로 정했던 것으로, 기자는 주나라 무왕의 봉건을 받았던 것도, 신하로 복속했던 것도 아니라고 하는 이른바 '기자불신론'은 조선후기 지식인들이 곧잘 받아들였던 화제 중 하나였고[5] 무엇보다 '조선'은 '기자의 옛 봉토'이기 이전에 단군조선(중국의 '요'와 병립해서 독자적으로 국호를 정했다고 하는 '단군조선')의 국호가 아니었던가? 따라서 '조선'이라고 하는 국호 그 자체에서 '독립'과 '자주'의 이념을 포함시킬 수 없는 것은 아니다.

그럼에도 불구하고 이러한 유래가 있는 '조선'이라는 국호를 버리고 '대한'이라는 국호를 정한 것은 무릇 황제의 '천하를 가진 호'가 '두 글자'가 아닌, '한 글자'로 하지 않으면 안 된다고 하는 황제제도 그 자체에 내재한 역사적이며 전통적인 논리에 따르지 않을 수 없었기 때문이다.

무릇 중국의 봉건제도에서는 국호의 글자 수에도 하나의 명확한 기준이 마련되어 있었다. 《원사》권108 〈제왕표〉 및 왕기의 《속문헌통고》 권193 〈봉건고〉 등의 기술에 의하면, 왕호에는 '한 글자 왕(一字王)'과 '두 글자 왕(二字王)'의 구별이 있고, 봉국과 봉읍의 호가 '한 글자'인 것은 '두 글자'인 것보다도 격이 높았다. 또한 외국 군주의 국호는 가령 '한 글자 왕'과 동격이었어도 대개 '두 글자'로 정했다. 예를 들면 황제의 아들들에게는 '○王' 등 '한 글자 왕'의 자리를 주지만, 외국 군주에 대해서는 이보다 한 등급을 내린 '고려국왕', '안남국왕' 등 두 글자의 국호를

---

[5] 《藥泉集》〈東史辨證〉.

주어 구별했다.(본래 면국緬國 등 간단한 음역의 경우는 예외로 한다.) 동시에 '왕호'를 주는 데에도 '한 글자'의 봉호를 가진 중국 국내 세력[內臣]과 '두 글자' 국호를 가진 외국 세력[外臣]은 처음부터 명확한 구별이 이루어졌다.

이 경우 한 글자 왕보다 위에 군림하는 황제의 '천하를 가진 호'는 진·한 이래의 사례를 끌어올 것도 없이 당연히 한 글자였고,(거란 등 이민족 정권을 제외하면) 예외는 없었다.

'대원(大元)', '대명(大明)', '대청(大淸)' 등의 경우 '대(大)'자는 단순한 존칭이었고, 실질적인 의미를 가진 것은 '원(元)', '명(明)', '청(淸)' 등의 한 글자였다. 덧붙여 말하자면, 한·당·송 등은 황실의 시봉(始封) 국호를 '천하를 가진 호'로 썼지만, 원·명·청 등은 구체적인 지명이 아니라, 그 통치 이념[文義]으로 '천하를 가진 호'를 정했다는 데 특징이 있다.

이처럼 '천하를 가진 호'가 대개 한 글자라고 하면, 중국 황제에게 복속하는 '조선국왕'으로서의 '두 글자' 국호를 그대로 '천하를 가진 호'로 전용하는 것은 아무래도 맞지 않는 것이었다.

'조선'은 민족의 시조로서 자리매김했던 단군조선의 국호이고, 또한 동방 교화의 기원으로 자리매김되었던 기자조선의 국호이기도 하지만, 아무리 그러한 전통을 존숭한다 하더라도 황제로 이름을 올린 이상 '두 글자'가 아닌 '한 글자' 국호를 정해야만 했다.

이 경우 적당한 후보로는 '삼한'의 약칭인 '한(韓)' 이외에는 있을 수가 없었는데, 더욱 적당하기로는 중국을 필두로 여러 외국에서도 또한 오랫동안 이전부터 '조선'의 국호를 문학적 수사로는 한 글자인 '한(韓)'이라고 관습적으로 불렀기 때문이다.

2.
다시 국경 담판

청나라 세력의 후퇴

'조선'에서 '대한'으로 국호를 변경한 것은 중국 청나라에 대한 '사대'를 끊고 '독립'과 '자주'의 자세를 내외에 선언한 것이었다. 그리고 그것은 청일전쟁(1894~1895)에서 청나라의 패배, 그리고 그에 따라 청나라 세력이 한반도로부터 후퇴했던 상황을 반영한 것이었다.

이보다 먼저 청일전쟁에 승리했던 일본은 당연히 후퇴했던 청나라에 대해서 한반도에서 이권을 신장할 생각이 있었지만, 실제로는 러시아 세력에 눌려 생각처럼 세력을 펼칠 수는 없었다. 조선 궁중에서는 새로이 '친러파'가 세력을 떨쳤고, 일본의 간섭을 피했던 국왕 고종이 러시아 공사관으로 '국내 망명'한 전대미문의 사건(이른바 아관파천, 1896년)이 일어났던 것도 이 즈음이다.

그 다음해 내외의 비판을 받아 가까스로 경운궁(지금의 덕수궁)으로 돌아왔던 국왕 고종은 마침내 다년간의 꿈이었던 황제 즉위를 단행했지만, 그것은 청나라 세력 후퇴와 러일 상호간의 세력 견제라는 일종의 권력 공백 상태를 틈타 행했던 국위 신장을 위한 시위였다.

그 후 1899년 의화단의 난(北淸事變) 및 그에 따른 러시아의 남하(만주 점령)로 인해 간도 지역에서도 청나라 세력의 후퇴와 그에 따른 러시아 및 일본 세력의 각축이라고 하는 새로운 상황을 맞이하게 되었다. 이 때문에 대한제국의 입장에서도 종래의 방침을 수정하여 1901년(광무 5년)에 이범윤(11863~?)을 시찰사로 임명해 간도에 파견하였다. 다음해, 그를 북변간도관리사(北邊墾島管理使, 墾島는 間島의 별명)로 임명해서 적극적으로 동포 보호 임무를 맡게 하였다. 영토 편입을 전제로 하는 본격적인 활동의 개시였다.

이러한 일련의 정치 정세 속에서 종래 상국인 청나라의 지배를 받던 간도 지역에 대한 영유권 주장은 이 시기에 이르러 다시 활발하게 전개되게 되었다.

《대한강역고》

이범윤의 활동을 전후해서 대한제국의 수도 황성(서울)에서는 장지연(1864~1921) 등이 《황성신문》 지상에 건필을 떨쳤고, 이른바 간도 문제에 관해서 시종 적극적으로 한국측의 영유권을 주장하는 캠페인을 전개하였다.

그 일환으로서 《황성신문》에서는 1903년(광무 7년) 4월 14일자에서 정약용의 《아방강역고》 소개 기사를 장기 연재하였고, 또한 1905년(광무 9년)에는 같은 황성신문사에서 정약용 원저, 장지연 등 보정의 《대한강역고》를 간행하였다. 전통적인 학문 지식을 모두 동원해서 간도 문제에 대처하고자 한 것이다.

이 《대한강역고》(원저 《아방강역고》)의 간행 즈음, 장지연은 원본 내용을 증보해서 새롭게 〈백두산정계비고〉 한 편을 덧붙였다. 그것은 이범윤의 막하에서 편찬되었던 김노규의 《북여요선》 등 기타 기사에 장지연의 독자적인 생각을 더하고, 한국측의 '간도' 영유권을 역사적으로 증명하고자 한 것이었다.

그 주장은 《대한강역고》에 부록으로 실린 〈북간도도〉라는 지도에 집약적으로 나타나고 있다. 잠시 이 〈북간도도〉를 참조하면서 당시의 지식인들이 그렸던 '대한'의 강역에 대해서 확인해 보도록 하자.[지도 14]

소하강

〈북간도도〉에 의하면, 송화강 유역에는 '송화강(松化江), 또는 소하강(穌下江)'이라고 명확하게 주기되어 있다.[지도 14-①] '송화강(松化江)'은 곧 '송화강(松花江)'의 같은 음 다른 표기, '소하강(穌下江)'은 '소하강(蘇下江)'의 다른 표기이므로 결국에는 '소하강'을 '송화강'으로 보고 있는 것이다.

이른바 '소하강'에 대해서는 《세종실록지리지》, 《신증동국여지승람》 등에서 '수빈강' 상류로 기술되어 있는데, '소하강', '수빈하'는 모두 수분하(綏芬河, 송화강 지류 및 모란강 상원에서 이어지는 수류로 잘못 인식되었던 수분하)의 같은 음 다른 표기로 추정된다.(제6장 제2절) 그러나 《북여요선》을 편찬했던 김노규는 이를 '송화강'에 비정해서 "먼저는 소하, 후에는 송화, 이름은 달라도 하나의 강"이라고 했고,[6] 장지연도 김노규의 설에 찬동하고 있다.

이러한 소하강·송화강 동일설은 아마 소하강(蘇下江)과 송화강(松花江) 글자의 음이 유사한 데 따른 것으로, 그 자체로는 간단한 착상이라고 할 수밖에 없다. 그러나 '백두산에서 근원을 출발하고, 북류'해서 소

---

6 先蘇下, 後松花, 名異而一江, 《北輿要選》 卷上 〈白頭舊疆攷〉 按語.

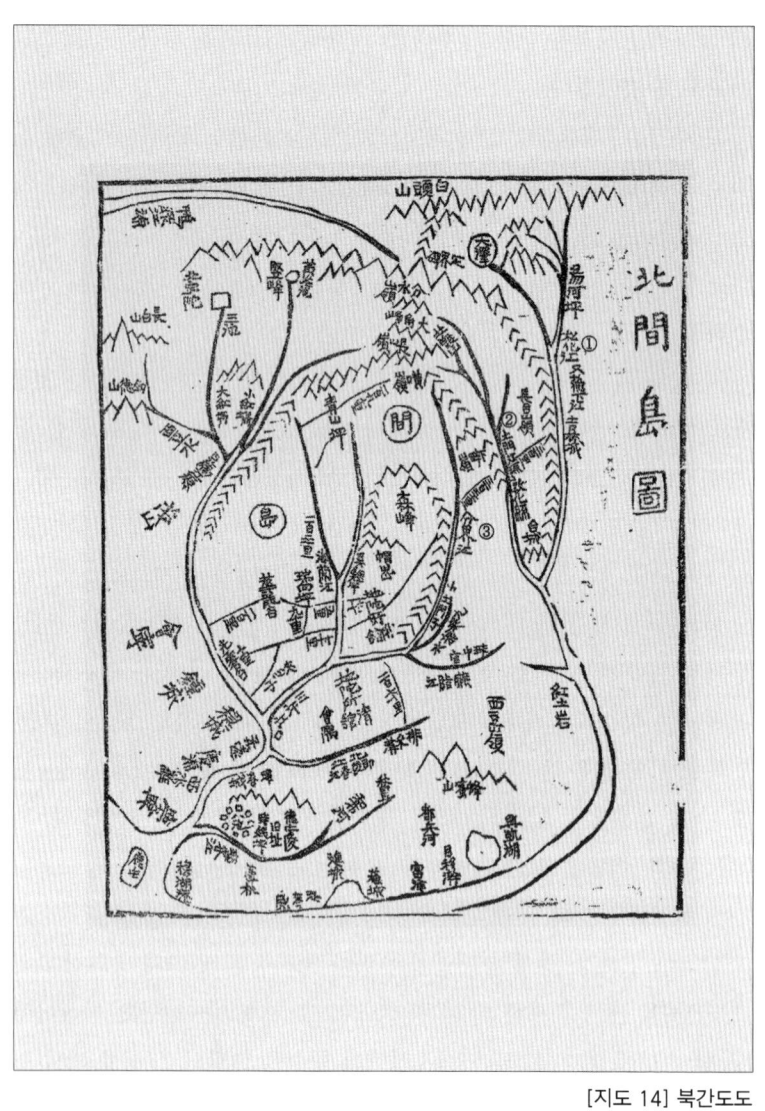

[지도 14] 북간도도
《대한강역고》에 수록된 지도. 송화강(松花江)이 송화강(松化江)으로 표기되었고,
소하강(蘇下江)은 다른 글자체를 써서 소하강(蘓下江)으로 표기되었다.

하강으로 되는 하천으로 말하면, 그 제1후보는 당연히 송화강이기 때문에 이처럼 북류하는 수류를 기준으로 하는 이상 이른바 소하강을 송화강에 비정하는 것에는 마땅한 도리가 없는 것은 아니다.

백두산 위에서는 옛날에는 〈정계비〉가 없고, 오직 산맥과 수류를 이용해 경계로 할 뿐이었다. 고려 때 〈정계비(윤관비)〉를 선춘령에 세웠지만, 그것은 백두산 북서[戌亥] 방향의 한 지맥이 굽이굽이 동쪽으로 펼쳐지고 송화강 북쪽 물가에 기슭을 연결하는 것이다. …… 한편 양국의 천연의 경계는 산맥을 사용해서 말하면 선춘령을 넘지는 않고, 수류로서 말하면 [백두산의] 큰 못에서 북류하는 수류(송화강)에 더해지는 것은 아니다. 이 산맥, 이 수류로 경계를 삼으면 저쪽 이른바 [만주인의] 발상지도 아마 우리 [한국의] 영내에 속할 것이다.[7]

이른바 선춘령의 산맥은 고려시대 윤관이 개척했던 9성 영역의 경계를 이루는 것으로 간주되지만, 위의 김노규의 생각에 의하면 그것은 "백두산에서 북서(술해) 방향의 한 지맥이 굽이굽이 동쪽으로 펼쳐지고, 송화강 북쪽 물가에 기슭을 연결하는 것"이라고 한다. 실제 지형에 비춰 생각하면, 아마 그것은 송화강 유역과 모란강 유역의 분수령을 이루는 장광재령일 것이다. 그래서 문제의 선춘령은 이 장광재령의 산맥이 송화강 북쪽 물가를 돌아 흘러 그 부분에 위치한다고 하므로, 결국에는 송화강 수류보다 이남 지역이 '대한'의 영역이라고 하는 것이 된다.

---

7 按白頭山上, 古無定碑, 只以山麓江派爲界. 高麗時立定界碑於先春嶺, 卽白山戌亥方, 一枝迤東列麓於松花江北濱者也. (……) 夫兩國天作之限, 以山麓而無踰先春嶺, 以江派而莫若大澤北流之水矣. 界以此嶺此水, 則彼所謂發祥恐屬我疆. 《北輿要選》卷上 〈白頭碑記攷〉 按語.

이처럼 송화강 이남을 '대한'의 영역으로 하는 이야기는 앞 절에 보았던 환구단 제천 의례의 축문에서도 "설산(백두산)을 진(鎭)으로 하고, 흑강(송화강, 흑룡강)을 경계로 한다."고 하는 모양으로 구체적으로 나타났다. "흑강을 경계로 한다."고 하는 당시의 영역관에 의하면, 청나라 발상지인 영고탑, 나아가 만주 지역은 거의 모두가 '대한'의 영역에 속하는 셈이다.

토문강

정계비에서 말하는 '토문강'은 을유년(1885년) 이중하 등의 답사에 의하면, 정계비 동쪽의 건천이 동쪽으로 백여 리 정도 흐른 곳에서 처음 수류가 보이고, 그곳에서 동북으로 흘러서 흐름을 바꾸어 북쪽 송화강에 유입한다. 아마도 지금의 오도백하(송화강 지류 중 하나)를 말하는 것이다.

본래 〈북간도도〉에 의하면, 이른바 '토문강원(土門江源)'은 돈화현 바로 위에 위치하는 것처럼 기록되어 있다.[지도14-②] 이에 의하면, 이른바 '토문강'은 돈화현을 흐르는 모란강, 혹은 그 한 지류로 비정되었지만, 단순히 지도 그릴 때의 착오였는지 아니면 뭔가 따로 근거가 있었는지 알 수 없다.

이른바 '토문강', 지금의 오도백하가 송화강으로 흘러 들어가는 것은 당초는 〈정계비〉와 그 동쪽의 석퇴·토퇴가 두만강과는 이어지지 않은 점, 즉 '토문강'과 두만강은 다른 하천임을 주장하기 위한 하나의 논거로 제시되었을 뿐이었다. 그런데 대한제국기에는 이른바 '토문강'이 송화강으로 흘러 들어간다고 하는 사실이 한층 더 강조되었고, 이것이 위에서 말한 '소하강=송화강설'과도 서로 어울려서 송화강 그 자체가 '대한'의 경계라는 보다 적극적인 주장으로 발전해 갔던 것이다.

1899년(광무 3년)에 한국 정부에서 파견했던 답계파원(査界派員, 경원 군수 박일헌) 등의 답사 보고에 의하면, 이른바 '토문강' 수류가 송화강으로 흘러 들어가는 데 대해서는 다음과 같이 기술하고 있다.

> 정계비 동쪽 토문강의 근원은 석퇴·토퇴를 지나 삼포에 이르러 처음 그 수류를 나타내고, 북증산 서쪽의 능구·황구수·대사허·소사허·구등허·양양구(낭랑구) 등의 지점에 이르고, 500~600리 정도 흘러 송화강과 합류하고, 동쪽 방향 흑룡강에 이르러 바다로 들어간다. 토문강 상원에서 하류의 바다로 들어가는 지점에 이르기까지 물길의 동편은 원래 [한국의] 계한(界限) 내의 땅이지만, 우리나라는 당초 변경의 다툼을 두려워하여 유민[의 진출]을 엄금하고, 그대로 그 지역을 공지로 두었다. 그래서 청국은 이것을 자국의 영토로 간주해서 먼저 점령하고 러시아 사람들에게 천여 리의 땅(연해주)를 할양하기에 이르렀다.[8]

여기에 보이는 '양양구(兩兩溝)'는 '낭랑구(娘娘庫)'의 같은 음 다른 표기로 현재 길림성 송강진이다. 그러므로 문제의 수류가 송강진을 흐르는 지금의 오도백하를 가리키는 것은 명확할 것이다. 그런데 이 오도백하가 송화강으로 흘러 들어간다고 하는 사실을 근거로 해서 경계 조사

---

[8] 碑東土門之源, 歷石堆土堆至杉浦, 水始出逶, 至于北甑山之西, 陵口·黃口水·大沙壚·小沙壚·九等壚·兩兩溝等處, 流于五六百里之許與松花江幷合, 東至于黑龍江入于海. 土門江之自上源至下流入海以東, 固是界限內地, 而我國則初慮邊釁, 嚴禁流民, 遂虛其地. 故淸國謂之已疆, 先爲占居, 至有割讓俄人千餘里之地.《北輿要選》卷下〈査界公文攷〉.

에 파견된 관리들은 송화강·흑룡강 이남 지역이 본래 '대한'의 영역에 속한다는 주장을 하고자 하는 것이다.

이와 동일한 주장은 〈백두산정계비고〉에서 장지연의 주장에서도 다음과 같은 식으로 기술되고 있다.

> [백두산의] 분수령에서 이동, 토문강을 따라서 하류에 이르고, 송화강 근처로 흘러들어가기까지의 영역에는 장(산)령, 북증산, 하반령(합이파령) 등이 있고 모두 포개어진 산악지대를 이루고 있으며 그 구획은 매우 확실하다. 그러나 '토문강'이 송화강으로 흘러 들어가 더욱이 흑룡강과 합류한 것과, 그 동남 천여 리의 땅(연해주)은 지금 모두 러시아의 영토가 되었기 때문에 별안간 옛 영토 모두의 회수를 논할 수 없다고 해도 잠시 '분계강'에서 이남의 '간도' 지역에 대해서 틀림없이 [대한의] 경계로 삼고 [대한의] 판도에 편입하는 일은 반드시 해야 하는 일이다. 그럼에도 불구하고 우리 정부는 오직 머뭇거림을 일로서 할 뿐이다. 뭐라고 할 말이 없다.[9]

여기서 장지연이 말하는 '토문강'이 송강진을 흐르는 지금의 '오도백하'를 말하는 것인지, 아니면 〈북간도도〉에서 나타난 것처럼 '모란강'을 말하는 것인지는 잘 알 수 없다. 어쨌든 여기서도 송화강·흑룡강보다 이남의 지역은 모두 대한의 영역으로 간주하고 있는데, 게다가 그 영역의 동남 천여 리의 땅(연해주)은 모두 러시아의 영토로 되어 버렸다고 개탄하고 있다.

---

9 장지연, 〈백두산정계비고〉.

연해주가 모두 '대한'의 영토라고 하는 것은 자못 과대한 주장이지만, 그러나 그 지역에는 당시 본국 유망민 다수가 거주하고 있었다. 따라서 위에서 말한 바와 같은 영역관이 어느 정도 실체화되었던 사실도 잊어서는 안 된다.

분계강

장지연은 연해주 '회수'를 장래의 과제로 삼고 보다 현실적인 목표로 '분계강' 이남 영역 획득에 주목하고 있다. 제6장 제2절에서 검토한 바와 같이 이른바 '분계강'은 조선 후기 지식인들에 의해 해란강에 비정되었는데, 대한제국기의 '분계강'은 해란강이 아니고 그 북쪽을 흐르는 포이합통하(포이합도하)에 비정되었던 경우도 많다. 장지연이 말하는 분계강도 실제로는 포이합통하를 가리키고 있는 것이다.

그 증거로 〈북간도도〉에서는 두만강 북쪽을 흐르는 해란강에 대해 그보다 북쪽을 흘러 해란강에 합류하는 다른 수류를 '분계강'으로 기록하고, 더욱 그것을 '소토문자(小土門子)'로도 기록하였다.[지도14-③] 이 '분계강'과 '소토문자'가 바로 포이합통하이다.

이른바 분계강을 포이합통하에 비정하는 사례는 그 외에도 있다. 예를 들면 《북여요선》에서 인용하는 1899년(광무 3년)의 답계파원(查界派員, 박일헌) 등의 답사 보고에,

'하반령'에서 수원이 시작되는 수류는 또는 박이합통하(포이합통하)로 칭하고 또는 '분계강'이라고도 칭하는데, 이것은 옛 사람들이 이 수류를 '토문강'의 하류로 오해해서 제멋대로 '분계강'으로 이름 지었던 것은 아닐까?[10]

라고 논한 것이 그 하나의 사례이고, 또 같은 시기《황성신문》1899년 (광무 3년) 2월 23일자의 〈잡보(한청정계)〉에,

> 청의 강희 51년에 목극등을 사자로서 [중한의] 경계를 정할 때에 백두산의 큰 못 아래에 정계비를 세우고, 토퇴·석퇴를 이어서 '토문자강'을 분계로 하였다. 하반령 아래에 또 하나의 '토문자강'이 있는데, 강은 이름이 같다[에 지나지 않는다]고 해도 땅은 [정작] 분경(分境)에 해당한다. 그래서 이것(두 개의 토문자강)으로써 경계를 정하였다.[11]

라고 하고, 하반령 아래의 토문자강을 분계강이 맞다고 하는 것이 또 하나의 사례이다. 이 기사에서는 〈정계비〉의 토문자강과 하반령 아래의 토문자강을 잇는 라인을 청과 한의 국경선으로 할 것을 주장하고 있지만, 이른바 하반령은 합이파령의 같은 음 다른 표기로, 포이합통하는 이 합이파령으로부터 근원이 나왔기 때문에, 여기에서 말하는 토문자강도 또한 구체적으로는 포이합통하를 가리키는 것이 분명하다.

해란강이 설령 포이합통하라 하더라도 그것은 두만강 북쪽을 흘러 합류하고, 이윽고 두만강으로 흘러 들어가는 동일 수계의 하천이다. 이 때문에 그 본류를 어디로 간주하는가에 의해 양자는 모두가 '분계강'으로 불리고, 또는 '토문강(토문자강)'으로도 불렸을 것이다. 그러나 그 중 어

---

10 下畔嶺發源之水, 或稱墳爾哈通河, 或稱分界江, 無乃古人之指此爲土門江.《北輿要選》卷下〈查界公文攷〉.

11 清康熙五十一年間에使穆克登으로定界할時에白頭山大澤下에碑를堅하고土石을連堆하야土門子江으로分界하고下畔嶺下에又有土門子江하니江雖同名이나地則分境也라故로以此定限이온대……《황성신문》1899年(광무 3年) 2月 23日〈雜報: 韓清定界〉.

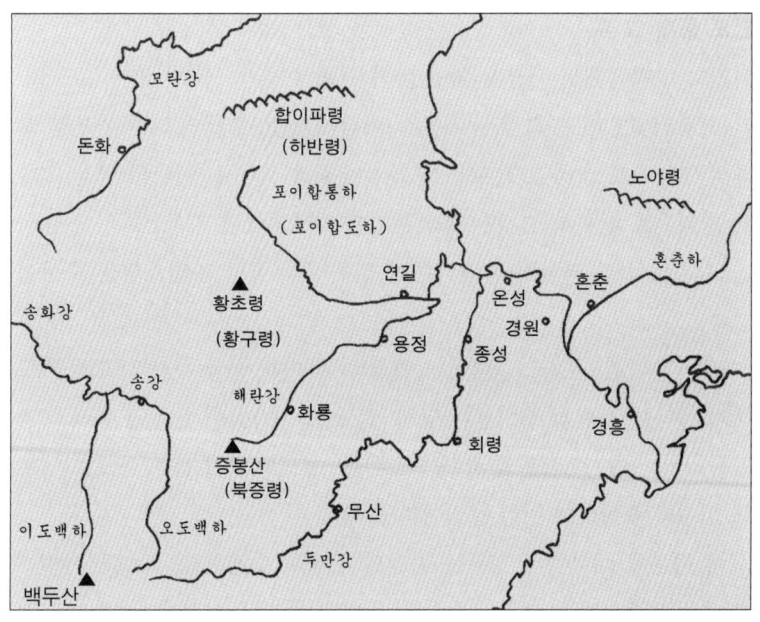

[지도 15] 해란강과 포이합통하

느 것을 국경선으로 선택할 것인가 하면, 당연히 영역이 확대되는 포이합통하 편이 '대한'의 입장에서 유리한 것은 말할 필요도 없다.[지도15]

"원류는 백두산의 아래에서 나오고, 북쪽으로 흘러 소하강이 되며, 공험진·선춘령을 지나 거양성에 이르러 동쪽으로 120리를 흘러 수빈강으로 되고, 아민에 이르러 바다로 들어간다."는 환상 속의 하천(이른바 '분계강')은 이러한 근대 내셔널리즘의 고양에 따라 또한 변용을 겪었고, 그것이 '신문'이라고 하는 새시대의 미디어를 통해 더욱 증폭되어 갔다.

간도 문제 그 후

여기까지 반복해서 서술해 왔던 바와 같이, 이른바 '삼한' 중에 '고구려'가 포함되었으며 송화강과 흑룡강 이남의 땅은 고구려 계승국가인 발해의 영역에도 속하였다. 따라서 흑강(송화강·흑룡강) 이남의 땅을 대한의 영역으로 간주하는 것은 조선후기에 형성되었던 지식인들의 전통적인 민족의식·영역의식에 입각해서 말하면 지극히 자연스러운 주장이었다.

또한 부패했던 왕조 권력에 의한 압박을 피해 중국 동북부(구 만주)로 대거 유망했던 변경 주민들이 당시 '간도'에 거주하여 중국인 관리의 압박을 받고 있었던 점은 한국 정부로서는 '동포'의 보호를 명목으로 영토권 회수를 주장하기 위한 구실이기도 했다.

이 때문에 대한제국 정부는 종래의 방침을 수정하고, 1901년(광무 5년)에 이범윤(1863~?)을 시찰사로 임명해 간도에 파견했다. 그리고 그 다음해 그를 북변간도관리사로 임명해서 적극적인 경영을 개시했던 것은 앞서 말한 대로이다. 그런데 러일전쟁(1904~1905) 발발에 의해 이른바 '간도' 지역은 러시아가 점령했고, 러시아의 철수 후에는 마적이 날뛰어 위축되게 되었다. 한편 러일전쟁에서 승리했던 일본은 한국을 보호 아래에 두고, 그 외교권을 갖게 되었으므로 이번에는 한국인의 보호를 명목으로 일본 세력이 간도에 진출했고, 일본과 청나라 사이에서 간도를 둘러싼 영유권 문제를 협의하게 되었다.

일본은 당초 한국 측의 주장에 따라 '간도'에 대한 한국의 영유권을 주장하고, 용정촌에 통감부 파출소를 설치해 각종 공작을 진행했으나, 그 후 한국측 주장이 무리하다는 사실을 깨닫고 갑자기 태도를 바꾸어서 청나라와 〈간도협약〉을 체결했고, 간도의 청나라 영유권을 승인했

다.[12]

1909년에 맺어졌던 일본과 청나라의 〈간도협약〉 제1조에서는 청나라와 한국의 국경선을 다음과 같이 정했다.

일본과 청나라 양국 정부는 도문강(圖們江)을 청나라와 한국 양국의 국경으로 하고, 강원지방에서는 정계비를 기점으로 하고 석을수를 양국 경계로 삼는 것을 성명한다.[13]

이는 〈정계비〉를 기점으로 하는 것으로, 한국측 주장을 일부 받아들임과 동시에 정해 담판에서 쟁점이 되었던 '홍토·석을' 분쟁에 대해서는 청나라 측의 주장에 따라 '석을수'를 경계로 인정한 것으로, 결국 토문·두만 2강설에 기초한 한국 측의 종래 주장은 일방적으로 물리쳐진 것이다.

이와 같이 중국과 조선 간 오랜 시간에 걸친 분쟁으로 어지러웠던 국경 문제가 일본과 중국 간 교섭으로 급기야 막을 내리게 된 배경에는, 러일전쟁 후의 '만주'의 권익에 관해서 중국과 일본 사이에 거래가 있었다고 한다. 일본은 만주에 있는 권익의 획득과 교환하기 위해서 '간도'에 대해서는 중국 측의 영유권 주장을 전면적으로 지지했다.

그렇지만 이는 한쪽 당사자인 한국을 제쳐두고 일본과 중국의 세력 관계에 의해 정해진 일이었다. 그래서 그것은 한국 사람들(즉 일본의 식민 통치에 복속하고, 지역명과 민족명으로서는 '조선'으로 불리게 된 사람들)에

---

12 《日本外交文書》第42卷 第1冊 〈間島問題一件〉.
13 日淸兩國政府ハ圖們江ヲ淸韓兩國ノ國境トシ江原地方ニ於テハ定界碑ヲ起點トシ石乙水ヲ以テ兩國ノ境界トナスコトヲ聲明ス. 《日本外交文書》第42卷 第1冊 〈日淸協約調印濟ノ件〉.

게 당연히 적지 않은 불만을 남기게 되었다.

　이른바 '간도' 지역은 그 후 일본이 '만주국'을 수립하자 '만주국'에 편입되어 '간도성'이 되었고, 이후에 '만주국' 붕괴와 함께 중국으로 돌아갔다. 이것이 현재 중국 길림성의 '연변조선족자치주'의 기초가 되었다.

　현재 중국(중화인민공화국)과 북한(조선민주주의인민공화국)의 국경선은 1962년의 〈중조변계조약〉에 의해 압록강과 두만강 라인으로 정해졌고, 다만 두만강 상원에 대해서는 〈간도협약〉의 '석을수' 라인에서 '홍토수' 라인으로 변경했고, 게다가 백두산 천지를 양분하는 식으로 그 국경선이 정해져 있다.

　결국 정해 담판에서 조선측이 주장했던 '홍토수' 라인이 생겨나기는 했지만, 이른바 '분계강'(해란강 및 포이합통하)를 국경선으로 하는 오랜 기간의 주장까지 승인된 것은 아니다. 그렇게 해서 국경선에 대한 의문과 불만은 특히 국경 획정에 관여할 수 없는 입장이었던 한국(대한민국) 사람들의 민족의식·영역의식 속에서는 현재에도 여전히 계속 이어지고 있다.

8

역사관의 상극

대한제국의 멸망으로 '한국'은 일본의 식민지가 되었고 해당 지역은 '조선'으로 불리게 되었다. 이어서 일본의 패전에 따른 광복 후에는 미소 냉전 아래 남북으로 대한민국(한국)과 조선민주주의인민공화국(북조선)이 성립했고, 해당 지역을 가리키는 호칭으로서는 조선이라고 하는 호칭과 한국이라고 하는 호칭이 대립하는 사태가 벌어졌다.

그렇지만 이 두 개의 분단국가를 구성하는 민족은 본래 하나의 민족이었다. 따라서 이 분단시대에 있어서는 '민족의 통일'이 최대의 과제이며, 역사학에서도 이 과제에 대응하였던 한민족(조선민족)의 구체적인 역사상(歷史像)을 구축하는 일이 무엇보다 강하게 요구되었다. 그렇게 그려진 역사상이 전체적으로는 민족주의적 색채를 강하게 띠는 것은 당연할 것이다.

그렇지만 과도한 내셔널리즘은 이웃의 여러 민족 및 여러 국가와 마찰을 야기하고, 그 마찰이 또 다시 내셔널리즘의 과열을 발생시키는 악순환을 초래한다. 중국과의 관계로 말하자면, 중국 동북부(특히 간도 지역)에 대한 영토의식이라는 문제가 가로놓여 있다.

고구려 논쟁

중국 길림성의 '연변조선족자치주'(예전 '간도성' 영역)에 대한 한국과 조선 사람들이 갖고 있던 전통적인 영토의식(잠재적인 영유권 주장)은 최근에 우연히 고구려 논쟁이라고 하는 형태로 세간의 주목을 모으게 되었다.

고구려의 수도 평양 근교에는 유명한 덕흥리 고분을 비롯하여 고구려시대의 고분(역사적·미술적으로 매우 가치가 높은 벽화고분)이 다수 존재한다. 일본의 히라야마 이쿠오 화백 등이 힘써서 2003년에는 북조선이 유네스코에 고구려 벽화고분의 세계유산 등록을 신청했다. 그런데 당시 중국 측 위원의 반대로 등록은 실현되지 못했고, 거꾸로 중국 쪽에서 이에 대항하는 형태로 자국 영내의 고구려 고분군에 대해서 등록 신청을 노리기 시작했다. 그 때 고구려를 '중국의 지방정권'이라고 하는 중국 측의 주장에 이번에는 북조선이 아닌 한국 측이 반발했고, 2003년에서 2004년에 걸쳐 중국과 한국의 역사 대립이 본격화되었다.

이보다 앞서 중국에서는 2002년에 시작된 '동북공정'이라고 하는 국가적 연구 프로젝트(2006년에 종료)를 통해 중국 동북부(구 만주) 역사의 체계화를 도모했는데, 그 목적으로 삼는 바는 동북부에 전개되었던 고구려와 발해, 기타 여러 민족의 역사를 '중화 민족'의 역사의 일환으로 자리매김하는 것이었다. 지금의 중국은 '한족' 및 '55개'의 소수민족에 의해 구성된 '통일적 다민족국가'이다. 그러한 중국의 오늘날의 입장에서 과거 고구려와 발해 등 주변 이민족의 활동을 넓은 의미에서 '중화 민족'의 역사 속으로 편입하고자 했던 것이다.

이 때문에 고구려 벽화 고분을 둘러싼 중국 측의 일련의 대응에 대해서는 고구려와 발해의 역사를 중국사에 편입하고자 하는 음모의 일환이라 하여, 특히 한국 측에서 강한 반발을 불러 일으키게 되었다.

이즈음, 미야자키 대학(宮崎大學)에 봉직하고 있던 필자의 연구실 컴퓨터에도 어떤 경로에선가 '고구려와 발해의 역사를 한국으로부터 탈취고자 하는 중국의 "역사왜곡"에 항의'하는 취지의 서명을 호소하는 한글 전자메일이 들어와서 다시 사태가 가열되었음을 실감하였던 기억이 있다.

결국 북조선의 '고구려 고분군'에 대해서는 중국의 '고구려 전기 도성과 고분'과 동시 승인 형태로 세계유산에 등록되었고(2004년 7월), 이에 따라 한국·북조선과 중국 사이에서 펼쳐졌던 역사관의 대립은 일단은 피하게 되었다.

고구려와 발해의 역사를 어떻게 위치시킬 것인가? 거기에는 중국의 입장, 한국의 입장에서 각각 주장하는 말이 다를 것이고, 결국은 개개인의 '세계관'의 문제이다. 그러나 역사학의 입장에서 말하자면, 고구려는 고구려이며, 그 이외의 어떤 것도 아니다. 따라서 후세의 내셔널리즘에 기초한 이른바 '고구려 논쟁'은 근대국가 성립 이전의 영역에 근대국가의 영역관을 강요하는 지극히 무모한 논쟁이라고 말하지 않을 수 없다.

고구려는 668년에 멸망했고, 그 유민은 혹은 신라에 복속하였고, 혹은 발해에 복속하였으며, 혹은 중국 당나라에 복속하였다. 당연히 유민들의 동향에 따라 다양한 '고구려 계승' 의식이 나타났고, 그러한 것들이 서로 반발하거나 공감하면서 역사를 움직여 갔다. 그 중 어느 것을 고구려의 정통이라고 할 수는 없다.

마찬가지로 낙랑군 치하의 고조선인들에 대해서도 말할 수 있고, 발해 멸망 후의 발해인에 대해서도 말할 수 있다. 한국·조선의 역사에서 고조선 유민과 고구려 유민, 발해 유민은 각각 중요한 역할을 수행했지만, 그렇다고 해서 지금의 한국과 조선인들만이 고조선이나 고구려·발해 역사의 유일한 정통 계승자였다고 할 수는 없을 것이다.

원삼국시대와 남북국시대

이와 관련하여 문제가 되는 것은 지금 한국에서 통설이 되어 있는 원삼국시대와 남북국시대 등의 독특한 시대구분이다.

지금 한국의 통설에서는 우선 선사부분에서 '원삼국시대'를 설정하고, 거기서부터 '삼국시대', '남북국시대', '고려시대', '조선시대'라는 식으로 민족의 역사를 전개하고 있다. 이 중 원삼국시대와 남북국시대라고 하는 시대 설정은 일본의 세계사 교과서에서는 보이지 않는 독특한 시대 설정이지만, 그 의미하는 바는 대강 다음과 같을 것이다.

고구려·백제·신라의 삼국이 신라에 의해 통일되기 이전, 한반도(및 중국 동북부)에서는 낙랑군을 끼고 북방으로 '부여·고구려', 남방에서 삼한(마한·진한·변한)이 존재했는데, 이들은 모두 '한민족(조선 민족)' 역사의 일환이고 이윽고 '삼국'에 의해 통합되어 갔으므로 이를 '원삼국시대'로 부른다. 또 신라가 한반도를 통일했을 때 중국 동북부에는 '발해'가 존재했는데, 통일신라와 발해 모두 '한민족(조선 민족)' 역사의 일환이며, 이윽고 발해 유민을 받아 들였던 고려에 의해 양국의 역사가 통합되어 갔으므로 이를 '남북국시대'라고 부르는 것이다.

종래에는 한민족(조선 민족)의 역사적 기초는 신라에 의한 '삼한'의 통일에서 구하고, '통일신라'에 의해 지금까지 계속된 한민족(조선 민족)의 '민족'으로서의 틀이 성립되었던 것으로 간주되었다. 그런데 '남북국시대'의 관점에서 보면 통일신라시대에는 북방에서 고구려 유민의 역사, 즉 발해의 역사를 진실로 통합하는 것이 불가능했기 때문에 '통일'이라고 해도 그것은 불완전한 통일이었고, 이 때문에 해당 시기는 '통일신라'가 아니라 단순히 '후기신라'로 불리는 것이 된다. 한국사(조선사)에서 최초의 민족적 통일은 발해 유민을 받아들이고, 또한 '북진정책'을 추진하여 고구려의 '옛 영토'를 회수했던 왕씨의 고려에 의한 '삼한'의 통일(재통일)에서 찾아야 할 것이다.

유득공의 《발해고》

이와 같은 역사관은 옛날 유득공(1748~1807)의 《발해고》의 자서(自序)에 전형적으로 보이고 있다. 유득공은 정조 때 창설했던 규장각의 검서관(궁중 도서관의 사서) 중 한 사람으로, 그 신분은 서얼 출신이라고 하는 낮은 것이었지만, 직무상의 입장에서는 규장각의 귀중한 장서를 마음껏 열람할 수 있었다. 그는 그곳에서 고금의 역사서에서 발해에 관한 기술을 집성하여 《발해고》를 찬술하였다. 발해의 역사는 《동국통감》 등 기타 종래의 관찬 사서에서는 '동국'의 역사에서 배제되어 왔지만, 그는 신라와 발해가 '남북국'을 구성한다고 하는 관점에서 이를 '동국'의 역사 가운데 명확히 자리매김하고자 했다. 약간 긴 글이지만, 다음에 그의 서술을 인용해 보자.

> 고려는 《발해사》를 편찬하지 않았는데, 이 점에서 고려[의 국세]가 떨치지 못했음을 알 수 있다. 그 옛날 고씨는 북방에 위치해서 고구려라 하였고, 부여씨는 서남에 위치하여 백제라 하였고, 박·석·김씨는 동남에 위치해서 신라라고 하였다. 이것이 '삼국'이다. 당연히 《삼국사》가 존재해야 하는데, 고려가 이를 편찬한 일은 정당하였다. [한편] 부여씨가 망하고, 고씨가 망해서 김씨가 그 남부를 영유하자 대씨가 그

북부를 영유하여 발해라 하였다. 이를 '남북국'이라 한다. 당연히 《남북국사》가 존재해야 하지만, 고려가 이를 편찬하지 않았던 것은 바르지 않다.

도대체 대씨는 어떤 사람일까? 다름 아닌 고구려인이다. 그가 영유했던 지역은 어디였을까? 다름 아닌 고구려의 땅이다. 그래서 그 동쪽을 개척하고 서쪽을 개척하고 북쪽을 개척해서 국토를 확대했다. 김씨(신라)가 멸망하고 대씨(발해)가 멸망하자 왕씨가 이를 통합하여 영유하고 고려라고 했다. 그 남부에는 김씨의 땅이 있어서 그 전체를 영유하였는데, 그 북부에서는 대씨의 땅이 있어서 그것은 완전하게 영유할 수 없었고 [그 일부는] 혹은 여진[의 치하]에 들어가고 또는 거란[의 치하]에 들어갔다.

이때 즈음해서 고려의 계략으로서는 당연히 급히 《발해사》를 편찬하고, 그 책을 가지고 여진인을 문책해서 말을 해야 했다. "어떻게 우리 발해의 땅을 돌려주지 않는가? 발해의 땅은 바로 고구려의 땅이다."라고. 만약 한 장군을 파견해서 이를 회수하였다면, 토문강(두만강) 이북의 땅도 영유할 수 있었을 것이다.

또 이 책을 가지고 거란을 문책하여 말해야 했다. "어떻게 우리 발해의 땅을 돌려주지 않는가? 발해의 땅은 다름 아니라 고구려의 땅이다."라고. 만약 한 장군을 파견해서 이것을 회수한다면, 압록강 이서의 땅도 영유할 수 있었을 것이다.

[그런데도] 결국 《발해사》를 편찬하지 않고 토문 이북, 압록 이서의 땅이 본래 누구의 땅인가도 알 수 없는 것처럼 되어버렸다. [여기에는] 여진을 문책하고자 해도 그 구실이 없고, 거란을 문책하고자 해도 그 구실이 없다. 고려가 마침내 약한 나라가 되었던 것은 발해의 땅을

획득할 수 없었기 때문이다. 한탄스럽기는 끝이 없다.¹

유득공의 이 이야기는 거침이 없지만, 지금의 중국인들이 보면 그야말로 깜짝 놀랄 내용이 쓰여 있다. 이미 제6장에서 소개한 바와 같이 조선후기에는 〈정계비〉 설립에 대한 반발에서 압록강 이북·두만강 이북의 간도 지역(옛 만주 지역)에 대한 영토의식이 강하게 표출되었지만, 유득공의 이 '남북국'설은 고려시대부터 계속 이어져 고구려의 옛 영토에 대한 영토 의식(우리 집의 청전 의식)에 기초해서 발해의 역사를 동국의 역사 속에 편입할 것을 강하게 주장하고, 오늘날 남북국시대 논의의 효시가 되었다.

그렇지만 유득공이 주장하는 발해의 역사상은 극히 일면적인 것이어서, 고구려·발해 유민의 또 하나의 계보(왕씨의 고려를 '신라'로 습관처럼 불렸던 발해인과 여진인의 또 하나의 고구려 계승의식)에 대해서는 그 역사적인 의식을 정확하게 간과하였다고 말하지 않을 수 없다.

본래 조선시대의 지식인들은, 예를 들면 권문해(1534~1591)가 "읍루·물길은 모두 우리나라의 지방에 관계한다."고 하고,² 홍양호

---

1 高麗不修渤海史, 知高麗之不振也. 昔者高氏居于北曰高句麗, 扶餘氏居于西南曰百濟, 朴昔金氏居于東南曰新羅, 是謂三國. 宜其有三國史, 而高麗修之是矣. 扶餘氏亡高氏亡, 金氏有其南, 大氏有其北曰渤海. 是謂南北國. 宜其有南北國史, 而高麗不修之非矣. 夫大氏何人也. 乃高句麗之人也. 其所有之地何地也. 乃高句麗之地也. 而斥其東斥其西斥其北而大之耳. 及夫金氏亡大氏亡, 王氏統而有之曰高麗. 其南有金氏之地則全, 而其北有大氏之地則不全, 或入於女眞, 或入於契丹. 當是時, 爲高麗計者, 宜急修渤海史, 執而責諸女眞曰, 何不歸我渤海之地, 渤海之地, 乃高句麗之地也. 使一將軍往收之, 土門以北可有也. 執而責諸契丹曰, 何不歸我渤海之地, 渤海之地, 乃高句麗之地也. 使一將軍往收之, 鴨綠以西可有也. 竟不修渤海史, 使土門以北鴨綠以西, 不知爲誰氏之地. 欲責女眞而無其辭, 欲責契丹而無其辭. 高麗遂爲弱國者, 未得渤海之地故也. 可勝歎哉. 《泠齋集》卷7〈渤海考序〉.

(1724~1802)가 "부여는 단군의 후예이고, 읍루·물길은 모두 그 속민(부락)이다. 따라서 그 땅이 조선에 속하는 것은 의심할 수 없다."고 단정한 것과 같이[3] 숙신씨 이래의 읍루·물길·말갈·여진·만주의 영역(구 만주)은 모두 조선의 영역에 속한다고 생각하고 있다. 그러한 그들의 역사관에서 보면 발해의 역사가 조선 역사의 일환으로 편입되는 것은 당연하였다.

민족의 역사를 어떻게 구상할 것인가

지금 한국에서 통설이 되어 있는 '원삼국시대', '남북국시대' 등의 시대 설정은 위에서 말한 유득공 등 조선후기 지식인들의 역사관을 기초로 고구려·발해의 역사를 한국사의 틀 속에 위치시키고, 나아가 그것을 '삼국' 성립 이전의 선사시대까지 넓혀가는 것이라고 할 수 있다. 이로써 한족(韓族) 및 예맥족의 역사는 모두 한국사의 구조 속에 편입되게 되었다.

이러한 시대설정은 과연 한민족(조선 민족)을 중심으로 생각할 경우에는 나름대로 가닥이 통하고 있다. 그러나 이 책에서 누누이 검토해 왔던 대로, 그 근간에 위치하는 '한민족(조선 민족)'이라고 하는 개념 그 자체는 여러 가지 조건 아래에서 단계적이고 다원적으로 형성된 하나의 역사적 산물에 지나지 않는다. 따라서 그 개념이 성립하기 이전의 시대나 지역에 '한민족'이라고 하는 틀을 강요하는 '원삼국시대'나 '남북국시대'라고 하는 시대 설정에 과연 어느 정도의 객관성이 있을까? 역사학도의

---

2 挹婁勿吉皆係我國地方,《大東韻府群玉》凡例.
3 扶餘, 檀君之裔, 而挹婁勿吉, 皆其部落. 則其地之係朝鮮無疑矣.《耳溪外集》卷12〈北塞記略〉'北關古蹟記'.

한 사람으로서는 몇 가지 의문을 품지 않을 수는 없다.

물론 한국인으로서는 민족의 평화적인 통일을 실현하는 일이 지금으로서는 가장 중요한 과제이며, 역사학도 또한 그 과제에 답하기 위해 민족통일을 기초로 하는 새로운 역사상 창조를 사명으로 하고 있다. 그 하나의 표현이 '원삼국시대'이고, 또 '남북국시대'라고 한다면, 그와 같은 시대 개념이 설정된 것 그 자체에 또 하나의 역사적 의미가 있음을 인정하지 않을 수 없다.

어쨌든 이러한 자국 중심의 역사인식이 역사적 배경을 달리하는 민족의 '눈초리'를 만날 경우 어떻게 비칠지는 자연히 별개의 문제일 것이다.

한족의 북진

이 책에서는 기본적으로 한국·조선의 역사를 '한족(韓族)' 세력의 확대·북진의 역사로서 파악하고 있다. 한반도 남부에 존재했던 삼한(마한·진한·변한) 중 하나인 진한에서 신라가 성립했고, 신라에 의해 삼한(고구려·백제·신라)이 통일되었다. 이때 한족(韓族)은 언어·풍속·문화를 달리하는 고구려계 사람들(이른바 예맥계 사람들)이 한족(韓族)으로 편입되었고, 삼한 통일에 의해 처음으로 '한민족' 내지는 '조선 민족'이 성립하였다.

신라에 의한 삼한의 통일은 견해를 바꾸면 한족(韓族)의 영역이 대동강 라인으로 북진했음을 의미하였지만, 그 후 신라 말의 분열을 지나 다시 삼한의 통일을 달성했던 고려는 고구려 계승 이념을 내걸고 북진정책을 추진했으며, 그 서북 영역은 압록강 하류까지 북진하였다.

다음에 조선왕조는 본래 여진(말갈)의 영역이었던 함경도 방면을 개척했고, 여진 세력을 복속·동화해 가면서 두만강 하류지역까지 그 영역이 북진하였다. 그리하여 압록강·두만강 국경선은 조선후기의 〈정계비〉 설치에 의해 중국·조선 양국에서 상호 간에 공식적으로 확인되었다.

그런데 이에 반발했던 조선후기 지식인들은 압록강·두만강 이북의 이른바 간도 지역을 조선 고유의 영역으로 간주했고, 그 땅에서 전개되었던 고구려·발해의 역사를 조선 역사의 일환으로서 편입하고자 했다. 유득공의 《발해고》 서문에 보이는 논의는 그 전형인데, 이는 지식인의 차원에서 영역의식의 '북진'이라고 할 수 있다.

더욱이 19세기 후반(1860년) 중국 청나라가 러시아에게 연해주(프리모르스키)를 할양하자 새롭게 러시아와 맞닿게 되었던 조선 변경의 주민들은 조세와 기근의 중압에서 벗어나기 위해 연해주로, 그리고 중국 동북부로 대량 유망하게 되었다. 이러한 변경 주민들의 북방 유망은 지식인 차원에서 형성되었던 간도 지역의 영토의식에 대해 현실 세계에서 그 '실체화'를 초래하게 되었다. 이리하여 대한제국기에 편찬되었던 《증보문헌비고》(1908년 찬진)에서는 이른바 대한이 '고구려·백제·신라'의 '삼한'의 역사를 계승하고, 따라서 압록강·두만강 이북의 간도 지역도 당연히 '대한'의 영토에 속한다는 것을 소리 높여 주장하고 있다.[4]

이러한 전통적인 민족관·영역관은 오늘날에 이르기까지 다양한 양상으로 계승되었다. 학술적인 의미에서 이를 단적으로 나타내는 것이 위에서 서술한 '원삼국시대' 및 '남북국시대'라고 하는 새로운 시대구분의 설정일 것이다.

틀림없이 이 점을 경계했던 중국측이 이번에는 '중화민족'이라고 하

---

4 《增補文獻備考》《輿地考》24.

는, 이 또한 자국 중심의 역사관을 확립해서 한국·조선인들의 역사관에 대항하고자 하는 것이다.

동아시아의 다원적인 세계로

일찍이 역사가의 논의라고 하면 주자의 《자치통감강목》에서 보이는 '정통론'이 그 중심이었다. 어느 왕조가 정통이고, 어느 왕조가 정통이 아닌가 - 역사를 도덕의 '거울'로 보는 관점에서 역사가들은 각각 춘추의 필법을 휘둘렀던 것이다.

현재 이러한 종류의 '정통론'에 공감하는 연구자는 거의 없다. 그러나 고구려나 발해 논의로 들어가면 돌연히 예전 상태로 돌아가 '정통론'적인 발상이 살아나고 있다. 물론 다양한 논의를 통해서 다양한 관점이 발굴된다면 관계없지만, 거꾸로 다른 관점을 일방적으로 부인하는 논조가 확대된다면 문제이다.

한반도는 대륙으로 땅이 연결되어 있고, 선사시대는 물론 고대국가 성립 이후에도 끊임없이 다른 민족·다른 국가와 접촉·융합을 되풀이했다. 따라서 그 민족의식·영역의식도 부단한 변용이 이루어져 왔다. 이러한 다원적인 민족의 역사를 그리는 것은 당연히 보는 자의 입장에 따라서 복잡하게 변화하지 않을 수 없다.

최근의 경제발전에 따라서 한국에서도 중국에서도 자국 중심의 내셔널리즘이 현저하게 높아졌다. 인터넷의 세계에서는 아무런 성과도 올리지 못하는 둘 사이의 논쟁이 매일 격하게 되풀이되고 있다고 하는데, 바라건대 이 책이 그와 같은 대립을 지양하기 위해 동아시아의 다원적 세계상을 구축하는 데 조그만 도움이라도 된다면 다행이겠다.

후기

이 책은 한반도 사람들의 민족의식과 영역의식의 형성과정(그 과정에서 무엇을 기억하고, 무엇을 망각하였는가)에 대해서 주로 전근대를 대상으로 하는 문헌사학의 입장에서 고찰한 개론이다. 논의를 전개하는 데 있어서는 전쟁 전의 '만선사학'의 업적에서 많은 것을 배웠지만, 동시에 전후 한국의 새로운 역사학 동향에 대해서도 관심을 가지고 살펴보았다.

필자의 본래 집필 동기는 지극히 단순한 것으로, 역사상 중국 대륙과 한반도 사이에서 전개되었던 사람들의 이동과 이주의 다이나미즘과, 그에 따라 지명의 이동(섬나라 일본에서는 상상도 못할 대규모 인구 이동의 역사)에 대해서 가능한 알기 쉽게 소개하고 싶다고 하는 것이 첫 번째 목적이었다.

또 일본에서 한국이라고 하면 이른바 '사대주의의 나라', '중화의 속국'이라 말하는 이미지가 뿌리 깊게 남아 있지만, 이러한 고정관념을 상대화하고 한반도 사람들이 갖는 민족의식과 영역의식의 독특한 모습에 초점을 맞추고 싶다고 하는 것이 이 책의 또 하나의 목적이었다. 그 시도가 어느 정도 성공했는가는 독자의 판단에 맡기고 싶다.

그리고 일본어판 제목을 《한국·조선사의 계보》로 했지만, 이에 대해서는 역시 일단 나름대로의 설명을 더하지 않으면 안 되겠다.

  1910년 한국병합으로 대한제국은 일본의 식민지가 되었고, '대한'이라고 하는 국호도 소멸되었다. 이후 지역 이름은 조선이라고 불렸고, 조선총독부가 조선을 통치하게 되었지만, 1945년 패전으로 일본은 한반도 통치권을 상실했고, 광복을 맞이한 한반도에서는 미국과 소련의 냉전 아래 그 남부에서는 대한민국(한국), 북부에는 조선민주주의인민공화국(북한)이 성립하여 지금까지 이르고 있다.

  본래 하나의 민족, 하나의 국가였던 지역에서 '한(대한)'을 국호로 하는 국가와 '조선'을 국호로 하는 국가가 남북으로 대치하게 되었다. 이에 대해 일본에서는 그 지역과 민족에 대해 일반적인 호칭으로서는 '조선'을 사용했고, 지역명으로는 '조선반도', 민족명으로서는 '조선민족'이라고 부르는 것을 일반적인 관례로 한다. 이 경우 '조선민주주의인민공화국'을 '북조선'으로 불러 왔던 것은 지역 호칭으로서의 조선반도 북부를 점하는 국가라고 하는 뜻이지만, 그렇다면 남부를 점하는 국가는 '남조선'으로 불러야 되는가 하면, 그것은 현재 국교를 유지하는 우호국에 대한 배려로서 '대한민국'을 줄여서 '한국'으로 쓰는 것을 관례로 한다. 모순이라고 하면 모순이다.

  최근에는 더욱 해당지역을 '한국/조선'으로 병기하여 부르는 경우도 많아졌다. 이것도 어느 편인가 하면, '한국'에 대한 배려가 강하게 작용한 결과일 것이다. 그러나 '한국/조선'으로 병기해서 부르는 경우, 그것은 남북 각각의 국가·지역을 개별로 가리키는 것인가, 아니면 한반도(조선반도)의 지역·민족 전체를 가리키는 것인가 애매모호한 경우가 적지 않다.

  어찌되었든 일본의 현상에서는 '한국'이라고 하는 단어를 한반도 남부의 국가와 지역을 가리키는 뜻으로 사용하는 것이 일반적이고, 지역 호칭과 민족 호칭으로서의 한반도와 한민족 등의 용어(한국에서 일반적으로 사용되고 있는 용어)는 일본에서는 일반적으로는 쓰이지 않는다. 우리들이 세계사 교과서에서 학습한 '삼한'의 기술(한반도 남부에 존재했던 '마한·진한·변한' 등의 부족국가군을 가리킨다)도 역시 이른바 '한국'이 한반도의 남부의 나라이고 남부 지역을 가리킨다고 하는 이미지에 막연한 근거를 주고 있는 것도 확실할 것이다.

그렇지만 한국의 '한'은 원래 한반도 전역을 가리키는 것이었고, 그것은 현행 대한민국 헌법 제1장 제3조에서도 '대한민국의 영토는 한반도와 그 부속도서로 한다.'고 명기되어 있는 바와 같다. 그러면 전근대 전통적인 '삼한'의 개념에서 말하자면, 그것은 한반도(조선반도) 전역이란 원래 처음부터 고대의 '고구려·백제·신라' 삼국, 즉 '삼한' 영역을 모두 포함하고, 따라서 지금의 중국 동북부(옛 만주)도 역시 한반도 사람들의 전통적인 의식 안에서는 '삼한'의 영역 속에 편입되어 있는 것이었다.

삼한이라고 하는 개념의 이 뜻밖의 확대-그 형성·발전의 역사를 객관적으로 더듬어 찾음으로써, 이 책은 한반도 사람들의 전통적인 민족의식·영역의식의 일단을 보고자 했다. 여기에는 한반도 사람들의 전통의식에 따른 다양한 오류와 곡해가 포함되어 있지만, 그것을 일단 이야기로서 받아들이고, 또 외부 민족(특히 여진인과 만주인)의 '시선'에 의해 상대화해 가는 데에도 마음을 쓰려고 했다.

이 책의 제목은 원래 일본 관례대로라면 단지 '조선사의 계보'로 하면 좋을 것이다. 그러나 지금 남북의 분단국가가 내건 '대한'과 '조선'의 국호(각각 '삼한' 전역을 의미함)에서는 한반도 사람들의 역사의식·민족의식이 응축되어 들어가 있다. 그것들을 종합하여 건져내기 위해 일본어판 제목에서는 감히 '한국/조선'이라고 하는 두 개의 국호(혹은 지역 명칭)를 병기했던 것이다.

차라리 영어권처럼 코리아(Korea)라고 해 버리면 간단한 것일까? 그러나 한자·한문의 발상에 묶여 있는 일본인 연구자의 눈에는 가타가나 표기가 자못 미덥지 않게 비춰지고, 게다가 코리아의 어원이 고려(즉 고구려)에 있는 것을 생각하면, 거기에는 또 다시 고구려 논쟁의 함정이 기다리고 있다.

자신의 연구대상을 어떤 방법으로 표기해야 할까? …… 일본에서의 '조선사 연구자'의 고민은 지금 당장 해소될 것 같지도 않다.

옮긴이의 말

작년 초 필자는 같은 학과 임병덕 교수로부터 한 일본인 연구자의 한국사 관련 저서를 건네받았다. 임 교수가 교토대학 인문과학연구소에 연구교수로 있을 때 만난 야기 다케시(矢木毅) 교수의 《한국·조선사의 계보(韓國·朝鮮史の系譜)》(塙書房, 2012)라는 저서였다. 책 제목 아래 '민족의식·영역의식을 더듬다'라는 부제가 붙어 있었다. 한동안 그냥 꽂아 두고 있었는데, 언젠가 대학원생들이 일본어 공부도 할 겸 마땅한 일본어 원서를 추천해 달라고 하기에, 책장을 뒤지다가 이 책이 눈에 띄어 추천해 주었다.

필자가 대학원생들에게 이 책을 추천해 준 이유는 두 가지였다. 하나는 이 책이 대중용 도서로 평이하게 기술되어 있지만, 동시에 한국사 관련 전문서로서 수준 높은 격조를 지니고 있다는 점이었다. 또 하나는 일본인 연구자의 시각에서 분단시대의 남북한을 의식하고, '민족과 영역의식'이라고 하는 거대 담론으로 한국사를 통찰한 시각이 돋보였기 때문이었다. 한국근현대사학사를 연구 주제의 하나로 설정하고 있는 필자로서, 민족의식과 영역의식은 그 중심적 기축이다. 나 역시도 이 책과의 만남은 스스로의 학문적 역정을 되돌아보는 성찰의 계기가 되었다.

이 책을 접하기 전까지 필자는 전공분야가 다른 야기 교수에 대해 그리 잘 알지는 못했다. 그러나 야기 교수는 1990년 이후 고려와 조선시대에 관한 논문을 20여 편 발표했고, 《고려관료제도연구(高麗官僚制度研究)》(京都大學學術出版會, 2008)라는 저서도 출판한 중견 학자였다. 그의 전공 분야는 고려와 조선시대를 중심으로 한 한국 전근대 정치제도사이고, 주요 담당 과목은 문학연구과와 문학부 공통 강좌인 고려정치사이다. 그런데 그의 연구업적에서 눈여겨보아야 할 또 다른 주제가 있다. 그것은 〈조선 전근대에 있어서 민족의식의 전개 – 삼한으로부터 대한제국까지-〉(2007)와, 〈근세 조선시대의 고조선인식〉(2008)이다. 이 책은 이러한 일련의 연구를 종합한 것이라 할 수 있다.

우선 야기 교수는 이 책의 제목에서부터 현실의 고민을 그대로 드러내고 있다. 그는 왜 책 제목을 '조선사의 계보'라고 하지 않고 '한국·조선사의 계보'라고 했을까? 이에 대한 설명으로 본서를 마무리할 만큼 그는 제목 결정에 매우 신중한 태도를 보이고 있다. 필자가 이 책의 번역본을 출간할 뜻을 밝히자, 그는 다시 교열한 원고를 보내 왔다. 그런데 교열본에는 원저에 '한국/조선'이라고 표기되었던 부분이 '한반도'라고 수정되어 있었다. 단 '한반도'라는 용어가 일본에서는 일반적으로 사용하지 않는 용어라는 설명과 함께. 이것은 저자의 분단시대 한국 역사에 대한 인식의 일단을 보여준다.

야기 교수는 한국인의 민족의식과 영역의식의 근저에는 강한 내셔널리즘이 개재되어 있다고 전제하였다. 그러면서 자신은 외국인의 눈으로 그 현상을 '상대화'·'객관화' 하겠다는 의지를 강조했다. 저자는 "(한국인의) 자국 중심의 역사인식이 역사적 배경을 달리하는 민족의 '눈초리'를 만나면 어떻게 비쳐질까?"라며 조심스러운 염려를 내비치기도 했다. 저자는 중국의 동북공정으로 한·중간 내셔널리즘이 현저하게 고조되고 있음을 지적하면서, 자신의 저술이 그 같은 '무모한' 대립을 지양시키고 동아시아의 다원적 세계상을 구축하는 데 일조하기를 희망한다고 밝혔다.

필자는 야기 교수가 저서에서 논의한 구체적이고 개별적인 사안들에 모두 흔쾌하게 동의하는 바는 아니다. 예컨대 단군신화의 형성과정과 역사성, 남북국시대 설정의 시기구분 문제 등은 상당 부분 견해를 달리한다. 다만 여기서 그에 관한 학술적 논의는 삼가고자 한다. 그러나 분명히 언급해 두어야 할 것이 있다. 그것은 야기 교수 관점의 입각점이라 할 수 있는 식민사관으로서의 '만선사관(滿鮮史觀)'을 어떻게 해석하고 현대사학에 반영할 것인가의 문제이다. 물론 야기 교수도 '만선사관'의 학문외적 성격과, 식민지 지배 이데올로기로서의 위험성을 잘 인지하고 균형 잡힌 시각에서 정리하고자 노력한 점은 평가할 만하다. 그러나 한국인의 민족의식과 영역의식을 '상대화'하고 '객관화'한다는 그의 명분이, 이미 지금까지 한국인의 역사인식이 자국 중심으로 편향되고 경도되었다는 전제에서 비롯된 것이라면, 이는 이 책이 외국인에 의한 또 다른 편향된 역사인식의 위험성이 내재되어 있음을 의미한다.

필자가 이 책의 번역과 교열을 진행하는 동안, 일본 학계에서 서평이 나왔다. 中野耕太 교수가 《북동아시아연구》 제25호(島根縣立大學 북동아시아지역연구센터, 2014. 3)에 게재한 서평이다. 이 서평은 내용 소개와 함께, 이른바 '만선사(滿鮮史)'를 어떻게 계승할 것인가?' 라는 부분을 별도의 장으로 설정하여 논의하였다. 나가노 교수는 旗田巍와 井上直樹의 글을 인용하여 야기 교수의 저서가 '만선사' 연구의 현대적 과제를 제기하였다고 글을 맺었다.

역사해석은 다양성을 생명으로 하며, 역사적 사실에 바탕을 둔 다양한 해석들은 존중되어 마땅하다. 역사의 해석에서 정통론을 추구하는 것은 전통시대 역사학의 산물만은 아니다. 현대사학에서 정통론의 추구가 역사학의 과제로서 현재성을 지니는 것은 각기 자국사를 해석하는 대립되는 집단과 시각이 존재할 때 더욱 두드러진다. 특히 자국사가 다른 민족에게 침탈당하고 왜곡될 때 그런 현상은 더욱 심하게 나타난다. 곧 남북이 분단되어 서로 민족사를 이질화하고, 중국과 일본의 한민족사 왜곡이 그치지 않는 현실은 정통론 추구가 아직도 현대사학의 유효한 과제임을 알려준다. 이 책은 그런 명제를 일깨워준다.

이 책은 한국인의 민족의식과 영역의식이란 대 주제를 통시대적으로 명쾌하게 정리하고 있다. 정작 한국인 연구자조차 시도하지 못한 거대 담론을 향한 새로운 접근 방법이 경이롭다. 치밀한 논증과 곳곳에서 번뜩이는 사안(史眼)은 이를 미처 착안하지 못한 필자에게 많은 교시와 시사점을 던져주었다. 특히 오늘날 한국사를 연구하는 대표적 일본인 연구자의 연구경향과 사관을 반영한다는 점에서 일독할 만하다.

끝으로 본서의 번역을 쾌락하고 교열본을 보내준 야기 교수께 감사의 말씀을 드린다. 소와당의 류형식 주간은 출판 환경이 열악한 현실에서 채산성을 고려하지 않고 본서의 출판을 선뜻 맡아 주었고, 전문적 식견과 열정을 바탕으로 번역서의 완성도를 높여주었다. 이 밖에 본서를 함께 읽으며 토론을 해준 충북대학교 한국근현대사 연구팀에게도 감사의 말을 전한다. 아무쪼록 이 번역서의 출간이 우리의 민족의식과 영역의식의 역사적 전개를 되짚어 보는 계기가 되기를 소망한다.

2014년 10월

박걸순

참고문헌 해제

이 책에서 참조했던 주요 문헌에 대해서 독서 안내를 겸하여 소개한다.

《欽定滿洲源流考》全20卷, 勅撰, 乾隆42年(1777).
(朝鮮群書別集 第7輯, 排印本, 京城: 朝鮮古書刊行會, 1916. 일본 국립 국회 도서관 근대 디지털 라이브러리에서 이 책의 전부를 열람할 수 있다. http://kindai.ndl.go.jp/)

이 책은 청나라 전성기의 황제인 건륭제의 칙명에 의해 편찬된 지리서로, 만주의 역사지리에 관한 역대 문헌의 기술을 부족·강역·산천·국속(國俗) 등의 4 부문으로 나누어 망라했다. 건륭제는 이른바 삼한 지역을 만주에서 한반도에 이르는 넓은 영역으로서 간주하였다. 예를 들면 진한(辰韓)의 중심지 계림(雞林)은 현재의 길림성 길림(吉林)이라고 이해했다. 이 밖에도 같은 책에서는 삼한의 지리와 풍속을 만주에 끌어 당겨 해석하는 잘못된 의견이 적지 않다. 그러나 이와 같은 태도는, 중국 동북부(구 만주)의 역사를 조선에 끌어 당겨 이해하고자 했던 전근대 한반도 사람들도 크게 다르지 않았다고 말할 수 있을 것이다.

金毓黻,《渤海國志長編》, 排印本, 遼陽金氏千華山館叢著之一, 民國 23年(1934).

이 책은 《흠정만류원류고》의 뒤를 이어 발해의 역사를 집성하고, 이를 통해 숙신씨에서 물길(勿吉), 말갈(靺鞨), 완안(完顏, 金), 애신(愛新, 淸)으로 이어진 요동의 역사를 보완하고자 했다. 찬자인 김육불(1887~1982)는 요녕성 요양 출신으로, 중화민국 시기의 저명한 중국 사학자이며, 《동북통사》를 저술하기도 했다. 발해를 요동의 역사 가운데 자리매김하고자 하는 김육불의 구상은, 발해를 한국사에 편입하고자 하는 한반도 사람들의 전통적인 역사관과는 첨예하게 대립한다.

安鼎福, 《東史綱目》附〈地理考〉
(朝鮮群書大系 18輯, 京城: 朝鮮古書刊行會, 1915. 이 책도 근대 디지털 라이브러리에서 전문 이미지를 열람할 수 있다.)
丁若鏞 原著, 張志淵 補編, 《大韓疆域考》, 京城: 皇城新聞社, 1905
(張志淵全書 卷3, 영인본, 서울: 檀國大學校 出版部, 1979)

위 두 편은 한반도의 역사지리를 집성하고, 각종 전승을 과학적으로 비판한, 이른바 실학자들의 저작이다. 《흠정만주원류고》가 만주 중심 사관에 독이 된 것처럼 조선시대의 실학자들 또한 자국 중심의 역사관에 의한 일종의 편향을 벗어나지 못했다. 그러나 중국 문헌에 의거해서 자국의 전승(《삼국사기》, 《삼국유사》, 《고려사》, 《신증동국여지승람》 등)을 비판하는 태도는 대체로 객관적이다. 이들의 주장은 근대 일본 동양사학계에서의 만선사학 연구에도 큰 영향을 주게 되었다.

稻葉岩吉, 《滿州發達史》, 초판 東京: 大阪屋號出版部. 1915 / 증정판 東京: 日本評論社, 1935.
鴛淵一, 《奉天と遼陽》, 東京: 富山房, 1940년.
津田左右吉, 《朝鮮歷史地理》, 津田左右吉全集 제11권, 東京: 岩波書店, 1964.
池內宏, 《滿鮮史研究》上世・中世編, 東京: 吉川弘文館, 1979.

池內宏,《滿鮮史硏究》近世編, 東京: 中央公論美術出版, 1972.
和田淸,《東亞史硏究》滿洲編, 東京: 東洋文庫, 1955.
日野開三郞,《小高句麗国の硏究》, 日野開三郞東洋史學論集 第8卷, 東京: 三一書房, 1984.
日野開三郞,《東北アジア民族史》, 日野開三郞 東洋史學論集 第14~16卷, 東京: 三一書房, 1988~1991.

이 책들은 2차대전 전후에 걸친 만선사학의 대표적 저작들이다. 그 연구 성과는 이후 역사 연구의 기준이 되었고, 현재 넓게 쓰이고 있는 譚其驤 主編,《中國歷史地圖集》(全8冊, 上海: 地圖出版社, 1982~1987년)과《中國歷史地圖集》(釋文滙編 第2卷 東北, 北京: 中央民族学院出版社, 1988) 등에도 많은 점에서 그 연구 성과가 이어지고 있다. 졸저의 기술 등은 그 지게미를 맛보는 정도에 지나지 않는다.

또한 이케우치 히로시(池內宏)로 대표되는 2차대전 이전 일본인 학자의 연구 자세는 전후 이른바 만선사관이라 하여 혹독한 비판을 받았다. 그들은 만주와 조선을 일체로 포착하고, 조선에 걸친 역사 전개의 독자성을 과소평가하는 한편, 만선일체를 외침으로써 결과적으로는 일본의 대륙침략을 역사학의 입장에서 뒷받침한 것이라는 비판이다.

과연 2차대전 이전 연구자의 저작에서 일정 정도 시대적인 제약이 들어가 있는 것은 당연할 것이다. 그러나 한국사를 한반도의 테두리 속에 가두어 버렸던 전후 세대의 한국사 연구자들로서는, 그들이 남겼던 거대한 학문적 성과를 비판적으로 계승하고, 참된 의미에서 이를 극복해 나가는 일이 그리 쉬운 일은 아니다.

김한규,《요동사》, 서울: 문학과 지성사, 2004.
박용운,《고려의 고구려계승에 대한 종합적 검토》, 서울: 일지사, 2006.

앞서 인용한 《滿州發達史》와 《奉天と遼陽》은 2차대전 이전의 일본인에 의한 요동사의 우수한 개설이지만, 김한규의 《요동사》는 한국인 중국사학자에 의한, 말하자면 한국판 《만주발달사》이다. 고구려와 발해의 역사를 요동사의 일환으로서 포착하는 그의 서술은, 요동사를 한국사의 일환으로 자리매김하는 경향이 강한 한국인의 저작으로서는 매우 이색적이다.

한편 박용운의 저작은 근대의 고구려 논쟁에 대한 한국인 학자의 반론이다. 저자인 박용운은 고려시대 정치제도사 연구의 1인자로서, 반드시 고구려사 전문가는 아니지만, 근대 중국인 학자들에 의한 '망론(妄論)'에 대해 일종의 '의분(義憤)'에서 이 책을 썼다고 한다.

박용운의 저작에서도 보이는 것처럼, 고려가 고구려의 계승국가라는 사실은 한반도 사람들에게는 거의 자명한 사실이었다. 다만 그 논거는 뜻밖에 박약하고, 간단하게 왕건의 조상이 태백산에서 남하해 왔다고 하는 전승에 의거해서 그를 고구려족의 후예로 간주하는 것에 지나지 않는다.

물론 한반도 사람들이 주장하는 것처럼, 고려가 고구려의 계승국가를 자임하였고, 그 자체를 부정할 필요는 없을 것이다. 그러나 고구려의 계승국가를 자임했던 나라는 단지 한반도의 고려만은 아니었다.

韓永愚, 《朝鮮後期史學史研究》, 서울 : 一志社, 1989.
배우성, 《조선후기 국토관과 천하관의 변화》, 서울: 일지사, 1998.
강석화, 《조선후기 함경도와 북방영토 의식》, 서울 : 경세원, 2000.

조선후기의 민족사상은 2차대전 이전의 만선사학에서는 가장 허술했던 분야이자, 광복 후 한국의 역사학계에서 가장 우수했던 연구 성과를 나타낸 분야 중 하나이다. 이 분야 연구의 발달은 이른바 간도 지역에 대한 한반도 사람들의 전통적인 영역관을 재조명했지만, 거꾸로 이를 통해 현재 고구려 논쟁의 불씨를 초래하게 되었다는 측면도 부정할 수 없다.

그 밖에《조선왕조실록》,《한국문집총간》,《황성신문》등의 기초사료에 대해서는 최근 디지털 자료의 발전에 많은 혜택을 받았다는 점을 고백하지 않을 수 없다.

《조선왕조실록》, 영인본, 국사편찬위원회, 1986.
(전자판_ http://sillok.history.go.kr/)
《한국문집총간》, 영인본, 민족문화추진회, 1990.
(전자판_ 한국고전번역원 한국고전종합 데이터 베이스
　　　　　http://db.itkc.or.kr/)
《황성신문》, 영인본, 서울: 경인문화사, 1981.
(전자판_ 한국언론진흥재단 고신문검색
　　　　　http://www.mediagaon.or.kr/)

이하 각 장에서 참조했던 주요 저작과 연구 논문에 대해서는 단행본과 논문을 구별하고, 일본어와 한국어를 구별해서 대강 간행년순으로 서지사항 전부를 소개한다.

(제1장)

三上次男,《古代東北アジア史研究》, 東京: 吉川弘文館, 1966.
西嶋定生,《中国古代国家と東アジア世界》, 東京, 東京大学出版会, 1983.
三上次男・神田信夫 編,《東北アジアの民族と歴史》, 民族の世界史 3, 東京: 山川出版社, 1989.
武田幸男編,《朝鮮史》, 新版世界各国史 2, 東京: 山川出版社, 2000.
大庭脩,《親魏倭王》増補版, 東京: 学生社, 2001.
* * *

李丙燾,《韓国古代史研究》修訂版, 서울: 博英社, 1985.

(제2장)

今西龍,《百済史研究》, 京城: 近澤書店, 1934.(復刻版, 東京: 国書刊行会, 1970)

和田博徳,〈百済の遼西領有説について〉《史学》第二十五巻 第一号, 東京: 三田史学会, 1951.

* * *

余昊奎,〈百濟의 遼西進出說 再檢討 - 4세기 후반 扶餘系 人物의 동향과 관련하여〉《震檀學報》第九十一輯, 서울: 震檀學會, 2001.

(제3장)

三上次男,〈金室完顔家の始祖説話について〉《金代政治・社会の研究》, 金史研究 三, 東京: 中央公論美術出版, 1973.

末松保和,〈郡県制完成期の問題点〉《新羅の政治と社会》下, 末松保和 朝鮮史著作集 2, 東京: 吉川弘文館, 1995.

古畑徹,〈後期新羅・渤海の統合意識と境域観〉《朝鮮史研究会論文集》第三十六集, 東京: 朝鮮史研究会, 1998.

石井正敏,〈朝鮮における渤海観〉,〈日本・渤海交渉と渤海高句麗継承国意識〉《日本渤海関係史の研究》, 東京: 吉川弘文館, 2001.

古松崇志,〈女真開国伝説の形成 -《金史》世紀の研究〉, 中谷英明, 神戸学院大学,《古典学の再構築-研究成果報告集 Ⅴ 論集 古典の世界像》, 2003.

拙稿,〈朝鮮前近代における民族意識の展開 - 三韓から大韓帝国まで〉, 夫馬進編,《中国東アジア外交交流史の研究》, 京都: 京都大学学術出版会, 2007.

* * *

東北亞歷史財團 編, 濱田耕策 監譯,《渤海の歷史と文化》, 東京: 明石書店, 2009.

李基東,〈新羅 下代의 浿江鎭 - 고려왕조의 성립과 관련하여〉《新羅 骨品制社會와 花郎徒》第二篇 第三章, 서울: 一潮閣, 1984.

朴漢卨,〈高麗 王室의 起源 - 高麗의 高句麗継承理念과 關聯하여〉《史叢》第二十一·二十二 合輯, 서울: 高麗大学史学会, 1977.

李佑成,〈高麗中期의 民族敍事詩〉《成均館大学校論文集》第七輯, 1962, 재수록《韓國中世社會研究》, 서울: 一潮閣, 1991.

(제4장)

今西龍,《朝鮮古史의 研究》, 復刻版, 東京: 国書刊行会, 1970.

森平雅彦,《モンゴル帝国の覇権と朝鮮半島》, 東京: 山川出版社, 2011.

* * *

李丙燾,《高麗時代의 研究》, 改訂版, 서울: 亞細亞文化社, 1980.

金成煥,《高麗時代의 檀君傳承과 認識》, 서울: 경인문화사, 2002.

(제5장)

朴趾源,《熱河日記》, 朱瑞平校点, 上海: 上海書店出版社, 1997.(今村与志雄 訳, 東京: 平凡社, 東洋文庫, 1978.

和田清,〈満洲を三韓といふことについて〉《亞史研究》満洲篇, 東京: 東洋文庫, 1955.

山内弘一,〈李朝初期に於ける対明自尊の意識〉《朝鮮学報》第九十二輯, 天理: 朝鮮学会, 1979.

河内良弘,〈明代遼陽の東寧衛について〉《東洋史研究》第四十四卷 第四号, 京都: 東洋史研究会, 1986.

桑野栄治,〈李朝初期の祀典を通してみた檀君祭祀〉《朝鮮学報》第百三十五輯, 天理: 朝鮮学会, 1990.

平木實,〈国号'朝鮮'の名称に関する思想史的考察〉《朝鮮社会文化史研究Ⅱ》, 京都: 阿吽社, 2001.
朴彦,〈明代における朝鮮人の遼東移住〉《東洋史研究》第六十七卷 第一号, 京都: 東洋史研究会, 2008.
拙稿,〈近世朝鮮時代の古朝鮮認識〉《東洋史研究》第六十七卷 第三号, 京都: 東洋史研究会, 2008.
愛新覚羅 烏拉熙春・吉本道雅「遼史地理志東京遼陽府条小考 – 契丹・高麗関係史の一齣」《韓半島から眺めた契丹・女真》所収, 2011, 京都, 京都大学学術出版会).
＊ ＊ ＊
李丙燾,〈震檀辨〉《震檀學報》創刊号, 京城: 震檀學會, 1934.

(제6장)
金魯奎,《北輿要選》上・下, 朝鮮群書大系 第十五輯, 京城: 朝鮮古書刊行會, 1911.
〈土門勘界〉《白山學報》第二号, 서울: 白山學會, 1967.
〈勘界使問答〉・〈問答記〉・〈照会謄抄〉《白山學報》第四号, 서울: 白山學會, 1968.
〈勘界使謄錄〉《白山學報》第十八号, 서울: 白山學會, 1975.
＊ ＊ ＊
幣原坦,〈間島国境の談判〉《日鮮史話》, 東京: 冨山房, 1924.
篠田治策,《白頭山定界碑》, 東京: 楽浪書院, 1936.
田川孝三,〈近代北鮮農村社会と流民問題〉《近代朝鮮史研究》, 朝鮮史編修會研究彙纂第一輯, 京城: 朝鮮總督府, 1944.
――――,〈光緒初年朝鮮越境流民問題〉, 市古教授退官記念論叢編集委員会編,《論集近代中国研究》, 東京: 山川出版社, 1981.
秋月望,〈朝中勘界交渉の発端と展開 – 朝鮮側の理念と論理〉《朝鮮学報》第

百三十二輯, 天理: 朝鮮学会, 1989.

―――,〈朝清境界問題に見られる朝鮮の「領域観」-「勘界会談」後から日露戦争期まで〉《朝鮮史研究会論文集》第四十集, 東京: 朝鮮史研究会, 2002.

文純實,〈白頭山定界碑と十八世紀朝鮮の疆域観〉《朝鮮史研究会論文集》第四十集, 東京: 朝鮮史研究会, 2002.

* * *

趙珖,〈朝鮮後期의 辺境意識〉《白山學報》第十六号, 서울: 白山學會, 1974.

尹薰杓,〈朝鮮前期 北方開拓과 領土意識〉《韓國史硏究》第百二十九輯, 서울: 韓國史硏究會, 2005.

강석화,〈조선후기의 북방영토의식〉《韓國史硏究》第百二十九輯, 서울: 韓國史硏究會, 2005.

裵祐晟,〈清代滿洲関連文献と朝鮮後期の満洲地理認識〉《Journal of Northeast Asian History》vol. 5-2, 日本語版, 서울: 동북아역사재단, 2008.

(제7장)

岡本隆司,《世界のなかの日清韓関係史 - 交隣と属国・自主と独立》, 東京: 講談社, 2008.(강진아 옮김,《미완의 기획, 조선의 독립》, 서울: 소와당, 2009)

奥村周司,〈李朝高宗の皇帝即位について - その即位儀礼と世界観〉《朝鮮史研究会論文集》第三十三集, 京京: 朝鮮史研究会, 1995.

吉田光男,〈近世ソウルの都市空間〉・〈朝鮮近世における王都と帝都〉《近世ソウル都市社会研究 - 漢城の街と住民》, 浦安: 草風館, 2009.

月脚達彦,〈大韓帝国成立前後の対外的態度 - 外交儀礼を中心に〉《朝鮮開化思想とナショナリズム - 近代朝鮮の形成》第四章, 東京: 東京大学出版会), 2009.

小川原宏幸,〈国称および王称をめぐる交渉〉《伊藤博文の韓国併合構想と朝鮮社會 - 王権論の相克》第五章 第二節 第二項, 東京: 岩波書店, 2010.

* * *

백동현,〈한말 민족의식과 영토관 -《皇城新聞》과《大韓每日申報》의 論說에 나타난 領土觀을 중심으로〉《韓國史研究》第百二十九輯, 서울: 韓國史研究會, 2005.

朴敏泳,〈張志淵의 北方疆域 인식 -『大韓疆域考』의「白頭山定界碑考」를 중심으로〉《한국독립운동사연구》제25집, 천안: 독립기념관 한국독립운동사연구소, 2005.

(제8장)

서길수,《백두산 국경 연구》, 서울: 여유당출판사, 2009.

이인철,《동북공정과 고구려사》, 서울: 백산자료원, 2010.

김갑동,〈고려의 건국 및 후삼국통일의 민족사적 의미〉《韓國史研究》第百四十三輯, 서울: 韓國史研究會, 2008. 재수록《고려의 후삼국 통일과 후백제》, 서울: 서경문화사, 2010.

찾아보기(인지명)

ㄱ

가락국駕洛國 76
가섭원迦葉原 143
간도間島 191, 199, 216,
 222~224, 242~244, 246, 248,
 249, 252~255, 257, 262, 265
 ; 간도성間島省 199, 254, 257 ;
 간도협약間島協約 252~254
갈라전曷懶甸 122, 123, 217
갈소관曷蘇館(合蘇館) 109, 111,
 112, 113, 121
  갈소관여진曷蘇館女眞 109,
  112, 113
갈하하嘎呀河(噶哈哩河, gahari
 bira) 215
강계江界 29, 30, 31, 117, 146
강동 6주江東六州 118
강릉江陵 26, 30, 32

강원도江原道 28, 29, 30, 31, 32,
 194
강주康州(청주) 78
강화도江華島 137, 145, 146, 181,
 228, 231, 237 ; 강화도사건 228
 ; 강화도조약 231, 237
강화천도江華遷都 145
강희제康熙帝 209
개경開京 98, 127, 132, 133, 137,
 145, 146, 157, 160, 181, 197
 → 개성
개마산蓋馬山 123
개성開城 17, 86, 98, 101, 127,
 128, 138, 145, 146, 157 → 개
 경
개양改陽(開陽) 197, 198, 203 →
 거양
개원만호부開元萬戶府 198, 203 →

동녕
개원開元 → 개원만호부
거란契丹 71, 85, 94, 95, 97,
　　101, 104~106, 112, 114~118,
　　121~125, 149, 178, 180, 240,
　　261
거양巨陽 198, 201, 203, 204,
　　212, 215, 217, 219, 251
건륭제乾隆帝 107, 114, 188, 189
건목득자建木得子 161, 163, 164
건원신도비명健元陵神道碑銘 163
검용黔用 87
견훤甄萱 78, 79, 94, 99, 103
경복궁景福宮 157, 159, 160
경성鏡城 194~196
경운궁慶運宮(덕수궁) 241
경원慶源 194~196, 202, 204,
　　208, 219, 223, 247, 251
경제景帝(전한) 26, 33, 34, 35,
　　183, 266
경주慶州 56, 108, 149
경흥慶興 194~196, 199, 207,
　　218, 251
계루桂婁 70
계림鷄林 95, 108, 114, 148, 188,
　　189

계면戒勉 185
고구려高句麗(高句驪) 29, 30,
　　34~40, 43, 45~55, 58~68,
　　70~79, 81, 83, 85, 88~95,
　　97~101, 103, 105~109,
　　113~116, 118, 119, 129, 136,
　　142~144, 147~149, 155, 156,
　　165, 169, 170, 173, 175~180,
　　185~189, 191, 196, 197, 200,
　　222, 235, 236, 252, 257~266,
　　269, 270 ; 고구려 계승의식
　　98, 114, 262 ; 고구려 논쟁
　　114, 115, 257, 258, 270 ; 고
　　구려-마한설 67, 68, 70, 180 ;
　　고구려-변한설 71 ; 고구려 유
　　민 70, 78, 90, 109, 178, 179,
　　180, 258, 259
고국원왕故國原王 54
고려(고구려)
고려高麗 30, 46, 55, 61~67,
　　70~74, 78~81, 86~88,
　　90~109, 111~119, 121~129,
　　131~137, 139~147, 149~151,
　　153, 155~157, 159~165, 169,
　　170, 173, 175~177, 180~186,
　　193, 194, 196~201, 205,

211~213, 234~236, 239, 245, 259, 260~262, 264, 270, 272
고령가야古寧加耶 66
고례高禮(고구려) 147~149
고리한古里罕 198
고마こま(고려) 61
고시국椋矢國 91, 92
고씨高氏 106, 109, 260
고염무顧炎武 186, 187, 189
고영창高永昌 112, 124
고우라이こうらい(고려) 61
고조선古朝鮮 20, 27, 28, 41, 42, 79, 151, 155, 156, 166, 167, 191, 258, 259, 272
고종高宗(조선) 138, 145, 146, 149, 177, 181, 193, 224, 227, 231, 234, 238, 241
고주高州 180
고죽국孤竹國 22, 173, 175, 176
곤륜산맥崑崙山脈 15
공마貢馬무역 106, 125,
공민왕恭愍王(고려) 30, 157, 159, 183, 193
공손도 52 → 공손탁
공손씨公孫氏 37, 52
공손탁公孫度 → 공손도

공양왕恭讓王(고려) 194, 197
공주公州(충청도) 50, 54~56
공주孔州(함경도) 194, 195, 207
공험진公嶮鎭 123, 198~202, 207, 212, 213, 215, 217, 219, 251
관구검 30 → 무구검
광개토대왕廣開土大王 51, 54
광개토대왕비廣開土大王碑 46, 47
광녕성廣寧城 172, 173, 187 → 북진
광종光宗(고려) 129
광주廣州(경기도) 50, 51, 54
교군僑郡 39~42, 176
구등허九等墟 247
구려駒麗(고구려) 91
구려목멱駒麗木覓 136
구려평양駒麗平壤 136
구변도국九變圖局 160, 161, 164
구변진단九變震檀 161, 163, 164
9성九城(고려) 122~124, 196~199, 201, 212, 214, 245
구월산九月山 86~88, 137, 138, 158, 159, 165, 167 → 증산
구주九州 88, 90, 123
구태仇台 52, 53, 55, 60, 64, 99
구한九韓 149

국내성國內城 89 → 집안
궁宮(고구려왕) 68
궁예弓裔(후고구려) 74, 78, 79, 87, 98
권근權近 74, 78, 79, 87, 98
권문해權文海 262
권지고려국사權知高麗國事 151
궐패闕牌 154
귀실복신鬼室福信 70
근화국菫花國 91
금관가야金官伽倻 66
금국金國토벌론 110, 119, 122, 125, 130, 142
금야金野 86, 146, 200
금와金蛙 143
기미위羈縻衛 195, 204, 207, 219
기미주羈縻州 78
기자箕子 20, 21~23, 27, 42, 75, 139, 148, 151, 155~158, 160, 165~179, 183, 186, 191, 234~236, 238~240 ; 기자의 우물 172, 173 ; 기자동천설東遷說 173~175, 178, 179 ; 기자불신론不信論 239
기자조선箕子朝鮮 20~23, 27, 42, 148, 156, 157, 166~172, 176, 183, 186, 191, 240 → 고조선
기준箕準(고조선) 23, 24, 27, 71, 75, 170, 188, 226, 234, 239, 245 ; 기준성箕準城 71
길림吉林 34, 35, 57, 107, 109, 114, 178, 188, 189, 199, 204, 205, 209, 217, 223, 247, 254, 257 ; 길림장군吉林將軍 223
길주吉州(함경도) 124, 146, 194, 198, 227
김노규金魯奎 242, 243, 245
김범문金梵文 89
김부金傅(경순왕) 94
김부식金富軾 46, 63, 132
김성백金成白 215
김시종金時宗 215
김우식金禹軾 224
김위金謂碑(衛尉丞同正) 128, 162
김유신金庾信 77
김육불金毓黻 106
김종서金宗瑞 195
김춘추金春秋 77 → 무열왕
김헌창金憲昌 89

ㄴ

낙랑군樂浪郡 20, 23, 26, 27, 28,

31, 32, 34, 35, 37, 38, 39, 40,
41, 42, 43, 50, 52, 53, 65, 72,
74, 79, 83, 98, 170, 171, 172,
176~180, 258, 259 ; 낙랑교군
樂浪僑軍 39 ; 낙랑군樂浪郡 동
부도위부東部都尉府 32 ; 낙랑군
왕樂浪郡王 50 ; 낙랑왕樂浪王
41
남강南江 85, 86 → 능성강
남경南京(고려, 지금의 서울) 127,
128, 137, 157, 160 ; (거란, 요
양) 177, 178 ; (원, 연길) 199 ;
(명의 수도) 153
남구만南九萬 167
남려南閭(예맥 군장) 28~30
남부여南扶餘 56~62, 70, 89
남송南宋 101, 103, 104, 129, 135
남인南人 214
남평양南平壤(서울) 54, 87~89,
137, 151, 158, 160
낭낭고娘娘庫 279
낭림산맥狼林山脈 30, 123
낭야왕씨琅邪王氏 27
노관盧綰 22, 23
노룡盧龍 17, 22, 40, 41, 173,
175, 176

노별魯別 198
농안農安 34, 49, 51, 57, 58, 59,
63, 65, 110, 124 → 길림
능구陵口 247
능성강 能成江 86
니하泥河 86

ㄷ

단국丹國 109, 255, 269 → 거란
단군檀君 20, 75, 100, 119,
135~139, 142~144, 147~151,
153, 155~158, 160~170, 183,
186, 191, 234, 235, 236, 239,
240, 263, 273 ; 단군묘檀君墓
165 ; 단군신화檀君神話 100,
119, 135, 137~139, 142, 144,
147, 148, 150, 158, 166~169,
273 ; 단군조선檀君朝鮮 11,
100, 119, 135, 137~139,
142, 144, 147, 148, 150, 158,
166~169, 273 → 고조선
단수신檀樹神(환웅) 147
담덕談德 51 → 광개토대왕
당唐(五代) 92
당唐나라 61, 62, 70, 72, 77, 78,
81, 83, 93, 96, 113, 122, 177,

178, 187, 188, 258
대군주大君主 231, 237
대금국大金國 110, 122
대동강大同江 16, 17, 27, 31, 50, 78, 81, 85~88, 96, 117, 138, 146, 170, 174, 175, 264
대릉하大凌河 16, 17, 59, 110, 175,
대무예大武藝 74, 83, 90 → 무왕
대문예大門藝 83
대방군帶方郡 52, 53
대방현帶方縣 40, 41
대불정오성도량大佛頂五星道場 141, 164
대사허大沙墟 247
대위국大爲國 132
대일왕大日王(大日如來) 164
대정부大定府 180
대조영大祚榮 83, 91, 93, 178 → 고왕
대한大韓 15, 25, 42, 48, 53~57, 65, 66, 75, 78, 85, 95, 101~103, 109, 115, 117, 122, 126~128, 142, 145, 147, 149, 151, 156, 160, 165, 166, 168, 171, 178, 183, 191, 199, 200, 207~211, 228, 231, 233, 235, 236, 238, 239, 241~246, 248, 249, 251, 252, 254, 255, 257, 262, 265, 268, 269, 272 ; 대한민국大韓民國 254, 255, 268, 269 ; 대한제국大韓帝國 228, 231, 233, 242, 246, 249, 252, 255, 265, 268, 272
대화궁大花宮 131, 136
대흥안령大興安嶺산맥 15
덕릉德陵 195, 199
덕원德源 29, 199 → 의주
덕종德宗(고려) 118
덕흥리德興里 고분 257
도련포都連浦 117, 118 → 정주
도문강圖們江 253 → 두만강
도선道詵 128, 162
도욕圖欲 177 → 야율 돌욕
도조度祖(李椿) 199, 231, 237
독로강禿魯江 29
돈화현敦化縣 110, 178, 205, 223, 224, 246, 251 → 길림
놀앙수돌央水 228
돌욕突欲(圖欲) 105, 121, 177 → 야율 돌욕
동가강佟家江 29, 35, 216

동경東京(거란, 요양)
동경성東京城(발해, 흑룡강성 영안)
  34, 110, 115, 116, 124, 130,
  147, 174, 176, 177, 178, 183,
  198, 205
동녕東寧 146, 181, 183, 205, 219
  → 개원참, 개원만호부
동단국 → 동란국
동란국東丹國 105, 106, 109, 121,
  177, 178
동명東明 45, 46, 48, 49, 52, 53,
  55, 61, 62, 94, 142, 143, 165
동북면(함경도) 191, 195, 201,
  204
동선령洞仙嶺 16
동옥저東沃沮 30, 36
동이東夷 25, 28, 52, 54, 56, 107,
  108, 127, 128, 131, 148, 153,
  154, 156, 178
동팔참東八站 185
동평군東平郡 177
동해東海(일본해) 28, 29, 67, 104
동현도東玄菟 36
동호東胡 20, 37, 171, 172
두강豆江 217 → 두만강
두만강豆滿江 110, 123, 191,
  195~202, 205, 207~220, 222
  ~227, 246, 249, 250, 251,
  254, 261, 262, 265
두악頭嶽 136, 137
두우杜佑 62, 63, 65
등주登州 83, 199 → 안변

ㄹ

러시아 111, 198, 221, 222, 241, 242,
  247, 248, 252, 265
러일전쟁 252, 253

ㅁ

마니산摩尼山(摩利山) 137, 138,
  141, 163, 167
마운령磨雲嶺 86, 146
마천령磨天嶺(摩天嶺) 146, 194
마한馬韓 43, 49, 52, 55, 66~71,
  75, 113, 180, 188, 234~236,
  259, 264, 269
마한도안무대사馬韓道安撫大使 68
마헐탄馬歇灘 96, 97
막래莫來 48
만번한滿番汗 171, 172 → 번한
만수萬壽(낙랑왕) 41
만주滿洲 15, 17, 18, 28, 43, 83,

105, 109, 114, 119, 168, 169, 189, 195, 200, 207~212, 216, 222, 233, 234, 236, 241, 245, 246, 252~254, 257, 262, 263, 269
만포滿浦 29, 30
만호부萬戶府 182, 194, 198, 203
말갈靺鞨 50, 83, 84, 90~93, 103, 106, 107, 109, 110, 113, 121, 122, 129, 149, 178, 196, 235, 236, 263, 264 ; 말갈靺鞨 91 ; 말갈 7부靺鞨七部 107, 113
매하梅河 96
맥貊(脈) → 예맥, 이맥, 양맥
명귀明貴 87
명주溟州(신라) 78
모란강牧丹江 59, 83, 109, 110, 178, 204, 205, 207, 215, 217, 243, 245, 246, 248, 251
모용부慕容部 37, 39, 40, 58 ; 모용씨慕容氏 58, 59 ; 모용외慕容廆 39, 58 ; 모용황慕容皝(전연) 58
목극등穆克登 209, 210, 211, 213, 225, 227, 250
목단강牧丹江 → 모란강
목멱산木覓山 136, 137

목멱양木覓壤 128
목조穆祖 195, 199, 200 → 이안사
목책木柵 211, 227 → 정계비
몽골蒙骨 15, 18, 135, 139~142, 145~147, 149, 164, 172, 173, 180, 181, 185, 193, 197, 200
몽촌토성蒙村土城 51
묘청妙淸 126~128, 130~133, 135, 136, 139, 141, 142, 144
묘향산妙香山 86, 100, 117, 136, 138, 139, 146, 158
무구검毋丘儉 37, 38
무산茂山 195, 196, 210, 226, 251
무순撫順 29, 31, 36, 59
무열왕武烈王(신라) 77
무왕武王(발해) 83
무왕武王(주나라) 21, 156, 169, 176, 183, 239
무제武帝(전한) 25, 26, 28, 30, 40, 151, 153~157, 170, 177
무주武州 78
무창茂昌 211
문공인文公仁 132
문명황후文明皇后(馮氏) 41 → 문성제
문성제文成帝(북위) 41

문자왕文咨王(文咨明王, 고구려)
  48, 58
문제文帝(한나라) 26
문화현文化縣 158, 165
물길 7부勿吉七部 → 말갈 7부
물길勿吉 50, 91, 111, 113, 210,
  225, 226, 228, 247, 262, 263
  → 말갈
미카미 쓰구오三上次男 109

ㅂ

박이합통하博爾哈通河 249 → 포이
  합통하
박일헌朴逸憲 247, 249
박지원朴趾源 173, 174, 178
박한설朴漢卨 99
박혁거세朴赫(爀)居世(신라) 75
발해渤海(698~926) 16, 57, 60,
  70, 72, 74, 75, 83, 85, 90~93,
  95, 100, 103, 105~107,
  109~114, 116, 118, 119, 121,
  122, 124, 174, 177, 178, 198,
  213, 252, 257~263, 265, 266 ;
  발해국지장편渤海國志長編 106 ;
  발해만渤海灣 16, 60, 85
배송지裴松之 45, 171

백두산白頭山 31, 59, 100, 110,
  136, 196, 198, 201~205, 209,
  211, 212, 215, 217~219, 226,
  236, 242, 243, 245, 246, 248,
  250, 251, 254 ; 백두산정계비도
  白頭山定界碑圖의 시詩 211 ; 백
  두산정계비 211, 242, 248 → 정
  계비
백두악白頭嶽 136
백수한白壽翰 130
백승현白勝賢 141
백악산白岳山 139, 158
백이伯夷 22, 176, 215 → 숙제
백잔百殘 54 → 백제
백제百濟 43, 45, 49~71, 75,
  77~79, 89, 93, 94, 99,
  101~103, 144~149, 156, 180,
  187~189, 235, 236, 259, 260,
  264, 265, 269 ; 백제군공百濟郡
  公 68
백주白州(황해도) 133 → 백천
번한番汗 34, 171, 172 → 만번한
벌가토강伐加土江 216 → 포이합통
  하
변국공卞國公 72, 73 → 천남생
변책邊柵 210

변한卞韓(弁韓) 43, 66, 67,
　71, 72, 74~76, 180, 188,
　234~236, 259, 264, 269
보활리保活里(保活裏) 111, 112,
　113
복간수僕幹水 111
봉성鳳城 16, 29 → 봉황성
봉천奉天(瀋陽) 188
봉황성鳳凰城(鳳城) 16
부거富居 195, 196
부견苻堅(전진) 39
부령富寧 195, 196
부루扶婁 64, 143, 144
부소산扶疎山 137, 160 → 송악
부여夫餘(扶餘) 29, 34~36, 43,
　45, 46, 48~66, 68~70, 72, 77,
　89, 90, 143, 144, 147~149,
　151, 156, 162, 180, 186, 189,
　222, 259, 260, 263
부여융扶餘隆 68, 69, 70
부이강富爾江 29
북강北江 216
북경北京 16, 17, 23, 41, 184,
　204, 216, 221, 223 ; 북경조약
　北京條約 221
북비北鄙 51, 94

북변간도관리사北邊墾島管理使
　242, 252
북부여北夫餘 49, 51, 56~63, 65,
　89, 143, 147~149 → 농안
북연北燕 40
북위北魏 40, 41, 57, 60, 177
북증산北甑山 217, 226, 247, 248
　→ 증봉산
북진北鎭 16, 17, 172, 173, 175,
　187
북청北靑 146, 193, 196, 197
북평군北平郡 20, 40
북한산성北漢山城 51
북현도北玄菟 36 → 현도군
분계강分界江 205, 207, 212~220,
　222~225, 227, 248~251, 254
분수령分水嶺 29, 194, 209, 210,
　245, 248
불함산不咸山 100
비여성肥如城 40

人

사마광司馬光 166
사마천司馬遷 20
사비泗沘 50, 55, 56 → 부여
사평四平 58, 59, 166

삭주朔州 78, 117
산동반도山東半島 15, 21, 83, 106, 125
산해관山海關 16, 17, 207
삼경三京 89, 128
삼국三國 23, 30, 43, 45, 46, 49, 51, 56, 60, 62~65, 67, 77~79, 85, 87, 88, 93, 95, 135, 142, 143, 148, 162, 165, 166, 171, 188, 259, 260, 263~265, 269
삼랑성三郞城 141, 164
삼별초三別抄 145
삼철三撤 193
삼성당三聖堂 165, 167
삼성묘三聖廟 165
삼십성여진三十姓女眞 122
삼조선三朝鮮 75 → 고조선
삼포杉浦 247
삼한三韓 32, 43, 52, 66~68, 75~79, 81, 88~93, 98~100, 103, 106, 107, 130, 139, 141, 144, 145, 147~149, 164, 180, 186~189, 216, 231, 234~236, 238, 240, 252, 259, 260, 264, 265, 269, 272 ; 삼한현三韓縣 180

삼한강三漢江 216
상곡군上谷郡 20
상주尙州 77, 78, 141, 153
생여진生女眞 109~113, 122
서거정徐居正 143, 166, 167
서경西京 98, 99, 115, 126~128, 130~133, 139, 141, 142, 144~146, 181 → 평양
서도西都 94 → 평양
서두수西頭水(西豆水) 225~227
서요하西遼河 18
서운관書雲觀 161, 163
서울 16, 17, 50, 51, 54, 65, 86~90, 127, 128, 137, 138, 151, 157, 158, 160~162, 184, 242
서진西晋 29, 37, 58
서필徐弼 115
서현도西玄菟 36 → 현도군
서희徐熙 97, 115~117
석경당石敬瑭 95
석을수石乙水 226, 228, 253, 254
석토문石土門 111
석퇴石堆 211, 225~227, 246, 247, 250→ 토퇴
선랑仙郞 97

찾아보기　　　　　　　　　　　　　　　　　　　　　　295

선로말갈사宣勞靺鞨使 83, 84
선비鮮卑 20, 37, 39, 40, 58
선제宣帝(한나라) 75
선춘령先春嶺 198, 201, 203, 207, 212, 213, 215, 217, 219, 245, 251
설산雪山 236, 246 → 백두산
설한령薛罕嶺(雪寒嶺) 30, 31, 117, 146
성종成宗(고려) 96, 97, 115, 117, 165
성종成宗(조선) 166, 184
성종聖宗(요나라) 115, 180
성주成周 40, 87
성천成川 29
성천강城川江 30
성해응成海應 217, 218
세조(조선) 211
세종(조선) 165, 184, 195, 201, 211, 218, 243
소빈蘇濱 198, 203 ; 소빈수蘇濱水 198
소사허小沙墟 247
소서노召西奴 64
소손녕蕭遜寧 115→ 소항덕
소자하蘇子河 29, 35

소토문자小土門子 249
소하강蘇河江 198, 201~205, 207, 212, 215, 217, 219, 243~246, 251
소항덕蕭恒德 115~117
속말말갈粟末靺鞨 83, 90, 91, 92, 106, 109, 178
속말부粟末部 107
속말수粟末水 109, 121
속빈速頻 197, 198, 203 ; 속빈로速頻路 198 → 휼품로
속평강速平江 98, 202, 203 ; 속평강위速平江衛 203
솔빈率濱 198, 203
송宋나라 71, 94, 102~104, 106, 107, 109, 115, 125
송갈강松渴江 204, 205 → 송화강
송강진松江鎭 247, 248
송악松嶽 74, 136, 137, 160
송화강松花江 59, 107, 109, 110, 121, 122, 202~205, 211, 215, 217, 225, 226, 236, 243~248, 251, 252
수로왕首露王(가야) 76
수분하綏芬河 110, 198~200, 203~205, 207, 215, 217, 219,

수빈강愁濱江 201, 202, 204, 205, 212, 217~219, 243, 251
수하강愁下江 204, 205
숙신肅愼 74, 91, 106, 107, 263
숙여진熟女眞 108~113, 121, 122, 124
숙제叔齊 22, 176 → 백이
숙종肅宗(고려) 128, 162, 208, 209, 211, 213, 227
순천順川 29
숭가리 우라 Sunggari ula → 송화강
시라尸羅(신라) 147~149
신개하新開河 29
신경준申景濬 218
신니동神泥洞 141, 164
신라新羅 43, 50, 51, 55~57, 66, 67, 71, 72, 75~79, 81, 83, 85~96, 100, 101, 104, 105, 107, 108, 115, 116, 118, 128, 132, 145, 147~149, 180, 185, 187~189, 235, 236, 258~262, 264, 265, 269
신문왕神文王(신라) 77
신빈新賓 31
신의왕후神懿王后(韓氏) 200 → 이

성계
신지神誌 161
신찬臣瓚 171
실련實憐 197
실적멱失的覓 197
심순택沈舜澤 238
심양瀋陽 16, 17, 146, 181, 182, 188, 216
심양로성황묘비瀋陽路城隍廟碑 181, 182
쌍성총관부雙城摠管府 146, 193, 194, 196, 199, 200, 201
쓰다 소키치 津田左右吉 124

ㅇ

아고내阿古迺 111~113
아골타阿骨打 → 완안아골타
아르초카按出虎 110, 119, 122
아민阿敏 202, 212, 215, 217, 219, 251
아보기阿保機 → 야율아보기
아사달阿斯達 137, 139, 151, 157~160, 235
아사타阿私陀(阿私仙) 137, 158
아신왕阿莘王(阿華王) 51
아호비령阿虎飛嶺 29

안돈安頓 197
안동도호부安東都護府 78, 83, 177, 178, 187
안변安邊 29, 31, 86, 117, 146, 199
안사고顔師古 171
안정복安鼎福 123, 124, 167, 214
안주安州 16, 17, 29, 117, 146
알도리斡都里 197 → 오도리
알동일언斡東逸彦 199, 200, 201
알타이 산맥 15
알타이어 18
압란押蘭 197
압록강鴨綠江 16, 17, 23, 29, 31, 59, 95~97, 110, 114~118, 124, 138, 146, 171, 175, 181, 184~186, 202, 208~211, 222, 226, 254, 261, 262, 264, 265
압록강부여진鴨綠江部女眞 114
압록수鴨綠水 107
애강靉江 96 → 압록강
야라耶懶 111, 112, 204
야라개也羅介 204
야율덕광耶律德光 106 → 태종(요)
야율돌욕耶律突欲 105, 121, 177
야율사십耶律謝十 111

야율아보기耶律阿保機 121, 275
양덕陽德 29
양맥兩貊 68, 70
양복梁福 111
양성지梁誠之 92
양양구兩兩溝 247 → 낭낭고
양주揚州 78, 137, 184
양택陽宅 127
어권魚眷 270
어양군漁陽郡 20
어윤중魚允中 223
여달閭達 48
여씨餘氏(扶餘氏) 49, 52, 58, 260
여암餘巖 58
여연閭延 211
여울餘蔚 58
여율如栗 48
여적女狄 149 → 여진
여직女直 182, 204 → 여진
여진女眞 18, 74, 93, 97, 99, 101~103, 106~125, 128~135, 139~142, 149, 168, 184, 186, 189, 193, 195~201, 204, 207, 211~213, 236, 261~265, 269
연燕나라 20, 22~25, 39, 156, 170~175, 177

연길延吉 199, 205, 217, 251
연변조선족자치주延邊朝鮮族自治州 199, 254, 257
연산관連山關 16, 17, 29
연운燕雲 16주 94, 125
연해주沿海州 111, 198~200, 207, 221, 222, 247~249, 265
영구營丘 40, 41
영동嶺東 7현縣 31
영동지방 28, 29, 31, 32
영주營州 83, 178 → 조양
영파寧波 15
영평부永平府 173, 176 → 노룡
영해군寧海軍 85
영흥永興 31, 86, 117, 146, 193, 199, 200 → 금야
예藏(濊·穢) → 예맥, 예족
예군藏君 28, 29, 30
예맥穢貊(濊貊) 28, 29, 32, 33, 36, 66, 68, 77, 149, 263, 264
예성강禮成江 50, 86, 87, 88, 90
예족濊族 28
예종睿宗(고려) 123
오녀산성五女山城 30, 35
오도리吾都里 197, 204
오도백하五道白河 203~205, 215, 217, 225, 226, 246~248, 251
오라총관烏喇總管 209
오월吳越 149
오환烏丸 20, 37
옥룡선사玉龍禪師 162 → 도선
옥저沃沮 26, 30, 34~36, 72, 147~149
온성穩城 196, 217~219
온조溫祚 49, 51, 63~65, 71, 75, 144, 148
올량합兀良哈 197, 204
올리인兀里因 198
올적개兀的改 198
와다 히로토쿠和田博德 57
완안부完顏部 107~113, 119, 121, 122 → 여진
완안씨完顏氏 108
완안아골타完顏阿骨打 105, 111~113, 122, 124, 125
왕건王建 74, 78, 79, 87, 88, 93, 94, 98~101, 103, 129, 162
왕검성王險城 170~172
왕기王圻 178, 239
왕기王頎 30
왕륭王隆 74
왕망王莽 75

왕준王遵 39
왕충王充 45
왕헌지王獻之 95
왜倭 54, 55
요堯임금 75, 183
요遼나라 109, 111~113, 124, 174, 176~178, 198,
요녕성遼寧省 109, 173, 174, 176~178, 194
요동遼東 15, 18~23, 26, 28~31, 37, 39, 40, 52, 70, 74, 83, 94~97, 105, 106, 109, 112~114, 119, 121, 122, 124, 125, 145, 146, 151, 171~173, 175, 178, 180, 181, 183~187, 189, 191, 194, 206 ; 요동군遼東郡 20, 23, 29, 37, 74, 171, 172
요동도사遼東都司(遼東都指揮使司) 173
요동반도遼東半島 15, 21, 109, 112, 124, 183
요동발해遼東渤海 109
요동외요遼東外徼 23
요서遼西 17~22, 26, 37, 39~41, 57~60, 65, 83, 85, 171~176, 178 ; 요서군遼西郡 20 ; 요서영유설遼西領有說 57, 58, 60, 65 ; 요서회랑遼西回廊 17, 18, 19, 20, 21, 22, 26, 37, 40, 41, 83, 85, 171, 178
요양遼陽 16, 17, 29~31, 59, 105, 109, 110, 115, 116, 121, 124, 130, 146, 173~178, 181, 183~187
요하遼河 17, 18, 31, 40, 59, 70, 95, 96, 110, 131, 173, 175, 183, 258, 263
요해遼海 68, 70
용위악龍圍嶽 136, 138
용흥강龍興江 86, 117
우거右渠(위만조선) 28
우라산성于羅山城 30 → 오녀산성
우북평군右北平郡 20
우수리강 Ussuri River 221
우예虞芮 211
우왕禑王(고려) 157
우태優台 64
운둔은云屯隱 204
웅녀熊女 147
웅주熊州 78 → 공주
웅진熊津 50, 55, 56, 68 → 공주

웅진도독熊津都督 68
웅진도총관熊津道摠管 68
웅천熊川 50, 89
웅천주도독熊川州都督 89
원元나라 135, 181, 183, 184,
    193, 194, 196, 198, 203
원종元宗(고려) 141, 145, 146,
    181
월성악月城嶽 136, 138
위魏나라 30, 37, 38, 140
위구태尉仇台 52, 53, 55, 60
위국魏國 132, 140, 141
위례慰禮 49, 51, 64, 65
위만衛滿(위만조선) 20, 22~31,
    36, 41, 71, 75, 148, 156,
    170~172, 177
위씨조선衛氏朝鮮 23 → 위만조선
위원渭原 208, 257
유득공柳得恭 260, 262, 263, 265
유리類利(榴璃, 고구려) 49, 63, 64
유리왕儒理尼師今(신라) 76
유서劉恕 61, 71, 88, 168
유원도劉元度 133
유제劉齊 131
유주幽州 40, 41 → 북경
유화柳花 143

육진六鎭 195, 196, 204, 207
윤관尹瓘 122~124, 196, 197,
    199~201, 212~214, 245
윤근수尹根壽 172~174
은殷나라 21, 173
은산殷山 29
읍루挹婁 262, 263
응소應劭 171, 172
응유鷹遊 149
의종毅宗(고려) 133, 144
의주宜州(德源) 199
의주義州 16, 17, 29, 110, 117,
    118, 146
이규보李奎報 46, 142
이나바 이와키치稻葉岩吉 17
이단李旦 156, 157 → 이성계, 태조
    (조선)
이만건李万建 208
이만지李万枝 208
이맥夷貊 35
이백전李白全 137
이범윤李範允 242, 252
이성계李成桂 30, 151, 155~157,
    161~164, 193~195, 199, 200
    → 태조(조선)
이승휴李承休 135

이안사李安社 195, 199
이예李芮 165
이자겸李資謙 126
이자춘李自春 193, 199
이정래李正來 223, 224
이제현李齊賢 94
이종휘李種徽 167
이중하李重夏 225, 226, 246
이지백李知白 97
이지저李之氐 140, 141
이찬화李贊華 106 → 야율돌욕
이춘李椿 199
이케우치 히로시 池內宏 197, 199
이판령伊板嶺 194, 196, 197
이행리李行里 199, 200
익산益山 71, 75
익조翼祖 → 이행리
인리방仁理坊 165
인조仁祖(조선) 184
인종仁宗(고려) 126, 128, 130, 132, 133
인황왕人皇王 105, 177 → 야율돌욕
일본日本 18, 51, 61, 67, 74, 90, 124, 129, 149, 228, 241, 242, 252~255, 257, 259, 267~274

일연一然(普覺國尊) 135
임나任那 66 → 변한
임둔군臨屯郡 26, 30, 31, 32
임언林彦 123
임원역林原驛 131
임진강臨津江 26, 32, 85, 86, 138, 146, 157
임진현臨津縣 158, 159

ㅈ

자강도慈江道 118, 250
자비령慈悲嶺 16, 17, 86, 117, 138, 146, 147, 181
자성棘城 39, 211
장강長江 15
장광재령張廣才嶺 198~200, 203, 205, 207, 245
장당경藏唐京 139, 158
장백산長白山 15, 100, 107, 202 → 백두산
장백산맥長白山脈 15
장성長城(고려, 천리장성) 20, 23, 118
장안長安 72, 89
장요章僚 101, 103
장의사藏義寺 88

장지張智 154, 242, 243, 248, 249
장지연張志淵 242, 243, 248, 249
장통張統 39
재령載寧 89
저탄猪灘 87
적고내迪古乃 111
적도赤島 86, 199, 237
적석積石 211
적의적赤衣賊 86
전라도全羅道 16
전라북도全羅北道 99
전려前麗(고구려) 93
전연前燕 39
전주全州 78, 99, 194
전진前秦 39, 40
정계비定界碑 207~214, 220, 224~228, 242, 245~248, 250, 253, 262, 265
정대창程大昌 101, 102
정안국定安國 70, 71, 113
정약용丁若鏞 30, 36, 124, 242
정조正祖(조선) 214, 260
정종定宗(조선) 200
정주定州(定平) 118, 122, 193, 223
정중부鄭仲夫 144

정지상鄭知常 130, 132, 140, 141
제2송화강第二松花江 109, 110, 121, 202
제주도濟州道 145, 184, 235, 236
조광윤趙匡胤(송) 94
조박趙璞 155
조병세趙秉世 238
조선민주주의인민공화국(북조선) 254, 255, 268
조선반도 268, 269,
조선현朝鮮縣 40, 176
조양朝陽 16, 17, 39~41, 59, 83, 178
조위曹魏 → 위나라
조임趙琳 154
졸본부여卒本扶餘 49, 51, 63~65
종묘宗廟 126, 157
종성鍾城 195, 196, 223, 224, 251
주周나라 156, 169, 173, 175, 176, 183, 214, 239,
주리진朱理眞 106
주몽朱蒙 45, 46, 48, 49, 51, 52, 55, 63~65, 106, 107, 142~144, 148, 156, 165
주산군도舟山群島 15
주왕紂王(은) 21

주희朱熹 166
준가리아(Dzungaria) 분지 15
중강中江 208
중경中京 128, 177 → 개성
중국 본토(China proper) 18, 21, 25, 37, 193, 207, 212, 236
중산국中山國 21, 22
중주中洲 208
증봉산甑峰山(北甑山) 205, 215, 217, 226, 251
증산甑山(평안남도) 87, 88, 137, 217, 226, 247, 248
증성甑城 87
증성악甑城嶽 136, 137
지나 스타나 141 → 진단
직산稷山 50, 51, 54
진晉나라 174
진秦나라 23
진강鎭江 184
진개秦開 20, 21, 171, 174
진국辰國 25, 29, 36
진단震旦(震檀) 139, 141, 153, 161, 163, 164
진도珍島 68, 107, 145
진번군眞番郡 23, 24, 25, 26, 29, 31, 32, 36, 177

진사왕辰斯王(백제) 51
진수요동총병관鎭守遼東總兵官 173, 187
진종眞宗(송) 115
진한辰韓 43, 66, 67, 71, 72, 75, 76, 105~108, 180, 188, 234~236, 259, 264, 269
집안集安 29, 31, 37, 59, 74, 89, 117, 146

ㅊ
참성塹城(참성단) 141, 163, 167
창해군蒼海郡(滄海郡) 28~31
척준경拓俊京 126
천남생泉男生 72, 73
천산산맥天山山脈 15, 16
천지天池(백두산) 203, 254
철관鐵關 31, 86, 117, 146
철령鐵嶺 86, 117, 138, 146, 194, 197 ; 철령위鐵嶺衛 194, 197
철원鐵圓(鐵原) 86, 98
청淸나라 16, 107, 114, 168, 169, 184, 187, 188, 207~210, 212, 221~223, 228, 229, 231, 233, 234, 241, 246, 252, 253, 265
청목령靑木嶺(松岳) 51 → 송악

청천강淸川江 16, 23, 86, 171
총령葱嶺 16, 23, 86, 171
최봉심崔逢深 130
최부崔溥 184, 185
최치원崔致遠 67, 70, 76
최탄崔坦 146
최해崔瀣 92
추모왕鄒牟王 46, 47 → 주몽
추빈강 205 → 수분하
충렬왕忠烈王(고려) 136
충선왕忠宣王(고려) 94

ㅋ

카라코룸(Karakorum) 산맥 15
코리아(Korea) 270

ㅌ

타림(Tarim) 분지 15
타생오라打牲烏喇 209 → 길림
탁라托羅(耽羅) 149 → 제주도
탁리국槖離國 61~63
탁발부拓跋部 40
탐라耽羅 149, 235, 236 → 제주도
탕춘대동蕩春臺洞 88
태묘太廟(종묘) 126
태무제太武帝(북위) 40, 177
태백산太伯山(太伯山) 31, 99, 100, 136, 139, 158
태봉泰封 74, 78, 87, 98
태조太祖(고려) 74, 78, 79, 87, 88, 93, 94, 96, 98~104, 129, 162 ; (명)153 ; (송)94 ; (요)111, 113, 177 ; (조선)30, 155~157, 193, 194, 200, 235
태종太宗(요) 106 ; (조선)184, 195, 200, 204, 219
토문강土門江 111, 209, 210, 214, 217, 218, 219, 220, 223, 224, 225, 226, 227, 246, 247, 248, 249, 250, 253, 261
토퇴土堆 211, 225, 226, 227, 246, 247, 250 → 석퇴
티베트 고원 15

ㅍ

파미르 고원 15
팔린八隣 197
패강浿江 81, 83, 85, 87, 88, 90, 96 ; 패강진浿江鎭 87
패서浿西 87, 88
패수浿水 23
패하浿河 50
팽오彭吳 28, 29

평산平山(황해도) 86, 87
평안도平安道 15, 115, 184
평안북도平安北道 117
평양平壤 16, 17, 27, 29, 31, 50, 54, 59, 72, 78, 83, 86~90, 94, 98, 99, 115, 117, 128, 136~142, 145, 146, 151, 155, 158, 160, 165, 169~179, 181, 185, 257
평주平州(盧龍) 40, 41, 109
포이합도하布爾哈圖河 → 포이합통하
포이합통하布爾哈通河 215, 216, 249, 250, 251, 254
풍납토성風納土城 51
프리모르스키 265 → 연해주

ㅎ

하반령下畔嶺 248~251
하백河伯 46, 143
하북성河北省 22, 40, 173, 176
한漢나라 22~30, 32, 36, 37, 45, 75, 170, 171, 173, 175, 177
한강漢江 16, 17, 26, 32, 33, 50, 51, 53, 54, 76, 86, 138, 216, 242, 243, 244

한민족韓民族 77, 79, 255, 259, 263, 264, 269, 274
한백겸韓百謙 32, 75, 76, 77
한사군漢四郡 18, 25, 26, 28, 32, 33, 171
한산漢山 51, 54, 212
한상질韓尙質 153, 154
한성漢城 54, 89
한수漢水 51
한족韓族 25, 32, 33, 39, 43, 52, 53, 55, 66, 77, 135, 257, 263, 264
한주漢州 78, 177
할란割難 217 → 해란
함경남도咸鏡南道 26, 30, 34, 35, 86, 122~124, 194
함경도咸鏡道 100, 191, 194~197, 201, 214, 221, 222, 235, 236, 264
함보函普 111, 112, 113
함주咸州(咸興) 30, 123, 199, 200
함주咸州(開原) 121
함주병마사咸州兵馬司 121
함지박동咸之朴洞 216
함평부咸平府(開元) 178
함흥咸興 26, 30, 31, 34~36, 59,

86, 117, 123, 124, 146, 193,
195~197, 199, 200, 217
합란哈蘭 193
합이파령哈爾巴嶺 205, 248, 250,
251 → 하반령
항주杭州 184
해동삼국海東三國 67, 77
해동성국海東盛國 85
해란海蘭(海蘭) 215~220,
224~226, 249~251, 254
해란강海蘭江 215~220, 224~226,
249~251, 254
해부루解夫婁 64, 143
해북제국海北諸國 74
헌덕왕憲德王(신라) 89
험독현險瀆縣 171
현玄(부여왕) 171
현도군玄菟郡 26, 29~31, 34~37,
68
현도회랑玄菟回廊 18, 29, 30, 31,
34~36
호래胡來 108
호십문胡十門 111, 112
호이합하虎爾哈河 → 모란강
혼강渾江 29, 35, 59, 216
혼동강混同江 107, 109, 121, 122,
202
혼하渾河 17, 29, 31, 36, 42, 51,
110, 175
홀승골성紇升骨城 46
홀한성忽汗城 110, 177
홀한주忽汗州 177
홀한하忽汗河 → 모란강
홍단수紅湍水(紅丹水) 225, 226,
228
홍무제洪武帝 151, 153~157
홍복원洪福源 145, 146, 181
홍양호洪良浩 216, 217, 262
홍원洪源 193, 196, 197
홍토산수紅土山水 225
홍토수紅土水 225~228, 254
홍헌洪獻 193
화령和寧 151, 153~155
화룡和龍 40, 41, 110, 178, 226,
251 → 조양
화북華北 15~17, 37, 40, 103,
130, 131
화주和州 146, 155, 193, 199, 200
화중華中 15
환구단圜丘壇 236, 237, 246
환도성丸都城 30, 37, 38, 39
환산丸山 68, 70

환웅桓雄 136, 147, 163, 165
환인桓仁(桓因) 31, 35, 37, 49, 51, 63, 65, 74, 100, 165
환조桓祖 199 → 이자춘
황구수黃口水 247
황룡부黃龍府 110, 124 → 농안
황룡사皇龍寺 9층탑 149
황성(서울) 242
황의적黃衣賊 87
황초령黃草嶺 31, 86, 117, 146, 251
황하黃河 15, 18, 41, 95
황해黃海(동중국해) 15, 16, 60, 85
황해도黃海道 15, 87, 133, 158, 165
회령會寧 195, 196, 202, 208, 216, 223, 224, 225, 227, 251
회양淮陽(강원도) 194
후고구려後高句麗 74, 78 → 태봉
후백제後百濟 75, 78, 94, 99, 101~103
후연後燕 39, 40
후진後晋(五代) 95
후춘강後春江(琿春河) 216
훈춘성薰春城(琿春) 204, 219
휼품恤品 198, 203

흉노匈奴 20, 23, 25, 26, 171, 172
흑강黑江 236, 246, 252
흑룡강黑龍江 109, 177, 178, 198, 202, 236, 246, 247, 248, 252
흑수말갈黑水靺鞨 107, 113, 122
흑수부黑水部 107
희날올喜剌兀 197
희봉구喜峰口 16, 17 → 노룡새
히말라야 산맥 15

한국사의
계보

한국인의 민족의식과 영토인식은 어떻게 변해왔는가

2015년 1월 10일 1판 1쇄

야기 다케시 지음 · 박걸순 옮김

펴낸곳 : (주)소와당笑臥堂 | 신고 번호 : 제313-2008-5호
주소 : (121-848) 서울시 마포구 월드컵북로 2길 65(동교동)
전화 : (02) 325-9813
팩스 : (02)6280-9185
전자우편 : sowadang@gmail.com

저작권자와 맺은 협의에 따라 인지를 생략합니다.
값은 뒤표지에 적혀 있습니다.
잘못 만든 책은 서점에서 바꾸어 드립니다.

ISBN 978-89-6722-014-3 93910